郑州商品交易所

Zhengzhou Commodity Exchange

期货市场研究丛书

# 期货市场创新发展研究

## ——期货市场研究成果汇编

郑州商品交易所期货及衍生品研究所有限公司◎编著

中国财经出版传媒集团
中国财政经济出版社

图书在版编目（CIP）数据

期货市场创新发展研究：期货市场研究成果汇编 / 郑州商品交易所期货及衍生品研究所有限公司编著. -- 北京 ：中国财政经济出版社，2021.11
（期货市场研究丛书）
ISBN 978-7-5223-0907-1

Ⅰ.①期… Ⅱ.①郑… Ⅲ.①期货市场—研究成果—汇编—郑州 Ⅳ.①F832.761.1

中国版本图书馆CIP数据核字（2021）第225269号

责任编辑：张　军　　　　责任印制：张　健
封面设计：陈宇琰　　　　责任校对：胡永立

期货市场创新发展研究
QIHUO SHICHANG CHUANGXIN FAZHAN YANJIU

中国财政经济出版社 出版

**URL**：http：//www.cfeph.cn
E-mail：cfeph @cfemg.cn

社址：北京市海淀区阜成路甲28号　邮政编码：100142
营销中心电话：010-88191522
天猫网店：中国财政经济出版社旗舰店
网址：https：//zgczjjcbs.tmall.com
北京时捷印刷有限公司印刷　各地新华书店经销
成品尺寸：170mm×240mm　16开　19印张　205 000字
2022年1月第1版　2022年1月北京第1次印刷
定价：60.00元
ISBN 978-7-5223-0907-1
（图书出现印装问题，本社负责调换，电话：010-88190548）
本社质量投诉电话：010-88190744
**打击盗版举报热线：010-88191661　QQ：2242791300**

# 期货市场研究丛书编纂委员会

# 总序

习近平总书记指出："创新是引领发展的第一动力。抓创新就是抓发展，谋创新就是谋未来。"创新是期货市场的基因，而研究可谓抓创新、谋创新的关键一步。

回顾来路，中国当代期货市场的发展与创新，始终与研究息息相关：从试点探索阶段期货市场研究工作小组的推动、郑州粮油批发市场课题组的坚持，到清理整顿阶段对期货市场功能定位、初心使命的再审视、再探讨，再到党的十八大以来对中国特色期货市场发展道路的新认知、新探索……30多年来，期货市场每一步向前艰辛跋涉，无不源自市场前辈和同仁视野的拓展、认知的跃升。

作为国务院批准成立的首家期货市场试点单位，郑州商品交易所（以下简称"郑商所"）高度重视研究工作，早在1997年就设立"期货市场研究丛书"，开启了国内期货交易所同类工作的先河，至今已累计出版著作近30本。这些著作较为系统介绍了国外期货市场发展经验、发展模式，较为全面地总结了我国期货市场产生、发展的基本经验，对期货市场的一些理论问题进行了思考和探索，为市场创新发展提供了诸多启示和借鉴。

为者常成，行者常至。中国期货市场从无到有、从小到大、由弱变强，在短短30多年的时间里，走完了成熟市场一百多年的路程，走出了一条不平凡的发展道路。其间，中国期货市场产品体系不断完善、市场功能持续深化、风险防控更加成熟、创新开放不断深入、服务能力显著提升。一个期货市场的崛起，是对众多期货人不断研究探索的最大褒奖。

眺望前路，面对当今世界“百年未有之大变局”，以及我国“以国内大循环为主体、国内国际双循环相互促进的新发展格局”，如何让创新跟上时代，成为各行各业都必须思考、探索的重要任务。对中国期货市场而言，新时代同样面临着众多待解的重大问题：如何融入国家战略，在服务新发展格局中展现更大担当？如何融入实体产业，在服务经济高质量发展中更有作为？如何深刻把握市场运行规律，提高自身运行质量？如何基于系统梳理、深入总结，在讲好故事中体现中国期货市场的“道路自信”“理论自信”？回答好这些问题，是新时代赋予期货人的机遇与考验。

三十而立的中国期货市场，如何再出发，加强研究成为市场共识。持续加强期货行业理论方面的研究与创新，有了与时俱进的理论支撑，发展的方向会更明确，前进的步伐会更坚实。郑商所将赓续敢于探索、勇于拓荒的精神，继续发挥交易所作为期货市场核心枢纽的作用，以“期货市场研究丛书”作为行业研究交流、成果展示的平台和纽带，凝聚各方智慧合力，以研究助推期货市场实现创新发展，在奋进新征程、服务新格局中继续阔步向前。

**郑州商品交易所党委书记、理事长**

2021年11月16日

# 目录

# 第一篇

# 期货市场发展成效

经过30多年的发展，中国期货市场取得了令人瞩目的发展成效。无论是探讨“何谓有韧性的期货市场”，还是从效果、问题及方向等层面评估PTA期货国际定价基准建设，又或者从信息份额看疫情期间我国商品期货市场的价格发现功能，我们都在尝试为观察、思考、评估中国期货市场的发展成效提供新角度，为坚持中国期货市场的道路自信、制度自信提供新佐证。

# 何谓有韧性的资本（期货）市场

2018年12月19日召开的中央经济工作会议明确指出："资本市场在金融运行中具有牵一发而动全身的作用，要通过深化改革，打造一个规范、透明、开放、有活力、有韧性的资本市场。""有韧性的资本市场"是党中央着眼于国际国内经济大局、对资本市场提出的政治要求，表达了新时代背景下对资本市场抗压性的期望，是对中国资本（期货）市场发展提出的新要求。"韧性"一词在2014—2017年中央经济工作会议和政府工作报告中多次提及，但用以描述中国资本市场尚属首次。"有韧性的资本市场"意义深远，内涵丰富，需要系统深入的认识和研究。

## 一、"有韧性的资本市场"内涵及特点

### （一）"有韧性的资本市场"内涵

从词源内涵来看，"韧性"一词本是物理学概念，是指材料在塑性变形和断裂过程中吸收能量的能力，即韧性越好，发生脆性断裂的可能性越小。后来，"韧性"被逐步引入社会科学领域：在个人层面，心理韧性主要指成功应对危机并迅速恢复危机前状态的能力；在组织层面，韧性主要指一个系统承受

外部环境变化并良好运行的能力。

以之为基础，有学者逐步提出了社会韧性及经济韧性的概念[①]。社会韧性是指社会结构中具有的，在遭遇破坏性力量时所显现的，维持社会整合、促进社会有效运行的特质；经济韧性是一个经济体虽遭遇挫折，但又表现出顽强持久、不易折断、奋力发展的状态和特征。资本市场是现代经济体系的重要组成部分，经济韧性同样对资本市场提出了更高要求，即“有韧性的资本市场”。

综合党中央对资本市场的系列重要指示批示，我们认为，资本市场“有韧性”是指随着多层次资本市场体系建设不断完善，资本市场所具备的、并在面临外部剧烈冲击时突出表现出的，不致发生异常波动、杜绝系统性金融风险、并能有效服务实体经济的“抗逆性[②]”能力。这一概念是多层次资本市场体系改革的脉络延伸，也集中反映了2017年全国金融工作会议以来对防控金融风险和服务实体经济发展的综合要求。

“有韧性的资本市场”具有深刻的理论基础。从微观层面看，价格稳定是资本市场有效发挥功能作用的重要前提。资本市场传递出来的价格信号是促进资源优化配置的关键要素。在面对外界因素干扰时，价格波动能否保持在合理区间是资本市场有无韧性的重要体现。从宏观层面看，“有韧性”是资本市

① 王思斌.社会韧性与经济韧性的关系及构建[J].探索与争鸣，2016(3)：4~8.

② 抗逆性指植物具有的抵抗不利环境的某些性状，如抗寒、抗旱、抗盐、抗病虫害等。

场适应经济周期规律的直接体现。市场经济不可避免地会出现周期性波动，资本市场作为反映经济运行的“晴雨表”，自身要“能伸能缩”，才能经得住各种风险考验，更好地守住不发生系统性风险底线。

### （二）“有韧性的资本市场”主要特点

一是市场整体运行平稳。在一定范围内，资本市场价格波动是正常现象，能够有效反映供需关系、促进资源优化配置，是市场机制发挥作用的重要体现，也是帕累托最优状态。然而，受到外部不确定性和内部人为因素的干扰，资本市场存在偏离甚至脱离这种状态的可能。有韧性的资本市场，无论外部发生剧烈的经济金融环境变化，还是内部出现市场操纵等违法违规行为，都能有效抵抗、迅速处理，将不良影响降至最低，避免短期内非理性的暴涨暴跌现象，将市场波动控制在合理范围。

二是资产个体定价合理。资产定价合理是资本市场整体运行平稳的微观基础。当受到外界冲击时，资本市场价格相应地产生合理波动，然后又恢复正常的合理价格，这就是资本市场韧性在单个资产价格上的微观表现。就期货市场而言，合理的期货价格应有效反映供需关系预期，能够代表应有范围内的产品价格，且为实体企业普遍参考、以之制定生产经营计划，即同时拥有公正性、全面性和可用性等特点。有韧性的资本市场，能够在受到外部因素冲击时，保持资产定价合理。

三是不易受外部因素干扰。开放经济条件下，单个经济体与世界经济紧密联系，境内资本市场容易受到国际市场异常波动的影响，这在逐步开放过程中更为明显。一方面，随着日益融入全球金融市场，境内资本市场面临更大体量的资本和投资者，可能受到国际游资快进快出的较大冲击影响；另一方面，制度规则需要接受各类新型投资者、交易策略与业务的冲击和考验，包容性亟须增强。有韧性的资本市场，无论在开放过程中，还是在充分开放后，都能有效抵抗各种外部市场异常波动，不会轻易受到外界因素干扰。

## 二、"有韧性的资本市场"提出的重要意义

### （一）服务新时代中国经济高质量发展的要求

新时代经济转型升级和高质量发展，要求不断深化金融供给侧结构性改革，持续提升资本市场韧性。

首先，有韧性的资本市场是新时代金融服务党和国家方针政策贯彻落实的重要前提。当前我国正处在经济转型升级的重要历史阶段，各行各业贯彻落实"一带一路"倡议、乡村振兴战略、新发展理念、新发展格局等政策方略时，需要资本市场提供更加稳定的金融环境。其次，有韧性的资本市场是新时代防范化解金融风险的必然要求。金融安全是国家安全的重要组成部分，新时代防范化解金融风险必须坚持底线思维，增强忧患意识，这就要求资本市场不断提高自身韧性，为打赢防范化解包括金融风险在内的重大风险攻坚战打好基础。最后，有韧性的资本市场还是新时代金融服务实体经济的必要条件。当前我国实体经济发展面临前所未有的机遇和挑战，资本

市场在促进企业优化经营、推动产业升级等方面发挥着重要作用，这也要求资本市场不断提高自身活力与韧性，为实体经济转型升级和高质量发展，提供更多资金融通渠道和风险管理工具。

深化金融供给侧结构性改革，提高资本市场韧性，以资本市场高质量发展助力新时代中国经济高质量发展，是新时代对资本市场提出的新要求，具有重大的政治意义。

### （二）应对国内经济下行压力的需要

长期来看，由于终端需求和重要工业品达到历史需求峰值、人口和劳动力总量及结构出现趋势性变化、资源环境约束临近边界等因素，中国经济增速自2010年以来持续回落，周期思维下期望U形或V形反转不大现实[①]。中国步入了中高速增长的新平台，这一平台重心可能比当前6%左右水平更低，并且可能持续10年甚至更长时间。

短期内，受2016年以来全球经济周期接近尾声的影响，叠加“中美贸易战”的超预期提前发生。2018年年中，中央政治局会议对经济形势的判断有所转变，“当前经济运行稳中有变”；同年年底中央经济工作会议进一步明确，“经济运行稳中有变、变中有忧”“经济面临下行压力”。我国外贸形势不容乐观，投资改善难度较大，经济下行压力将进一步加大（见表1）。

---

① 龚雯，许志峰，吴秋余．开局首季问大势——权威人士谈当前中国经济［N］．人民日报，2016-5-9（1）。

表1　　主要国际机构对中国2019年经济增速预测

| 国际机构 | 预测 | 调整 |
|---|---|---|
| IMF（2019.1） | 6.1% | 0 |
| WB（2019.1） | 6.2% | -0.1% |
| OECD（2019.3） | 6.2% | -0.1% |

资料来源：国际货币基金组织（IMF）、世界银行（WB）及经济合作与发展组织（OECD）官网，郑商所研究所。

从国际经验看，经济体在从高速向中高速增长转变过程中，经历金融风险或某种类型金融危机的可能性较大，同时政府吸收、化解财政金融风险的能力和空间受到大幅压缩。在经济下行环境中，资本市场在服务建设现代化经济体系、实现经济高质量发展中的作用不断增强，对于服务国家供给侧结构性改革、创新驱动发展等重大战略方针具有重要意义。

## （三）配合中国推进全面开放的需要

实践证明，过去40多年中国经济发展是在开放条件下取得的，未来中国经济实现高质量发展也必须在更加开放条件下进行。党的十九大报告提出“推动形成全面开放新格局”；习近平总书记在2018年博鳌亚洲论坛上再次强调“中国开放的大门不会关闭，只会越开越大”，扩大开放的举措“尽快使之落地，宜早不宜迟，宜快不宜慢”。随着对外开放的不断深化，中国经济与世界的联系将更加紧密。

对外开放全面推进对资本市场发展提出了新要求。习近平总书记在2018年博鳌亚洲论坛上明确提出，金融业对外开放将“大幅放宽市场准入”。落实这一要求，资本市场对外开放不断深入推进。在此背景下，中国资本市场与世界的联动将不断增强，必须具备足够的韧性，才能适应对外开放的时代要求。

## （四）抵御国际复杂环境冲击的需要

全球经济增长风险加大。自2017年底以来，全球主要经济体增速放缓迹象明显，领先指标纷纷触顶回落（见图1）。IMF、OECD和世界银行等主要国际组织最新发布的经济展望报告中，均较前期下调了全球经济增速预期（见表2），全球经济增长前景不确定性较大。

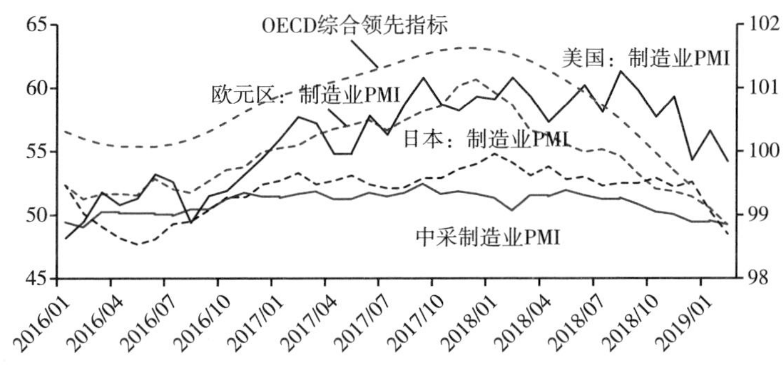


图1　主要经济体领先指标在2017年底触顶

资料来源：WIND，郑商所研究所。

注：PMI以50为荣枯分水线，对应左轴；OECD综合领先指标以100为基准线，对应右轴。

表2　　主要国际组织2019年全球经济增长预测　　单位：%

| 机构 | 报告 | 发布时间 | 2017 | 2018e | 2019f | 本期调整 |
|---|---|---|---|---|---|---|
| IMF | 世界经济展望 | 2019.1 | 3.8 | 3.7 | 3.5 | ↓ |
| WB | 全球经济展望 | 2019.1 | 3.1 | 3.0 | 2.9 | ↓ |
| OECD | 中期经济展望 | 2019.3 | — | 3.6 | 3.3 | ↓ |

资料来源：IMF、WB及OECD官网，郑商所研究所。

注：2018e为2018年估计数，2019f为2019年预测数。

国际政治经济格局面临重大调整。一方面，中国经济快速发展，在2030年前后有可能取代美国成为世界第一大经济体，中美贸易摩擦大概率长期持续，并可能延伸至部分其他西方国家。另一方面，贸易投资保护主义加剧，“全球化”退潮，区域经济一体化趋势增强，西方发达国家之间可能产生新的经贸冲突，英国脱欧等事件持续发酵，将构成新的不确定性来源。外部环境日益严峻复杂，潜在风险来源增多，对中国资本市场韧性构成新的挑战。

## 三、改善我国资本市场韧性不足的思考——以期货市场为例

期货市场作为资本市场不可或缺的组成部分，具有价格发现和风险管理的独特功能，能够缓释市场风险，助力实体经济稳健运行。大力发展期货衍生品市场，构建融资和投资功能相互平衡、融资性市场和风险管理市场平行发展的现代金融体系，有助于增强资本市场整体韧性，更好地抵抗风险。

经过30多年的改革发展，我国期货市场服务实体经济成效显著，抵抗风险能力不断提高，取得较大成绩。尽管如此，我国期货市场韧性仍有不足，可以从以下四个方面着手，进一步增强期货市场韧性建设。

### （一）加强多层次期货市场建设

多层次市场“两点成线、三点成面、面面俱到”，能够相

互补充、协调发展，形成“网状结构”，满足各类投资者的多样化需求，有效增强市场韧性。期货作为基础风险管理工具，能有效发挥价格发现、风险规避功能，助力企业稳健运营。但由于收益线性、资金成本不确定、标准化等特点，期货难以满足企业的多样化、深层次风险管理需求。无法对冲的风险头寸暴露，一方面使企业更容易受到市场环境影响，另一方面也部分导致投资者结构不够合理，都影响了期货市场的韧性。而期权和场外业务作为多层次期货市场的重要组成部分，能有效弥补期货不足：期权具有资金利用效率高、容错空间大、收益曲线非线性、交易方式多样等特点，能够为投资者提供更多的风险管理选择；场外业务能够为投资者提供个性化的风险管理定价以及资产管理解决方案，便于规避风险、科学经营。有韧性的期货市场应是充分协调发展的多层次市场，方能抵抗突发风险、助力企业稳健经营。

目前，我国多层次期货市场尚不完善：期权数量及种类有待进一步丰富，场外市场建设也在起步阶段，难以满足投资者多样化需求。为加强多层次市场建设，增强期货市场韧性，建议：不断优化新品种、新工具上市流程，提高上市效率；持续推进成熟期货品种期权上市，探索更多期权衍生品，优化期权业务规则，提高期权市场运行质量；提高对场外市场认识，将之作为多层次期货市场体系建设的重要支柱，通过法律法规予以规范调整，为场外衍生品市场建设提供更好的法治环境。

### （二）优化交易规则、促进合约连续活跃

期货市场作为信息集聚与交流中心，通过公开、公正、高

效、竞争的运行机制，形成具有预期性、连续性、公开性和权威性的价格，在大宗商品定价中处于核心地位。流动性指在几乎不影响价格的情况下迅速达成交易的能力，对于期货市场实现上述功能和体现韧性十分重要：流动性充足的期货市场，在面临外部经济金融环境剧烈冲击时，更能有效吸收冲击，避免异常波动，实现应有的定价、风险管理、资产配置等功能，体现出韧性。反之，如果市场流动性不足，则容易诱发市场操纵行为，难以形成公正、全面、可信的价格信号，无法为实体经济资源分配提供参考和依据，甚至可能诱发系统性风险。换言之，没有流动性充足的场内商品期货，就不能确定商品的公允价格，更不可能对冲风险，金融机构也无法为实体企业提供定制化的风险管理工具，期货市场功能无从展开。

目前，我国期货市场流动性总量充裕，商品期货成交量连续多年位居世界第一；但在部分品种和合约上存在结构性的不足，表现为近月合约不活跃、活跃合约不连续，以及部分商品期货品种在临近交割月时价格波动率较大等现象。为减少交易阻力和增强市场流动性，要着力解决这些问题：在完善品种合约连续活跃方案的基础上，持续优化交易机制及业务规则，促进期现货市场之间的衔接；在缺乏流动性的期货品种上优化和完善做市商业务，持续为市场提供适当的流动性，提高期货市场韧性。

### （三）培育成熟理性的投资者群体

外部经济金融环境剧烈变化时，成熟理性的投资者有助于保持市场稳定，增强市场韧性。这一方面有赖于合理的投资者结构，另一方面也需要成熟的市场整体投资理念。以期货市场为例，合理的投资者结构下，更多机构投资者和有风险管理需求的实体企业参与，充分发挥其信息、资金、人才和行业优势，以多种交易方式和逻辑相互作用，能起到稳定市场和提高流动性的积极作用。同时，成熟的市场投资理念，要求把握有效信息，全面权衡投资收益和风险，对市场行情形成良好预期、保持理性判断，避免短期投机性行为。

目前，我国期货市场的投资者结构和投资理念有待进一步发展成熟：自2004年规范发展以来，法人客户成交、持仓占比逐年提升，但相较于成熟市场，散户占比仍然较高，实体企业运用不充分，机构投资者不足且交易逻辑同质化，引入境外交易者方兴未艾；市场整体投资理念具有散户化倾向，多元化程度不足。建议加强投资者适当性管理和教育，改善投资者结构，提高投资决策理性，培育成熟理性的投资者群体：积极培育产业客户参与套期保值，利用期货市场稳定生产经营；同时鼓励支持商品期货投资基金、公募基金、银行、保险等专业机构投资者参与期货交易，为市场提供更多流动性。

### （四）完善基础制度建设、提升市场监管效能

期货市场的强韧发展，离不开完善的法治体系的支撑。完善的法律法规制度是期货市场有序运行的基础和前提，围绕行业核心法律，由行政管理条例、交易所规则、行业自律规则等补充组成的行业法制体系，确保有法可依，有助于期货市场有效应对外部经济金融环境的剧烈变化。同时，有韧性的期货市场也要求各级、各类监管机构充分发挥职能优势，完善技术手

段，加强监控监测能力建设，不断提高监管技术水平、人员能力和效率。

期货市场而言，一方面法律层级较低，最高法律依据仅为《期货交易管理条例》，缺乏专门法律予以规范，无法满足创新业务及国际化业务深入推进的需求。《期货法》已经进入二读，要全力做好配合工作，争取早日出台，进一步提升期货市场地位，为我国期货市场规范发展提供更多法制保障，稳定境外交易者参与信心，服务全面开放新格局。另一方面，创新业务不断推进，对外开放不断扩大，对有效监管也提出了新的挑战。应按照新时代高质量发展要求，适应资本市场“规范、透明、开放、有活力、有韧性”的整体目标，全面梳理监管工作，尊重市场规律，提高监管效能，加强新形势下市场风险预研预判、妥善应对，并不断推动“五位一体”监管体系形成新的高效合力。

（芦发喜　宋　磊　陈海龙）

# PTA期货国际定价基准建设：效果、问题及方向

经过近十五年发展培育和两年多对外开放，PTA期货已成为我国功能发挥最好的商品期货品种之一。尤其在2020年新冠肺炎疫情对产业经济正常运行造成严重影响的背景下，PTA期货服务实体经济的功能作用更加凸显。有市场人士认为，作为全球独有期货品种，郑商所PTA期货在国际定价影响力上已成为实际意义上的国际定价基准。本文对PTA国际定价基准建设效果进行研究，以明确当前PTA期货国际定价基准建设所处的阶段，更好地推进下一步工作。

## 一、大宗商品国际定价基准的内涵及判断标准

### （一）大宗商品国际定价基准的内涵

关于大宗商品国际定价基准的内涵，无论是学术界还是实务界，均没有权威明确定义，也没有绝对量化标准。从全球范围看，境外交易所关于其主流产品定价能力的表述主要是“定价基准或基准价格（Benchmark Price）”，如洲际交易所（ICE）在其官网的品种介绍页面明确标识其原糖期货是全球原糖交易的定价基准，咖啡期货是全球咖啡交易的定价基准等。因此，

关于大宗商品国际定价基准的内涵，准确的理解应该是“公开公平公正价格的形成中心”，该价格能够被全球市场普遍接受，成为与该商品相关贸易活动的主要定价基准。

### （二）大宗商品国际定价基准的判断标准

基于大宗商品国际定价基准的内涵，判断某商品期货品种是否是国际定价基准，应从两个方面考量。

一是国内外产业企业积极参与利用该期货市场，通过公开公平公正交易形成的期货价格能够被全球主要生产、消费和贸易商采用，成为他们参与该商品国内国际贸易活动的主要定价参考，指导他们的生产经营活动。此为判断某品种是否是大宗商品国际定价基准的充分条件和直接判断标准。

二是该商品期货市场应具备大宗商品国际定价基准的一般细分特征，如具有较高的市场流动性，参与者结构合理，品种工具较为齐全，国际化程度较高等。这是商品期货品种成为国际定价基准的基本条件，也是我们从侧面验证某品种作为国际定价基准的间接判断标准。

## 二、实际情况表明PTA期货已基本成为国际定价基准

从实际情况看，当前郑商所PTA期货价格已成为国内PTA现货贸易的绝对定价基准，并正逐步成为产业链上下游企业国际贸易活动的重要定价参考。作为全球独有期货品种，郑商所PTA期货已基本可称为国际定价基准。

## （一）PTA期货已成为PTA现货国内贸易的绝对定价基准

### 1. PTA期货已成为产业企业离不开的工具

PTA期货自2006年上市以来，服务实体经济的功能发挥良好，市场交易规模稳步扩大，参与的产业企业不断增多，目前已发展成为以产业客户为核心参与群体的商品期货品种，价格运行越来越理性，与PTA现货价格相关性高达0.99，与上游PX现货价格相关性达到0.8，与下游聚酯长丝和短纤价格相关性达到0.9，表现出稳健成熟的基本特征。

得益于PTA期货功能良好发挥，PTA期货已成为聚酯产业链企业离不开的工具，行业对PTA期货的熟悉程度和利用率都很高，产业链上下游企业普遍根据PTA期货价格研判远期市场，做出经营决策。目前，国内90%以上的PTA生产企业、贸易企业和80%以上的聚酯企业都在参与利用PTA期货市场。借助PTA期货在发现价格、规避风险等方面的独特作用，当前我国以恒力石化、逸盛石化等为代表的聚酯产业企业迅速做大做强，已建立起强大的国际竞争优势。

### 2. PTA期货价格已成为PTA国内现货贸易的绝对定价基准

我国是全球最大的PTA现货市场，生产和消费占全球一半以上，PTA期货国际定价基准建设，重点是先成为国内贸易的定价基准。2000年以来，特别是我国加入WTO后，经济的快速发展带动国内PTA需求量快速增加。同时，随着我国PTA企业新增单线产能不断提高，国内PTA产能快速增长，当前我国PTA已实现自给自足，并连续多年成为全球最大的PTA生产和消费国，年产量和消费量均在4 500万吨左右，占全球PTA总产量和总消费量的50%以上。此外，PTA现货生产企业产能集中度普遍较高，国内前五大PTA生产企业产能占我国PTA总产能的66%，前十大PTA生产企业产能占我国PTA总产能的89%，全球前十大PTA生产企业我国占据七家。

得益于雄厚的现货基础条件，加之产业客户普遍深度参与，PTA期货已彻底改变升级国内PTA现货贸易定价方式。2010年以前，国内PTA产能主要集中在少数国有石化企业，倡导价和月结价是PTA现货市场主要定价方式。2010年后，民营PTA企业迅速扩张，产能快速增加，由于民营企业在利用期货市场方面机制更为灵活，2011年前后PTA现货贸易中开始出现以“期货价格+升贴水”的基差点价交易模式，并随之呈现出强大的生命力，以PTA期货价格为基准的现货贸易开始逐渐增多。当前，经过多年交易实践，国内主要PTA产业企业均已具备熟练的PTA期货交易技能和期现结合操作能力，PTA期货价格也自然而然地成为国内PTA现货贸易的定价核心。

目前，PTA现货市场价格由两部分组成：一部分是现货市场自由贸易时的价格，主要按照“期货价格+升贴水”的基差点价方式定价。据国内最大的PTA现货撮合商杭州忠朴公司统计，目前现货市场中95%的PTA利用PTA期货基差点价方式交易，并且这一比例还在继续上升。另一部分是PTA生产企业每月月底公布的月结价，用于逸盛石化、恒力石化等大型PTA生产企业与下游签订的年度合约订单月度结算，月结价的依据是当月现货价格平均值，而现货价格则主要以PTA期货价格为基准来确定，二者相关性长期保持在0.9以上。总体而言，PTA现货市场现行定价机制主要以PTA期货价格为核心，郑商所

PTA期货价格已成为PTA现货国内贸易的绝对定价基准。

## （二）PTA期货正成为产业链上下游国际贸易的重要定价参考

虽然我国PTA进出口贸易量非常有限，但我国的PTA上游原料PX，下游产品聚酯瓶片、涤纶长丝和短纤等产品的国际贸易量都很大。随着2018年PTA期货引入境外交易者，英国石油、意大利GSI公司、嘉能可和摩科瑞等越来越多的境外产业企业参与利用PTA期货，郑商所PTA期货价格的国际影响力不断扩大。当前PTA期货的定价影响力已不只体现在PTA自身贸易环节，PTA期货在聚酯产业链上下游产品国际贸易中的定价功能也越发凸显，正逐渐改变上下游产品国际贸易传统定价方式，成为上下游产品国际贸易的重要定价参考。

### 1. PTA期货打破上游PX进口定价格局

PX是PTA生产的主要原料，目前约97%的PX用于生产PTA，而生产1吨PTA约需要0.66吨PX。当前虽然我国PX产量位居世界第一，但还不能完全满足下游PTA生产需求，我国PX消费量的40%以上还需依赖进口，近几年我国每年进口的PX均在1 000万吨以上。PX进口一般以谈判价格作为当月PX进口结算价，PTA期货上市之前，国内PTA厂商在与国外PX生产企业谈判PX进口价格时缺少有效参考，在价格谈判中往往处于被动弱势地位。

PTA期货上市后，特别是近几年，大多数PTA生产企业都已深度参与PTA期货市场。据统计，我国现有的20家PTA生产企业中，有16家企业直接参与PTA期货交易，涉及产能占全国总产能的94%。得益于企业积极参与，当前PTA期货价格已成为PX亚洲合约价格谈判的重要参考因素。国内企业依据由郑商所远月PTA期货价格倒推出的PX价格作为PX国际贸易的价格谈判基础。如果外商报出的PX价格高于由PTA期货价格倒推出的PX价格，国内企业在谈判时就会以郑商所PTA期货价格作为主要定价依据，压低PX进口价格。PX进口由国外厂商起主导作用的定价格局逐渐改变，定价主动权开始逐渐向国内PTA生产企业倾斜。

**2. PTA期货成为下游聚酯产品国际贸易的重要定价参考**

PTA是下游聚酯产品的主要原料，生产1吨聚酯约需要0.86吨PTA。与上游类似，PTA下游聚酯产品的国际贸易量同样很大。以主要用于生产矿泉水瓶的聚酯瓶片为例，2019年，我国生产的884万吨聚酯瓶片中多达35.6%出口国外，订单交货期一般为1~2个月，有时长达半年。PTA期货没有上市时，聚酯瓶片企业与外商签订产品订单合同后往往“靠天吃饭”，原材料PTA价格下跌则利润增加，反之则利润减少甚至亏损，企业生产经营面临的不确定风险很大。

PTA期货上市后，特别是近年来随着PTA期货日趋成熟，聚酯产业企业对PTA期货的熟悉度越来越高，企业普遍开始将PTA期货价格作为国际贸易谈判的重要定价参考。据了解，下游聚酯企业前20强中，18家企业已直接参与PTA期货交易，产能合计占全国聚酯总产能的70%。他们在与国外客户签订订单的同时，已逐渐习惯于利用PTA期货市场锁定部分原料成本，从而进一步锁定加工利润，防止企业经营效益大幅波动。更重要的是，年度订单合同谈判时，这些企业依据PTA期货价格与可口可乐、达能等外商谈判，由于遵循的参照价格一致，有效避免了之前国内同行间恶性竞争的不利局面，提升了国内PTA下游聚酯企业的定价主动权。

**3. PTA期货定价影响力显著提高**

随着PTA期货价格受到越来越多境外产业企业关注，近几年安迅思和普氏等国际资讯机构的定价影响力随之降低。2018年之前，安迅思和普氏报价是欧洲市场聚酯企业原材料采购的重要定价参考。但2018年PTA期货对外开放后，欧洲市场相关企业的报价策略随之发生了改变。这些企业开始参考郑商所PTA期货价格，加上对市场采购的判断，对上游客户进行报价。意大利某公司作为欧洲最大的瓶片贸易商，与中国工厂有长期采购合约，目前已参与郑商所PTA期货交易。其中国区经理表示，因为有了PTA期货，从2018年下半年起，国内的瓶片工厂开始参考PTA期货报远期价格给国外客户。国内企业对此也深有感触，现在外商在和国内PTA企业谈生意过程中，经常提到能否采用对标PTA期货结算价，说明当前外商已越来越认可PTA期货的价格发现功能。

## （三）PTA期货对外开放水平亦大幅提高

从PTA期货引入境外交易者以来，境外客户积极参与郑商所PTA期货市场。目前经过两年多市场发展培育，PTA期货对外开放水平大幅提升。从开户情况看，截至2021年3月底，已有来自中国香港、中国台湾、新加坡、英国、德国、意大利、阿拉伯联合酋长国等全球18个国家和地区的295个境外客户开户，43家境外经纪机构完成备案；从交易量看，2021年第一季度，PTA期货境外客户日均成交量达到24.7万手，日均持仓量达到17.7万手，较引入境外交易者后的2019年分别增长144%、4 200%，带动PTA期货境外客户交易量在PTA期货总交易量中的占比快速增长。

与此同时，近几年郑商所特定品种配套服务不断完善，服务境外客户的能力进一步增强。配合PTA期货引入境外交易者，推动实现了境外客户参与PTA期货保税交割免收增值税，优化了特定品种交易日常结算换汇机制；基于境外投资者需求，在国内率先推出参考数据业务，吸引全球市场主体参考或使用郑商所期货价格；通过欧洲证券及市场管理局（ESMA）两项正面评估，为欧盟投资者参与交易提供更多便利；获批新加坡认可市场运营商牌照，在境外市场开展宣传推介更加便利，总体开放合作水平不断提高。

## 三、客观条件显示PTA期货与成熟国际定价基准还有差距

虽然实际情况表明郑商所PTA期货已基本可称为国际定价基准，但从大宗商品国际定价基准应具备的一般细分特征看，当前郑商所PTA期货与成熟国际定价基准还有差距，多方面仍有优化提升空间。

### （一）市场规模快速增长但质量还需提升

**1. 绝对交易规模全球领先**

市场交易活跃是大宗商品国际定价基准的重要特征。作为全球独有期货品种，PTA期货自上市以来，各类客户积极参与，市场交易规模稳步提升（见图1）。成交量上，2020年PTA期货日均成交132.5万手，年度成交量达到3.2亿手，相当于16.1

亿吨PTA现货，创历史新高。持仓量上，2020年PTA期货日均持仓量同样创历史新高，达到207.9万手，相当于1 039.7万吨PTA现货。从绝对交易规模看，当前郑商所PTA期货已成为全球聚酯产业链上交易最为活跃、市场规模最大、流动性最好的期货品种，且在当前国际聚酯产业链上，除PTA期货外，仅有新加坡交易所的PX掉期，每日成交持仓仅几十手，甚至无成交，市场流动性远低于PTA期货。总体上看，目前郑商所PTA期货已建立起先发优势，国际上也还没有竞品能够对PTA期货构成有效威胁，挑战其在聚酯产业链上的领先优势地位。

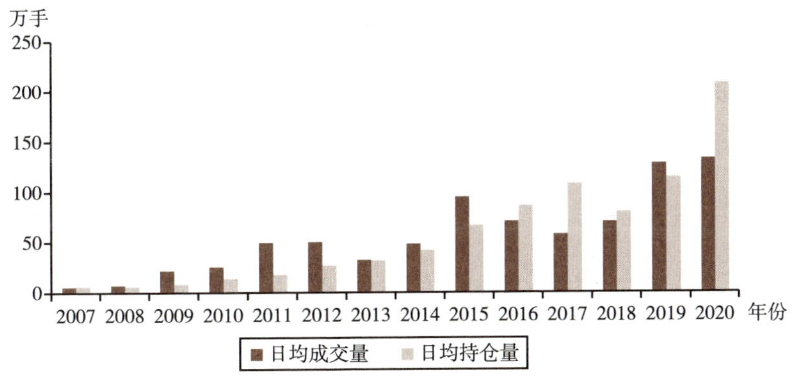


图1 PTA期货成交持仓量

资料来源：郑州商品交易所，郑商所研究所。

### 2. 相对交易规模接近平均水平，仍有提升空间

虽然从绝对交易规模看，郑商所PTA期货已建立全球领先优势地位，但从PTA期货交易规模占全球PTA现货市场规模的比重看，郑商所PTA期货仍有提升空间。

首先看成熟国际定价基准期货品种的水平。从期货市场日均持仓量占全球现货市场表观消费量的比重看，2020年ICE

原糖期货日均持仓量103.3万手，相当于5 246万吨原糖现货，占全球原糖现货表观消费量的30.70%；2020年ICE棉花期货日均持仓量20.69万手，相当于469万吨棉花现货，占全球棉花现货表观消费量的18.36%；2020年COMEX铜期货日均持仓量22.40万手，相当于254万吨铜现货，占全球铜现货表观消费量的10.64%；NYMEX WTI原油期货日均持仓量占全球原油现货市场表观消费量的比重相对略小，为6.56%。

再看PTA期货的水平。2020年PTA期货日均持仓量为207.95万手，相当于1 040万吨PTA现货，占全球PTA现货表观消费量的12.67%；PTA期货日均持仓量占全球现货市场表观消费量的比重与ICE原糖期货等成熟国际定价基准期货品种比还有较大差距，但已超过COMEX铜和NYMEX WTI原油的水平，接近ICE棉花和LME铜的水平。另外，与国内开放品种相比，当前PTA期货的日均持仓量占全球现货市场表观消费量的比重均大幅领先（见表1）。说明从期货交易对现货市场的渗透度即相对交易规模看，当前PTA期货已接近国际定价基准的平均水平，但仍有提升空间。

**3. 合约连续性仍未达到成熟国际定价基准品种要求**

得益于巨大的现货企业套保需求及众多机构投资者的参与，成熟国际定价基准期货品种通常都是逐月连续活跃的，近月合约持仓量普遍依次滚动轮换，整体呈阶梯形连续活跃结构（见图2）。长期以来，PTA期货呈现1月、5月、9月合约活跃、其他月份合约流动性相对缺乏的特征，产业企业在生产经营周期与期货工具时间的匹配上有一定难度，影响PTA期货市场服务实体经济的效果。

表1　2020年国内外期货品种相对交易规模对比

| 市场 | 品种 | 期货日均持仓量（万手） | 期货日均持仓量（万吨） | 全球现货市场规模（万吨） | 期货持仓量/全球现货市场规模（%） |
|---|---|---|---|---|---|
| 国内交易所 | 郑商所PTA | 207.95 | 1 040 | 8 203 | 12.67 |
| | 上期所原油 | 11.90 | 1 630 | 444 522 | 0.37 |
| | 大商所铁矿石 | 92.31 | 9 231 | 216 252 | 4.27 |
| | 上期所铜 | 32.78 | 164 | 2 389 | 6.85 |
| 国际定价基准 | NYMEX WTI原油 | 212.70 | 29 140 | 444 522 | 6.56 |
| | COMEX铜 | 22.40 | 254 | 2 389 | 10.64 |
| | LME铜 | 18.33 | 458 | 2 389 | 19.18 |
| | ICE棉花 | 20.69 | 469 | 2 555 | 18.36 |
| | ICE原糖 | 103.27 | 5 246 | 17 087 | 30.70 |

资料来源：彭博数据库，郑州商品交易所，郑商所研究所。

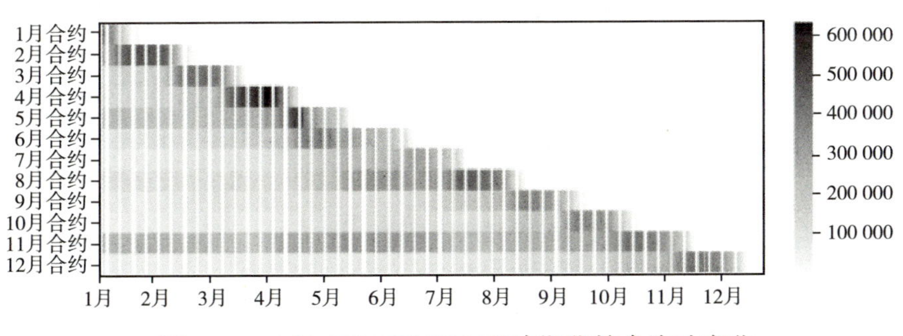


图2　2020年NYMEX WTI原油期货持仓滚动变化

资料来源：彭博数据库，郑商所研究所。

针对这一问题，郑商所于2017年10月开始实施合约连续活跃方案，以PTA期货为试点，通过采取降低目标合约交割和持仓成本、引入商品期货做市商等措施，提升近月目标合约的规模和流动性，以求达到活跃连续合约的目的，方便产业客户

参与。经过几年努力，PTA期货3月、7月、11月合约活跃度有所提升，当前流动性已可基本满足企业的套期保值需求，但偶数月份合约活跃度仍相对不足，与成熟国际定价基准期货品种比，PTA期货合约连续性总体上依然存在差距，仍有提升空间（见图3、图4）。

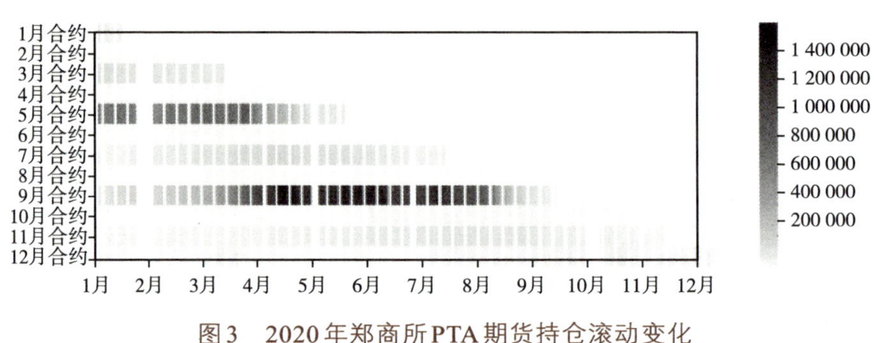


图3　2020年郑商所PTA期货持仓滚动变化

资料来源：彭博数据库，郑商所研究所。

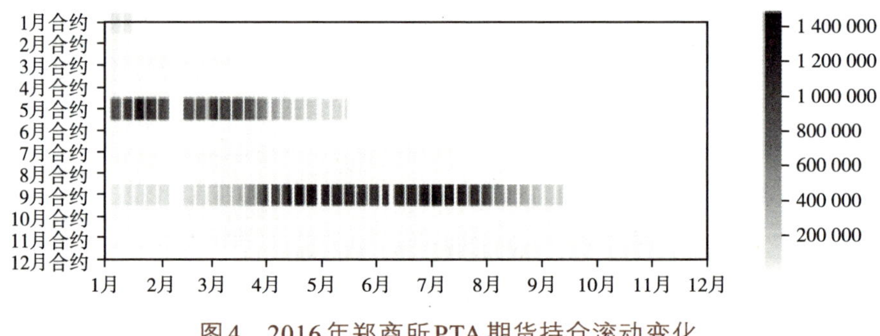


图4　2016年郑商所PTA期货持仓滚动变化

资料来源：彭博数据库，郑商所研究所。

## （二）对外开放快速发展但国际化程度依然不够高

### 1. 境外客户参与度或还有较大提升空间

境外客户积极参与，具有较高的国际化程度，是成熟国际定价基准期货市场的重要显性特征。以CME集团为例，2020年美国境外客户交易量占CME集团总交易量的比重约为26.3%，考虑到股指和外汇等产品在CME集团美国境外交易量中的占比较大，如剔除金融产品，仅考虑商品期货，推测CME集团美国境外客户交易量占比或在20%左右。PTA期货于2018年对外开放后，境外客户积极参与，交易量快速增长，但由于PTA对外开放仅两年有余，境外市场培育需要时间，当前PTA期货境外客户交易量占总交易量的比重还不够高，为10%左右。

虽然境外客户交易量占比达到多高水平方能称为国际定价基准，当前无论是学术界还是实务界均没有明确要求，也没有确定标准，CME集团的境外交易量占比数据也启示我们，成为国际定价基准并不一定需要特别高的境外客户参与度。但当前PTA期货境外客户交易量占总交易量的比重还处于较低水平，从国内外对比看，未来PTA期货境外客户参与度还有较大提升空间。

**2. 期货市场配套制度环境短板依然明显**

成熟发达的配套制度环境同样是典型国际定价基准期货市场的重要特征，当前PTA期货市场面临的配套制度环境短板依然明显。

一是境外市场营销推广服务能力还有待提升。国外领先交易所普遍建立了发达的国际市场营销推广网络。以CME集团为例，其在加拿大、巴西、英国、新加坡、中国香港、韩国、日本、中国、印度、澳大利亚等全球多个国家及地区建立了11个境外办事处，市场营销推广服务能力覆盖全球各主要市场，可较为便利地在这些国家及地区开展市场营销推广活动，吸引全球投资者参与美国商品期货交易。与之相比，由于我国期货市场国际化近几年刚刚启动，当前在境外市场营销推广服务基础设施还比较少，总体上境外市场营销推广还处于探索尝试阶段。

二是期货交易制度规则等方面仍有短板。多年来，我国逐步形成了一些具有中国特色的期货市场制度规则。这些制度规则对于保障我国期货市场平稳健康运行发挥了重要作用，但与国际市场惯例、交易习惯、通行规则、监管理念和制度等存在一定差异。如涨跌停板、持仓限额等制度可能要求过于严格，保证金管理系统还不够高效，组合保证金管理系统尚未推出，资本利用效率相对不够高等。期货市场对外开放后，如何在坚持我国期货市场特色制度规则的同时，提高我国期货市场制度规则的适应性，推出更多符合国际市场交易习惯的交易机制，更好地与国际市场接轨，并能够进行有效跨境监管合作，同样是我国期货市场面临的挑战。

## 四、下一步努力方向

作为全球独有期货品种，近年来PTA期货定价影响力大幅提升，已成为PTA上下游产业链实际意义上的国际定价基准。但要清醒认识的是，当前PTA期货还处于国际定价基准初级阶段，与成熟国际定价基准还有差距。接下来，应百尺竿头、更进一步，着力巩固PTA期货市场的优势地位，继续扩大PTA期货的国际定价影响力。

### （一）加快形成PTA上下游产业链“板块效应”，巩固PTA期货既有优势地位

在PX—PTA—聚酯产业链上，当前郑商所虽已上市PTA期货、PTA期权、短纤期货3个期货期权工具，但PTA下游聚酯产业链上的瓶片、长丝，PTA上游的PX还均没有上市期货期权等衍生品工具。近几年，聚酯产业企业的风险管理意识不断提升，对增加聚酯产品风险管理工具的呼声越来越高。应顺应产业发展需要，加快瓶片、PX等期货期权品种工具上市步伐，并争取同步推动这些品种对外开放，引入境外交易者参与交易，早日构筑起完整的PTA上下游产品避险体系，形成聚酯产业链品种“板块效应”，更好满足产业链企业多样化的风险管理需求，扩大期货市场服务聚酯产业的广度，巩固郑商所PTA期货在聚酯产业链的定价优势。

### （二）多方面创造便利条件，吸引更多境外客户参与利用PTA期货

一是按照“推动资本市场制度型开放”要求，深入了解QFII/RQFII（以下统称QFII）参与我国商品期货期权市场需求，研究QFII参与商品期货期权交易的风控、合规等重点难点问题，论证优化QFII参与交易的业务规则，建立健全配套服务支持体系，打通QFII参与渠道，推动QFII参与商品期货期权交易。二是在确保风险可控的前提下，优化特定品种交易者适当性制度，增强特定品种规则体系的包容性，取消不必要也不符合境外文化习惯的开户环节；同时适度放宽税汇政策，有序扩

大可充抵保证金的有价证券范围，为境外客户参与我国期货市场提供更多便利条件，提升境外客户参与度。

### （三）继续做好PTA期货市场培育，进一步提升市场运行质量

一是持续做好PTA期货合约连续活跃工作，坚持并优化完善PTA期货期权做市商制度，促进合约连续活跃，力争早日实现从奇数月份合约的活跃到各月份合约的全面连续活跃，满足境内外投资者交易需求，提升定价效率。二是进一步完善PTA衍生品工具体系及交易机制，研究推出PTA掉期、短期期权等衍生品工具，同时加大PTA期权市场培育力度，深度挖掘境内外客户参与PTA期权过程中的痛点、难点，有针对性地开展期权市场培育工作，积极引导各类客户参与利用PTA期权市场，做大PTA期权市场规模，早日为企业搭建起成熟的全方位、多层次避险体系，更好满足企业精细化避险需求，提高套保精度，提升价格发现效率。

### （四）推动完善配套制度环境，提升境外市场服务能力

一是借鉴境外市场先进经验做法，持续提升我国期货市场制度规则适应性，促进我国期货市场规则逐步与国际接轨，同时加强跨境监管合作，与境外客户集中的国家及地区建立良好合作框架。二是积极申请期货交易及市场推广相关牌照，加大力度建设覆盖全球市场的国际化市场营销推广网络，提升我国交易所境外市场营销推广服务能力。

（杜海鹏　芦发喜　周博文）

# 从信息份额看疫情期间我国商品期货市场的价格发现功能

2020年初新冠肺炎疫情在全球暴发以来，市场恐慌情绪蔓延，市场波动大幅增加。其中，美股市场在3月9日—19日短短10天内经历4次熔断；恐慌指数（VIX）超过2008年国际金融危机80.86的高位水平，达82.69；洲际交易所（ICE）布伦特原油期货最大跌幅达70%，纽约商品交易所（NYMEX）WTI原油期货出现罕见的“负油价”现象；其他商品波动也明显增加。在此背景下，我国商品期货市场的价格发现功能是否正常？相对于现货市场及国外同类品种期货市场的价格发现能力表现如何？本文基于信息份额模型，以棉花、白糖期货为例，对疫情期间我国商品期货市场的价格发现功能进行测算和评估，最后提出相关建议。

## 一、信息份额模型及其在评估价格发现功能中的应用

### （一）信息份额模型的基本原理

信息份额模型（即IS模型）是Hasbrouck（1995）提出的价格发现功能评价方法。相较于格兰杰因果关系检验等传统定性方法，信息份额模型从定量角度对某一市场价格发现功能进行

更为精确的评价，已成为评价市场价格发现功能的主流方法。具体而言，信息份额模型以向量误差修正模型作为分析基础，认为同类标的金融资产在多个市场受到同一公共因子①的影响，通过测度每个市场的“新息”②对公共因子方差的贡献比例，得到每个市场在标的资产价格发现过程中的相对信息份额，即价格发现贡献度。取值范围为0~100%，贡献度越高，说明对市场信息的反应能力越强，价格发现功能发挥得越好；一般而言，贡献度超过50%，即可认为该市场在价格发现中起主导作用。具体计算方法如下：

首先，基于两个市场的行情价格时间序列，建立以下向量误差修正模型：

$$\Delta\ln f_t = \lambda_f e_{t-1} + \sum_{i=1}^{p}\alpha_{fi}\Delta\ln s_{t-i} + \sum_{i=1}^{p}\beta_{fi}\Delta\ln f_{t-i} + \varepsilon_{f,t} \quad (1)$$

$$\Delta\ln s_t = \lambda_s e_{t-1} + \sum_{i=1}^{p}\alpha_{si}\Delta\ln s_{t-i} + \sum_{i=1}^{p}\beta_{si}\Delta\ln f_{t-i} + \varepsilon_{s,t} \quad (2)$$

其中，$f_t$、$s_t$为两个市场的价格时间序列。利用VECM模型，分别计算出两个方程误差修正项的系数$\lambda_f$、$\lambda_s$，方程（1）与方程（2）残差序列的标准差$\sigma_f$、$\sigma_s$，以及方程（1）与方程（2）残差序列的相关系数$\rho$。

其次，基于上述参数计算两个市场各自的信息份额上限与下限，公式如下：

第一个市场信息份额上限：$IS_f^U=\dfrac{(\lambda_s\sigma_f-\lambda_f\sigma_s\rho)^2}{\lambda_s^2\sigma_f^2-2\rho\lambda_f\lambda_s\sigma_f\sigma_s+\lambda_f^2\sigma_s^2}$

---

① 即对两个同类标的市场均有影响，在两个市场均会有所反映，引起两个市场价格波动的共同影响因素。

② 计量经济学中的专业术语innovation，中文教材一般将其译为“新息”。

第一个市场信息份额下限：$IS_f^L=\dfrac{\lambda_s^2\ \sigma_f^2(1-\rho^2)}{\lambda_s^2\ \sigma_f^2-2\rho\lambda_f\ \lambda_s\ \sigma_s\ \sigma_f+\lambda_f^2\ \sigma_s^2}$

第二个市场信息份额上限：$IS_s^U=\dfrac{(\lambda_f\ \sigma_s-\lambda_s\ \sigma_f\ \rho\ )^2}{\lambda_s^2\ \sigma_f^2-2\rho\lambda_f\ \lambda_s\ \sigma_s\ \sigma_f+\lambda_f^2\ \sigma_s^2}$

第二个市场信息份额下限：$IS_f^L=\dfrac{\lambda_f^2\ \sigma_s^2(1-\rho^2)}{\lambda_s^2\ \sigma_f^2-2\rho\lambda_f\ \lambda_s\ \sigma_s\ \sigma_f+\lambda_f^2\ \sigma_s^2}$

最后，计算第一个市场信息份额上限值与下限值的平均数，即得到第一个市场的价格发现贡献度。同理，可得到第二个市场的价格发现贡献度。

### （二）信息份额模型在评估价格发现功能中的应用

信息份额模型提出以来，经过20多年发展，已在评估金融及商品市场价格发现功能中得到广泛应用。主流观点认为：多数情况下，期货市场价格发现能力强于现货市场，在价格发现过程中起主导作用；在某些特殊时段如股灾期间，也会出现短暂的现货市场引导期货市场的特殊情形；与国际定价中心品种比，我国期货市场价格发现能力还有一定差距。基于文献研究的视角，应用情况具体如下：

金融市场应用方面。何诚颖等（2011）从信息融入比率的角度，基于信息份额模型研究了沪深300股指期货相对于现货市场的价格发现功能，发现新信息主要通过沪深300股指期货市场进行反映，其价格发现能力强于现货市场。周舟和成思危（2013）研究发现，沪深300股指期货对价格发现的贡献更大，达76%。李政等（2016）首次采用沪深300、上证50和中证500股指期货与现货的5分钟高频数据，基于信息份额模型测算后，发现总体上股指期货的价格发现贡献度高于指数现货，但在

2015年股灾期间也出现了现货引导期货、现货价格发现贡献度反超期货的特殊情形。张劲帆等（2019）利用2015—2018年我国国债期货、现货和利率互换价格数据，基于信息份额模型对我国利率市场相应品种的价格发现能力进行测算，发现整体上利率互换相较于国债期货和国债现货都具有信息优势，而国债期货相较于国债现货具有信息优势。

商品市场应用方面。刘飞等（2013）采用我国黄金期现货市场5分钟高频交易数据，基于信息份额模型分析了我国黄金期货市场的价格发现功能，发现新信息融入黄金期货市场价格的比率高达90.06%，黄金期货市场在信息传递中处于主导地位，是价格发现的主要驱动力量。萧细妹（2014）基于信息份额模型，测算了我国与美国期货市场中铜、黄金、白银、大豆、棉花、白糖等11个相同或相似交易品种的价格发现能力，发现我国商品期货市场的信息份额基本上低于50%，其价格发现能力弱于美国期货市场。刘晨等（2020）利用中美两国2013—2019年玉米期现货价格数据，基于信息份额模型比较了彼此的价格发现功能，发现中美两国的玉米期货市场信息份额均高于现货市场，期货市场在价格发现中起主导作用。

## 二、疫情期间我国商品期现货市场价格发现功能的比较——基于棉花和白糖

### （一）棉花

通过测算疫情期间及2016—2019年同期[①]郑商所棉花期货

① 数据区间为每年的1月20日到6月2日，下同。

市场及我国棉花现货市场[①]的价格发现贡献度（见图1），可以发现：

第一，近几年棉花期货的价格发现贡献度均高于棉花现货。在疫情期间及往年同期，在棉花价格发现过程中，郑商所棉花期货的贡献度均高于棉花现货。这说明郑商所棉花期货在棉花价格发现过程中起主导作用，对市场信息的反应能力更强、更充分。

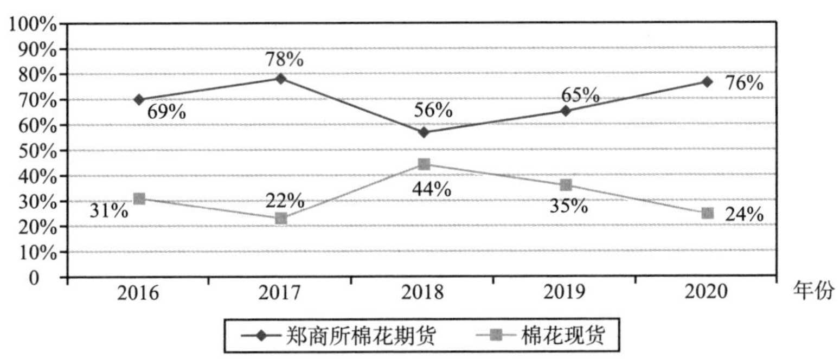


图1　郑商所棉花期货与棉花现货的信息份额对比

资料来源：根据信息份额模型测算得到，郑商所研究所。

第二，疫情期间棉花期货的价格发现能力进一步提高。郑商所棉花期货在棉花价格发现中的贡献度为76%，远高于同期棉花现货市场24%的水平，且高于棉花期货市场近几年同期平均水平。这说明郑商所棉花期货市场的价格发现功能近几年表现较好，尤其在疫情期间，棉花期货更是发挥了更强的价格发现贡献作用，体现了期货市场价格发现的本质。

第三，基准价区调整后棉花期货价格发现能力稳步提升。

① 采用“国家棉花价格B指数：CNCotton B”表示棉花现货价格。

为使棉花期货更加贴近现货，郑商所于2017年9月把新疆地区确定为棉花期货交割基准地，标志郑商所棉花期货基准价区调整为新疆，之后郑商所棉花期货在价格发现中的贡献度短暂调整后稳步上升。这说明基准价区的调整促进了郑商所棉花期货在价格发现过程中更好地发挥功能。

### （二）白糖

通过测算疫情期间及2016—2019年同期郑商所白糖期货市场及我国白糖现货市场[①]的价格发现贡献度（见图2），可以发现：

第一，近几年白糖期货的价格发现贡献度均高于白糖现货。在疫情期间及往年同期，在白糖价格发现过程中，郑商所白糖期货的贡献度均高于白糖现货。这说明郑商所白糖期货近几年在价格发现过程中起主导作用，对市场信息的反应能力更强、更充分。

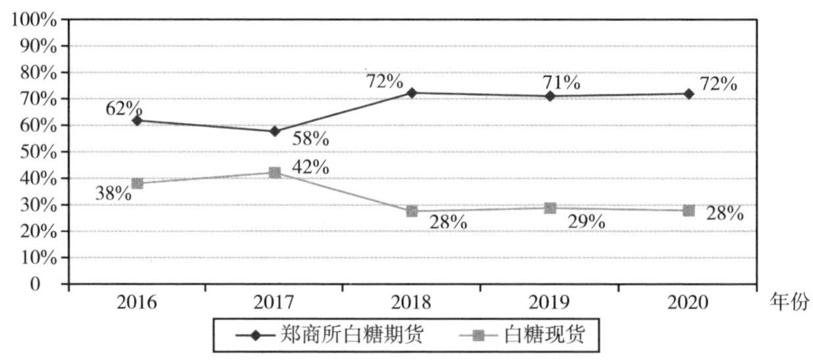


图2　郑商所白糖期货与白糖现货的信息份额对比

注：白糖期货价格为收盘价。

资料来源：根据信息份额模型测算得到，郑商所研究所。

① 采用“南宁白砂糖现货价”表示白糖现货价格。

第二，疫情期间白糖期货的价格发现功能表现平稳。疫情期间，郑商所白糖期货在价格发现中的贡献度为72%，远高于同期白糖现货市场的28%水平，且与白糖期货市场过去两年水平基本持平。这说明疫情期间郑商所白糖期货市场价格发现贡献度表现平稳，经过十多年的发展，白糖期货品种已越来越成熟，功能发挥越来越稳定。

## 三、疫情期间我国商品期货市场与国外同类品种市场的价格发现功能比较——基于棉花和糖[①]

### （一）棉花

通过测算疫情期间及2016—2019年同期郑商所棉花期货及ICE棉花期货市场的价格发现贡献度（见图3），可以发现：

第一，近几年郑商所棉花期货的价格发现贡献度均低于ICE棉花期货。与ICE相比，在棉花价格发现过程中，郑商所棉花期货的贡献度均低于ICE棉花期货。这说明在棉花价格发现过程中，起主导作用的依然是ICE棉花期货。

第二，郑商所棉花期货与ICE棉花期货的差距在逐步缩小。从发展趋势看，近几年郑商所棉花期货在棉花价格发现中的贡献度总体上在稳步提升，已由2016年的18%上升至疫情期间的39%，而ICE棉花期货的贡献度则相应由82%下降至61%的

---

① 虽然ICE棉花期货、原糖期货与郑商所棉花期货、白糖期货的资产标的不完全相同，但他们是高度相关的同类资产，将我国商品期货品种与这些国际定价中心品种进行对比，对于认识我国商品期货品种的相对价格发现能力具有很好的参考意义。

水平，二者的差距逐步缩小。

第三，疫情期间郑商所棉花期货的价格发现能力大幅提高。疫情期间，郑商所棉花期货在棉花价格发现中的贡献度有较大幅度提高，从2019年的22%提升至39%，远高于过去几年同期水平。

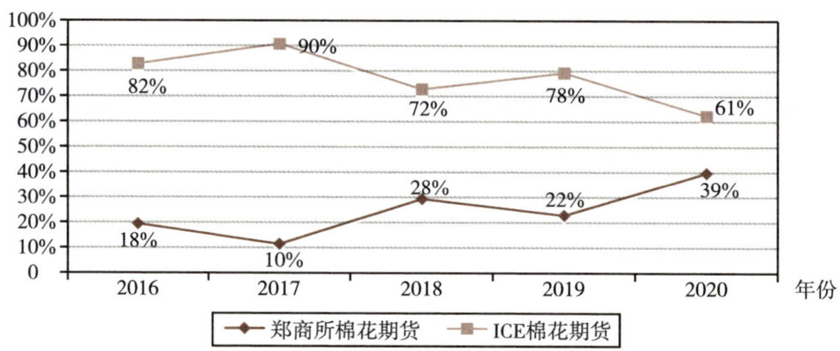


图3　郑商所棉花期货与ICE棉花期货的信息份额对比

资料来源：根据信息份额模型测算得到，郑商所研究所。

## （二）糖

通过测算疫情期间及2016—2019年同期郑商所白糖期货及ICE11号原糖期货市场的价格发现贡献度（见图4），可以发现：

第一，近几年郑商所白糖期货的价格发现贡献度均低于ICE11号原糖期货。在糖品种价格发现过程中，郑商所白糖期货市场的贡献度均低于ICE11号原糖期货市场。这说明近几年在糖品种价格发现中，起主导作用的依然是ICE11号原糖期货。

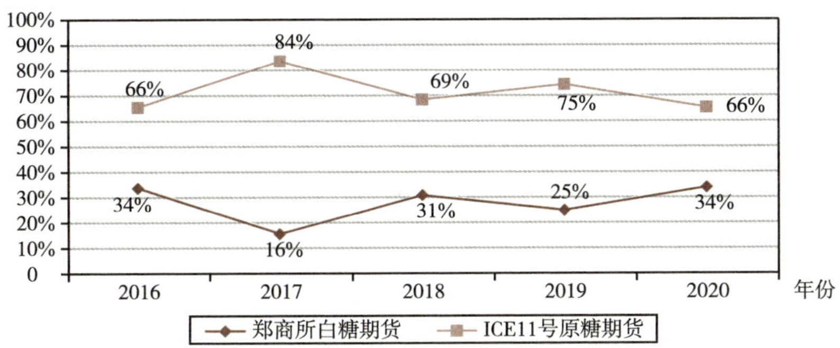


图4　郑商所白糖期货与ICE11号原糖期货的信息份额对比

资料来源：根据信息份额模型测算得到，郑商所研究所。

第二，疫情期间郑商所白糖期货的价格发现能力进一步提高。疫情期间，郑商所白糖期货在白糖价格发现中的贡献度为34%，高于过去几年同期平均水平，且比去年同期水平提升了9个百分点。

## 四、结论

通过测算和比较近几年我国棉花、白糖两个商品期货品种在价格发现过程中的信息份额（价格发现贡献度），发现无论相对于现货市场还是国外同类品种期货市场，疫情期间我国商品期货市场运行平稳，价格发现贡献度进一步增强，较好发挥了期货市场价格发现功能。我国期货市场经受住了疫情的考验，这体现了我国期货市场不断成熟的发展成效，也反映出市场主体运用衍生品市场管理实体风险的广度深度逐渐提高。然而，相较于国际同类品种，我国期货品种价格发现能力仍有提升空间，需要持续扩大成熟品种定价影响力。

（杜海鹏）

# 第二篇

# 商品价格与经济周期

商品价格波动与宏观经济周期密切相关，以两者关系为主题的研究也是常做常新。我们在这方面做了如下的尝试：一是以PTA和白糖为例，对期现货价格引导关系开展了实证分析；二是对我国商品期货价格波动的周期性开展了研究；三是从宏观经济周期观察商品价格波动，分析了库存和信用等宏观短周期对工业品期货价格的四阶段周期影响。这些研究可能会对深入认识、理解期货市场的经典理论问题有所裨益。

# 期现货价格引导关系实证研究

期现货价格引导关系一直是期货交易所、政府监管机构、产业客户、投资者等市场参与各方关注的热点问题。然而，目前对期现货价格引导关系的系统性研究仍较为缺乏，人们对期现货价格引导关系的认识仍不够深入，有必要对期现货价格引导关系问题做全面深入研究，以便更好地认识期现货价格引导关系，建设好期货市场，发挥好期货市场的价格发现功能。

那么到底什么是期现货价格引导关系？为什么会产生期现货价格引导关系？理论上期现货价格引导关系应该是怎样的？研究中主要存在哪些观点？对我国期货品种而言，其期现货价格引导关系又是怎样的？为了回答这些问题，本文从理论与实证两个层面对期现货价格引导关系进行研究。

## 一、理论分析

### （一）什么是期现货价格引导关系

期现货价格引导关系即期现货价格间的领先滞后关系，其中，“引导”一词是实务界的常用说法，学术界常用“领先—滞后”来表示。其本质上是不同市场对新信息反应速度快慢的一种现象，反映了新信息在不同市场的传递机制，及不同市场对新信息的吸收差别，是衡量市场价格发现功能的重要指标。

可以从两个方面来衡量期现货价格引导关系：一是不同市场对新信息的反应速度；二是新信息融入不同市场价格中的比率。多数情况下，在两个或多个相关市场中，如果其中一个市场的价格反映新信息的速度经常领先于其他市场，或者新信息的大部分能够通过某个市场的资产价格变化来反映，则可称此市场价格引导另一市场价格。

需要指出的是，期现货价格引导关系是一个相对概念而不是绝对概念。以期货价格引导现货价格为例，虽然期货市场价格引导现货市场价格，但并不表示现货市场不具备价格发现功能，也不表示信息完全通过期货市场来揭示，更不表示信息是从期货市场单向传递给现货市场，只是表示相对于期货市场，现货市场的价格发现功能相对较弱，信息通过现货市场揭示的比率较低而已。

### （二）为什么会产生期现货价格引导关系

资产价格变化是对新信息反应的结果，根据Cornell和French（1983）提出的持有成本理论，如果期货市场和现货市场完全有效，市场是无摩擦的，新信息会同时反映在两个具有相同内在价值基础的期货市场和现货市场价格上，完全无障碍的信息传导使得期现货市场价格处于长期均衡状态，即$F_t=S_t+C$，期货价格等于现货价格加持有成本，不存在价格间的引导（领先—滞后）关系。但事实上，市场不是完全有效的，期现货市场对新信息的反应速度和程度存在差异，导致本应具有相同价格变化的资产，或者基础价格相同的资产表现出不同的价格走势，进而产生价格间的引导（领先—滞后）关系。

既然由于市场不完全有效，期现货价格间会产生引导关系，那么应该是期货引导现货，还是现货引导期货？相对于现货市场，期货市场具有预期性、标准化、参与者众多、流动性好等天然优势，导致其交易成本更低、更便利，一旦市场出现新信息，拥有信息优势的知情交易者倾向于选择在期货市场进行交易，利用其所掌握的利多或利空信息，在期货市场上买多或卖空期货合约，从而使得新信息率先融入期货价格中去，通过期货价格的变动来反映，并进一步传递到现货市场，因此理论上期现货价格引导关系应为期货价格引导现货价格。

### （三）研究中主要存在哪几类观点

期现货价格引导关系一直是学界关注的热点问题，学者们对此问题进行了大量研究。笔者利用SCIENCE DIRECT、SPRINGER、EBSCO、JSTOR、中国知网等国内外主流数据库，对期现货价格引导关系相关文献进行了系统全面的检索，以入选SSCI与CSSCI为标准，从中筛选出79篇权威文献，对他们的研究成果进行了系统地梳理总结，发现研究中主要存在以下几类观点：

一是研究认为期现货价格间为双向引导关系，期货市场在价格发现过程中起主导作用（Garbade and Silber，1983；Stoll and Whaley，1990；Chan，1992；Chakraborty and Das，2013；刘庆富和仲伟俊，2007；陈蓉和郑振龙，2008；方先明，2010；华仁海和刘庆富，2010；何诚颖等，2011；刘飞等，2013）。

二是研究认为期现货价格间为双向引导关系，现货市场在价格发现过程中起主导作用（Wahab and Lashgari，1993；Srinivasan and Ibrahim，2013；张宗成和王骏，2005；刘博文和房振名，2008；方匡南和蔡振忠，2012；徐雪和罗克，2014）。

三是研究认为期现货价格间为单向引导关系，期货价格引导现货价格（Kawaller et al，1987；Tse，1995，Chu et al，1999；刘晓雪和黄剑，2008；祝合良和许贵阳，2010；王苏生等，2017）。

四是研究认为期现货价格间为单向引导关系，但现货价格引导期货价格（Rajaguru and Pattnayak，2007；Srinivasan and Deo，2009；Malhotra and Sharma，2016；郭彦峰等，2009；陈淼等，2013；王拉娣和安勇，2014）。

以上为学术研究中的几类主要观点，其中主流观点认为期现货价格间为双向引导关系，期货市场在价格发现过程中起主导作用。

## 二、实证研究——以郑商所PTA和白糖期货为例

### （一）方法与数据

研究方法上，Granger因果关系检验常用来检验期现货价格间是否存在引导关系，本文首先对期现货价格进行Granger因果关系检验，以判断期现货价格间是否存在引导关系，如果存在，是双向引导关系还是单向引导关系。接下来，利用公共因子模型计算期货市场与现货市场在价格发现过程中各自的贡

献度，进一步认识期现货价格引导关系。

数据选择上，本文选取郑商所PTA和白糖两个市场规模大、功能发挥好的成熟品种作为工业品和农产品的代表，对期现货价格引导关系进行实证研究。具体看，对于PTA，数据区间为2006年12月18日到2018年6月6日，期货数据来源为郑州商品交易所，现货数据来源为中国化纤信息网。对于白糖，数据区间为2006年1月6日到2018年7月31日，期货数据来源为郑州商品交易所，现货数据来源为广西糖网。

## （二）PTA实证结果

### 1. 期现货价格引导关系

由Granger因果关系检验结果知，总体上看，PTA期现货价格间为双向引导关系，PTA期货价格可以引导PTA现货价格，PTA现货价格也可以引导PTA期货价格。

分年度看，PTA期现货价格引导关系在不同年度存在一定差异。在2007年、2008年PTA期货上市初期，PTA期货市场价格和现货市场价格表现为双向引导关系，PTA期货市场价格可以引导PTA现货市场价格，PTA现货市场价格也可以引导PTA期货市场价格；2009年，则主要表现为PTA现货价格对PTA期货价格的引导关系；2010年和2011年，PTA期货市场价格和现货市场价格重新表现为双向引导关系；2012年，PTA期现货价格间不存在协整关系，期现货价格引导关系无法检验；2013年，PTA期现货价格间又主要表现为PTA现货市场对PTA期货市场的引导关系；之后，2014—2017年，随着PTA期货的逐步成熟，PTA期现货价格间表现为期货对现货的单向引导关系（见表1）。

表1　　PTA期现货价格引导关系

| 年份 | 引导关系 |
| --- | --- |
| 总体（2007—2017） | 双向引导 |
| 2007 | 双向引导 |
| 2008 | 双向引导 |
| 2009 | 单向引导，现货引导期货 |
| 2010 | 双向引导 |
| 2011 | 双向引导 |
| 2012 | 不存在协整关系，无法检验 |
| 2013 | 单向引导，现货引导期货 |
| 2014 | 单向引导，期货引导现货 |
| 2015 | 单向引导，期货引导现货 |
| 2016 | 单向引导，期货引导现货 |
| 2017 | 单向引导，期货引导现货 |

资料来源：郑商所研究所。

**2. 价格发现贡献度**

通过公共因子模型计算得知，总体上看，自PTA期货上市以来，期货市场的价格发现贡献度为64.46%，现货市场的价格发现贡献度为35.54%，期货市场在价格发现过程中起主导作用。

分年度看，不同年度PTA期现货市场价格发现贡献度存在一定差异。在2007年PTA期货上市初期，PTA期货市场的价格发现贡献度较低，仅为34.71%；而现货市场的价格发现贡献度则相对较高，为65.29%。随后在2008年，PTA期货市场的价格发现贡献度进一步下降。2009年，PTA期货市场价格发现贡献度大幅提升，达到68.86%，现货市场的价格发现贡献度则下降为31.14%。随后两年，PTA期货市场价格发现贡献度又进一步上升，并且在2011年达到76.94%。2013年，PTA期货价格发现贡献度略微下降。2014年，期货市场价格发现贡献度达到PTA上市以来的最高水平88.43%。随后的2015—2017年，PTA期货市场价格发现贡献度均在50%上下徘徊（见表2、图1）。

表2　PTA期现货市场价格发现贡献度

| 年份 | 市场 | 价格发现贡献度（%） |
|---|---|---|
| 总体（2007—2017） | 期货市场 | 64.46 |
| | 现货市场 | 35.54 |
| 2007 | 期货市场 | 34.71 |
| | 现货市场 | 65.29 |
| 2008 | 期货市场 | 26.78 |
| | 现货市场 | 73.22 |
| 2009 | 期货市场 | 68.86 |
| | 现货市场 | 31.14 |
| 2010 | 期货市场 | 72.08 |
| | 现货市场 | 27.92 |
| 2011 | 期货市场 | 76.94 |
| | 现货市场 | 23.06 |
| 2013 | 期货市场 | 75.66 |
| | 现货市场 | 24.34 |
| 2014 | 期货市场 | 88.43 |
| | 现货市场 | 11.57 |

续表

| 年份 | 市场 | 价格发现贡献度（%） |
|---|---|---|
| 2015 | 期货市场 | 43.83 |
| | 现货市场 | 56.17 |
| 2016 | 期货市场 | 81.02 |
| | 现货市场 | 18.98 |
| 2017 | 期货市场 | 17.19 |
| | 现货市场 | 82.81 |

资料来源：根据信息份额模型测算得到，郑商所研究所。

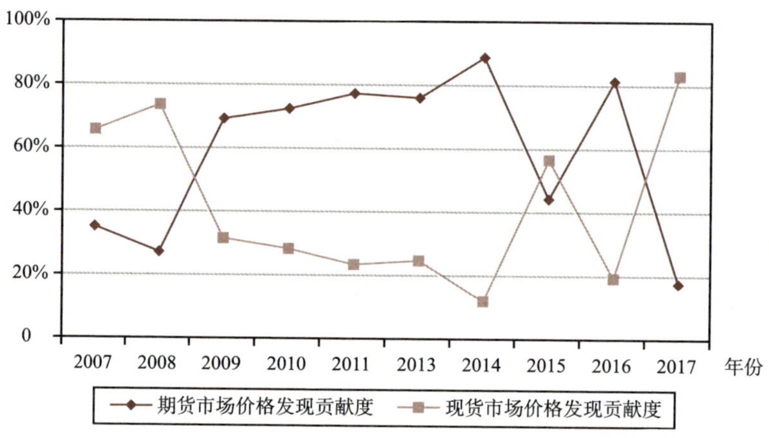


图1 2007—2017年PTA期现货市场价格发现贡献度

资料来源：根据信息份额模型测算得到，郑商所研究所。

## （三）白糖实证结果

### 1. 期现货价格引导关系

由Granger因果关系检验结果知，总体上看，白糖期现货价格间为双向引导关系，白糖期货价格可以引导白糖现货价格，白糖现货价格也可以引导白糖期货价格。

分年度看，白糖期现货价格引导关系在不同年度存在一定差异。自白糖期货上市以来，在多数年份（2006、2007、2009、2010、2012、2014、2015、2016、2017），白糖期现货价格间表现为期货价格对现货价格的单向引导关系；在2008年与2011年表现为双向引导关系，白糖期货市场价格可以引导白糖现货市场价格，白糖现货市场价格也可以引导白糖期货市场价格；在2013年，白糖期现货价格间不存在协整关系，无法检验期现货价格间的引导关系（见表3）。

表3　白糖期现货价格引导关系

| 年份 | 引导关系 |
| --- | --- |
| 总体（2006—2017） | 双向引导 |
| 2006 | 单向引导，期货引导现货 |
| 2007 | 单向引导，期货引导现货 |
| 2008 | 双向引导 |
| 2009 | 单向引导，期货引导现货 |
| 2010 | 单向引导，期货引导现货 |
| 2011 | 双向引导 |
| 2012 | 单向引导，期货引导现货 |
| 2013 | 不存在协整关系，无法检验 |
| 2014 | 单向引导，期货引导现货 |
| 2015 | 单向引导，期货引导现货 |
| 2016 | 单向引导，期货引导现货 |
| 2017 | 单向引导，期货引导现货 |

资料来源：郑商所研究所。

**2. 价格发现贡献度**

通过公共因子模型计算得知，总体上看，自白糖期货上市以来，期货市场的价格发现贡献度为54.81%，现货市场的价格发现贡献度为45.19%，期货市场在价格发现过程中起主导作用。

分年度看，不同年度白糖期现货市场价格发现贡献度存在一定差异。在2006年、2007年白糖期货上市早期，期货市场的价格发现贡献度相对较高，分别为93.16%、72.15%，在价格发现过程中起主导作用。2008年，期货市场价格发现贡献度大幅下降至23.59%，低于现货市场的76.41%，此时现货市场起主导作用。随后的2009—2012年，期货市场的价格发现贡献度再次上升到50%以上，分别为55.49%、50.87%、55.45%、69.97%，在价格发现过程中起主导作用。接下来的2014年，期货市场价格发现贡献度再次下降到50%以下，低于现货市场。随后在2015—2017年，期货市场价格发现贡献度又回升至50%以上，并在2017年达到近几年高点87.74%，在价格发现过程中起主导作用（见表4、图2）。

表4　　白糖期现货市场价格发现贡献度

| 年份 | 市场 | 价格发现贡献度（%） |
|---|---|---|
| 总体（2006—2017） | 期货市场 | 54.81 |
| | 现货市场 | 45.19 |
| 2006 | 期货市场 | 93.16 |
| | 现货市场 | 6.84 |
| 2007 | 期货市场 | 72.15 |
| | 现货市场 | 27.85 |
| 2008 | 期货市场 | 23.59 |
| | 现货市场 | 76.41 |
| 2009 | 期货市场 | 55.49 |
| | 现货市场 | 44.51 |

续表

| 年份 | 市场 | 价格发现贡献度（%） |
|---|---|---|
| 2010 | 期货市场 | 50.87 |
| | 现货市场 | 49.13 |
| 2011 | 期货市场 | 55.45 |
| | 现货市场 | 44.55 |
| 2012 | 期货市场 | 69.97 |
| | 现货市场 | 30.03 |
| 2014 | 期货市场 | 9.71 |
| | 现货市场 | 90.29 |
| 2015 | 期货市场 | 61.42 |
| | 现货市场 | 38.58 |
| 2016 | 期货市场 | 59.06 |
| | 现货市场 | 40.94 |
| 2017 | 期货市场 | 87.74 |
| | 现货市场 | 12.26 |

注：白糖期货价格为结算价。

资料来源：根据信息份额模型测算得到，郑商所研究所。

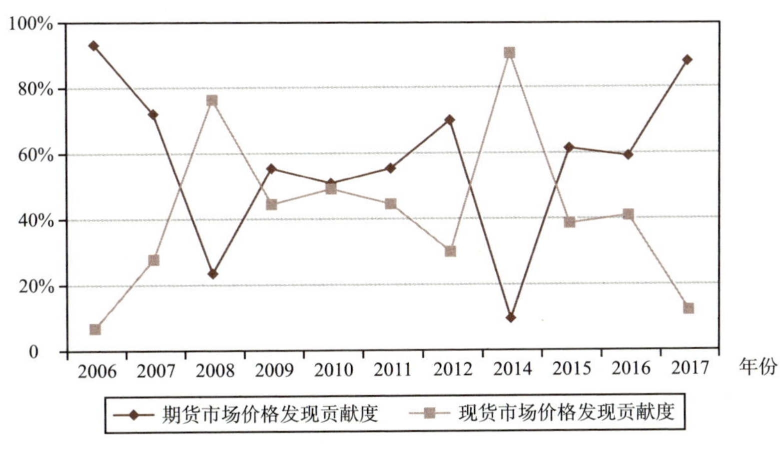


图2 2006—2017年白糖期现货市场价格发现贡献度

资料来源：根据信息份额模型测算得到，郑商所研究所。

## 三、总结

为了正确认识期现货价格引导关系，本文从理论与实证两个层面对期现货价格引导关系进行了研究。通过以上研究，本文认为：

第一，从理论上看，期现货价格引导关系即期现货价格间的领先滞后关系，其本质上是不同市场对新信息反应速度快慢的一种现象，反映了新信息在不同市场的传递机制及不同市场对新信息的吸收差别；之所以会产生期现货价格引导关系，是因为市场不是完全有效的，期现货市场对新信息的反应速度和程度存在差异，导致本应具有相同价格变化的资产表现出不同的价格走势，进而产生引导关系；目前研究中存在多种观点，但主流观点认为期现货价格间为双向引导关系，期货市场在价格发现过程中起主导作用。

第二，从实证上看，对于PTA，总体上期现货价格间表现为双向引导关系，并且期货市场在价格发现过程中起主导作用，其在价格发现过程中的贡献度为64.46%，现货市场的价格发现贡献度为35.54%。对于白糖，期现货价格间总体上同样表现为双向引导关系，并且期货市场在价格发现过程中起主导作用，其在价格发现过程中的贡献度为54.81%，现货市场的价格发现贡献度为45.19%。分年度看，无论是PTA还是白糖，在不同年份，期现货市场各自的价格发现贡献度均会表现出一定差异，个别年份会出现期货市场价格发现贡献度低于现货市场价格发现贡献度的情况。

第三，虽然对于PTA和白糖，均是期货市场在价格发现过程中起主导作用，但相对于白糖期货价格对白糖现货价格的引导，PTA期货市场价格在PTA价格发现过程中的贡献度更高。主要原因是，相对于白糖期货市场，PTA期货市场流动性更好，市场参与者结构更为合理，从而对市场信息的反应更快，价格发现功能发挥得更好。根据郑商所品种功能评估报告，近几年来，PTA期货功能评估排名均好于白糖，本文的研究也进一步印证了品种功能评估结果。

（杜海鹏　程　安）

# 我国商品期货价格波动的周期性研究

近年来全球经济环境复杂性提高和国际金融动荡影响加剧，特别是在国内宏观经济增速放缓和经济结构升级调整背景下，大宗商品期货价格波动较为剧烈。分阶段来看，2000—2006年，大宗商品期货价格处于平稳而缓慢的增长期；2008年金融危机后，大宗商品期货价格经历了总体下跌过程；2016年大宗商品期货价格处于较快的上升期，每一阶段的价格波动都表现出周期性行为，并与宏观经济周期波动具有密切关系，但在现实中期货价格自身的波动行为有时会“背离”宏观经济的周期波动。为刻画我国商品期货价格周期性波动特征并解释“背离”的成因，本文提出基于经验模态分析（EMD）法的商品期货价格波动分析方法，将商品期货价格序列分解为不同周期波动的叠加，然后对其重新组合，运用描述性统计检验不同周期波动与宏观经济因素的关系。

## 一、价格波动分解

### （一）数据梳理方法

经验模态分析（EMD）法认为任何复杂信号均由多个简单固有模态函数（Intrinsic Mode Function，IMF）组成，且不同

IMF之间相互独立，在任何特定时间，可能有多个不同震荡模式并存，相互叠加，多种模式叠加的结果构成原始数据。

经验模态分析（EMD）法可将频率不规则的波分解为多个单一规则频率的波加上余波的形式，即：

原波形=$\sum$IMFs+余波

本文将EMD法运用于我国商品期货价格指数，分解出包含在价格中的不同固有模式波动分量，检验在多种因素的综合影响下复杂现象形成原因。

### （二）波动分解结果

本文选择南华商品期货价格指数，样本区间为2004年6月1日至2017年6月30日[①]，样本个数为3178，数据来源WIND数据库。

利用EMD法对上述价格指数进行分析，共提取出9个不同波动频率简单振荡本质模态IMF1—IMF9，基于该分解的假设，将前4个低频IMF序列作为主要研究对象，其余5个高频波动IMF相加作为余波，即随机波动成分。商品期货价格指数的4个低频IMF波形图如图1所示。

图1可以看出，商品期货价格指数分解出4个具有明显不同周期的波动形态，根据周期长短不同，本文将IMF1界定

---

① 我国期货市场上比较著名的全市场指数有中国市场监控中心的中国商品期货指数和南华商品期货价格指数，前者基期为2012年1月10日，后者基期为2004年6月1日。为刻画商品期货价格的长周期成分，尽量选取样本量多的时序，因此选取南华商品期货价格指数。

为长周期波动，整个样本区间经历了一个完整周期[①]，约为10年，这与1860年法国经济学家朱格拉提出的一种为期9~10年的经济周期相似；IMF2为中周期波动，每个周期约持续4年；IMF3为短周期波动，样本区间内有8个完整周期，每个周期持续1~2年；IMF4的周期波峰一般出现在每年5—7月，与商品供给的季节性相似（如周小球，2008[②]），界定为季节性周期波动。

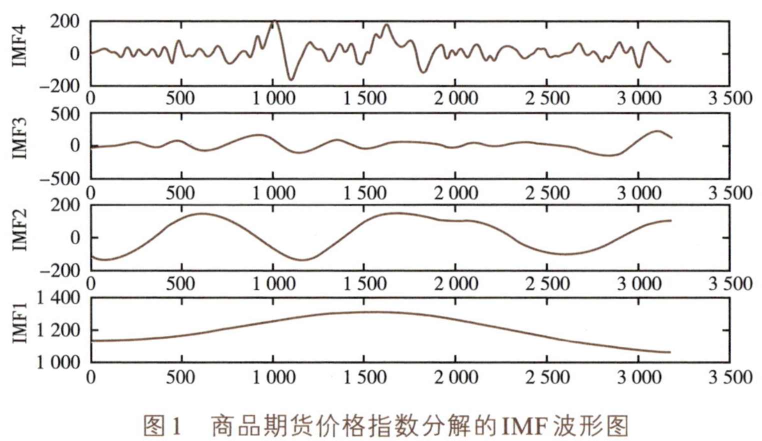


图1 商品期货价格指数分解的IMF波形图

由于EMD法的适应性，可以将分解的本质模态IMF叠加组合。将商品期货价格指数分解出的长、中、短周期IMF1-IMF3叠加起来，三个不同周期叠加后的走势图和原价格序列走势图对比见图2。

① 完整周期的判断是参考NBER的Bry和Boschan（1971）确定指标序列转折点的方法做出的。

② 周小球．商品期货的季节性分析［J］．饲料广角，2008（14）：19-21.

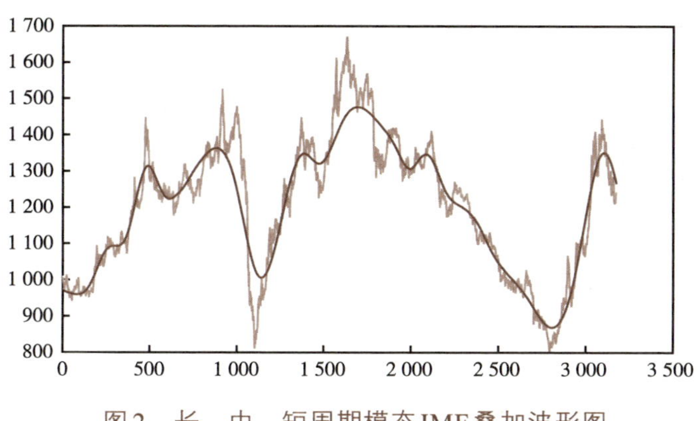


图2　长、中、短周期模态IMF叠加波形图

图2可以看出，IMF1–IMF3叠加起来的波形基本重构出商品期货价格指数的大致走势，该叠加结果理论上是商品期货价格指数的期望值，和均线相近。由上面分解到重构的过程看，商品期货价格指数走势是不同周期性波动叠加，同时伴随着季节性波动以及市场随机波动，即可以将频率较低（周期较长）的波看成基底（反映趋势），其他IMF都建筑在其之上。

由于EMD分解的IMF模式相对固定，不同频率模式背后均对应有相应的影响因素，而商品期货价格波动与宏观经济周期的关系密切，分解出的商品期货价格的不同IMF应对应不同的宏观经济影响因素，下面选取宏观经济指标与分解出的不同模态作对应分析。

## 二、价格波动特征分析

### （一）周期性特征分析

#### 1. 长周期性波动IMF1与GDP关系

由于与商品期货价格长周期波动相似的朱格拉周期（9~10

年）是以国民收入、失业率和大多数经济部门的生产、利润和价格的波动为标志划分的。本研究选择季度GDP增长率，并做平滑处理，结果发现长周期性模态IMF1与季度GDP增长率走势基本一致，见图3。

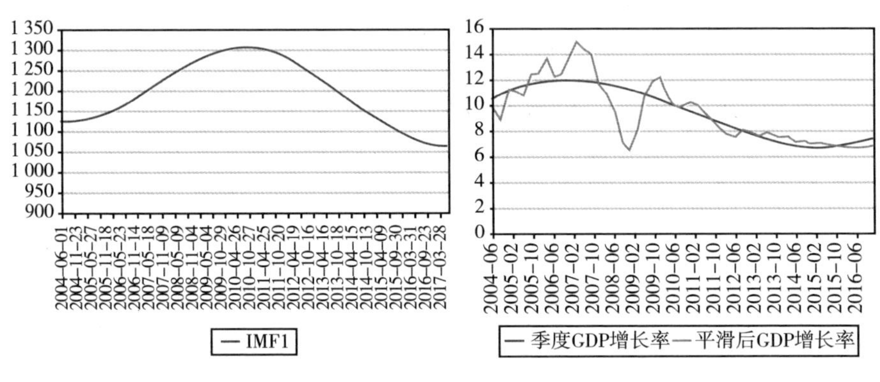


图3　IMF1与季度GDP增长率

计算出滞后2年的滞后相关系数为0.94，说明我国商品期货价格的长周期性波动是由经济周期驱动，长周期性模态IMF1滞后于季度GDP增长率。

**2. 中周期波动IMF2与M2、CPI关系**

通过筛选发现IMF2波动趋势与CPI趋势一致，CPI近十几年来一直遵循大概周期为42个月的循环规律，IMF2也具有相似周期。

从图4的IMF2与CPI、M2变化趋势对比可以看出，IMF2的周期波动与CPI基本一致，并稍微领先CPI变化，通过观察我国商品期货价格的中周期波动能够发现CPI的变化，是价格发现功能的体现；IMF2的周期波动与M2波动反方向几乎一致，并领先M2变化，说明我国商品期货价格指数可作为货币政策逆周期调控的预警指标，具有货币政策制定参考工具功能。

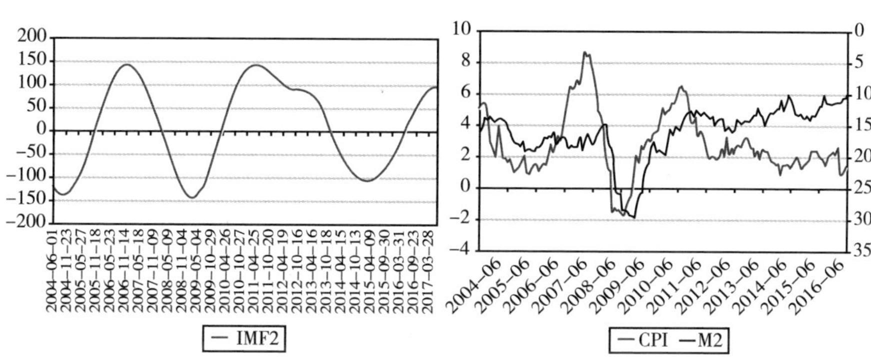


图4 IMF2与月度CPI、M2同比增长率

**3. 短周期波动IMF3与PPI关系**

通过对比分析，发现生产者价格指数PPI的波动与IMF3相一致，见图5。

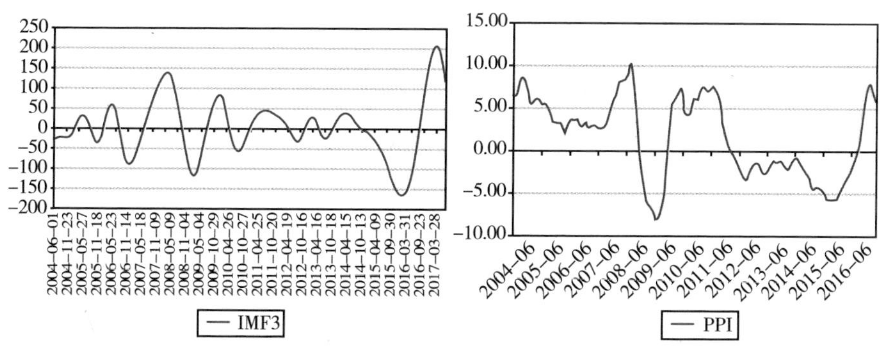


图5 IMF3和月度PPI同比增长率

从图5可以看出，我国商品期货价格的短周期波动与PPI波动基本一致，尤其是2014年以来，随着我国商品期货市场的快速稳定发展，其在宏观经济运行中起到的资源配置能力逐渐增强，商品期货价格的短周期波动与生产周期相契合。总体来

说，我国商品期货市场已初步具有调节生产资料配置能力，可较好地为相关企业提供套期保值服务。

### （二）季节性波动特征分析

我国商品期货价格具有季节性，即商品期货价格在不同年份同一固定时间段内呈现相似的价格走势形态，见图6。

从图6可以看出，我国商品期货价格指数分解得到的季节性波动成分，在每年5—7月的价格波动达到峰值，其后波动趋于平缓。

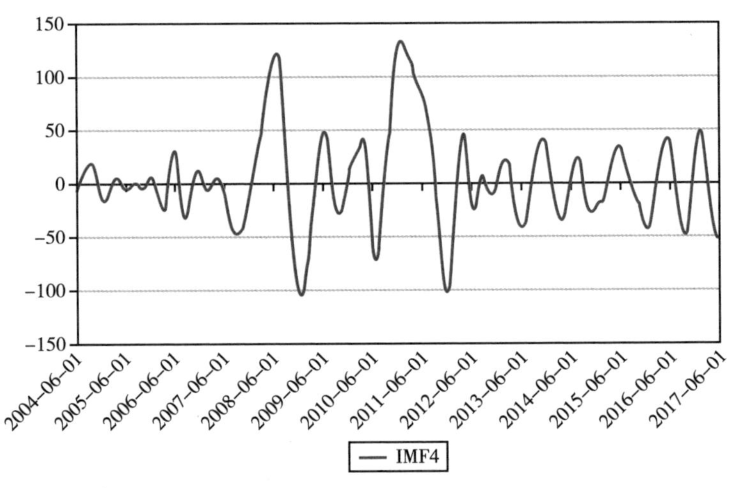


图6　IMF4的季度性波动变化

### （三）随机波动特征分析

剔除我国商品期货价格指数的周期性波动和季节性波动后，其余波动是具有不确定性的随机性波动成分，主要的价格波动风险隐藏在随机性波动成分中，是异常波动风险的主要风险点，对风险监测预警具有重要价值。

我国商品期货价格的随机性波动成分占前一日价格指数的比率变化，见图7。

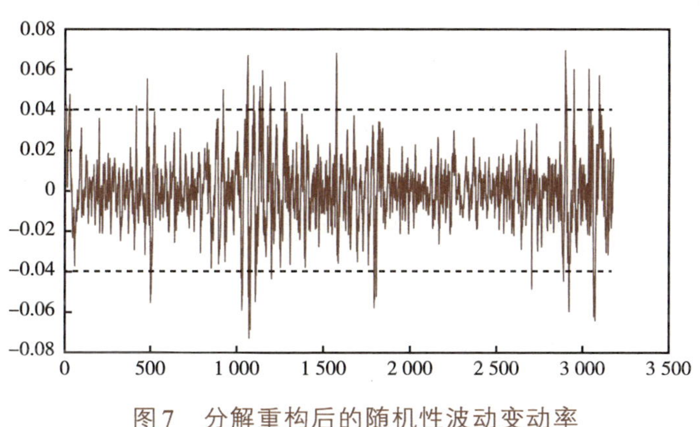


图7　分解重构后的随机性波动变动率

参考我国商品期货品种每日价格波动限制为上一交易日结算价的 ± 4%，将图7中商品期货价格随机波动的比率区间设置为 ± 4%。可以看出，样本期间内大部分交易日随机性波动变动率维持在−4%~+4%的区间内，说明我国商品期货价格波动处于可控的合理区间内；而在2008年、2016年，随机波动变动率超出区间的频率较大，这与2008年金融危机、2016年股票市场异常波动传导到期货市场并引起期货市场价格波动的背景相符。

总体来说，仅观察随机性波动成分就可监测我国商品期货市场价格波动风险。

## 三、研究结论

通过EMD法分解出我国商品期货价格指数的不同构成模态，并对不同形态特征的波动与宏观经济指标的关系进行分析，得出以下结论：

一是我国商品期货价格波动表现为长、中、短周期波动和季节性波动四个不同频率周期波动与随机性波动叠加；商品期货价格的长、中、短周期构成了价格指数的总体趋势。

二是各频率周期性波动与宏观经济指标具有较强的相关性，具体表现为：长周期波动与平滑后季度GDP增长率走势基本一致；中周期波动与CPI变化趋势基本相同，与M2变动趋势相反，IMF2具有价格发现和货币政策制定参考工具功能；短周期波动与PPI变化基本一致，商品期货价格波动具有明显的季节性特征。

三是我国商品期货价格波动风险随机性波动（SV）基本上处于±4%区间内，表明我国商品期货每日±4%价格波动限制是合理的。

（王　楠）

# 宏观短周期对工业品期货价格影响

我国宏观短周期相关数据可获得性较强，本文选取信用周期、库存周期代表宏观短周期进行分析，建立“四阶段宏观库存周期”，并聚焦于对工业品期货价格影响的研究。

## 一、相关概念界定

### （一）宏观短周期

“宏观短周期”的完整表述为“宏观经济短期周期”，本文综合选取信用周期、库存周期代表“宏观短周期”进行分析。

**1. 信用周期**

信用周期是指信用扩张和收缩的周期，信用扩张引发经济过热和通胀上升，央行收紧货币提高利率，当利息支出超出实体经济的承受能力，信用扩张将不可持续，此时信用周期进入紧缩期。国内而言，社会融资规模是较好的信用衡量指标，代表了一定时期内实体经济从金融体系获得的资金余额。本文选取了“社会融资规模（当月值）”作为信用周期同步指标。

**2. 库存周期**

英国统计学家基钦发现，经济波动中存在一个长度为3.5年或40个月的经济周期，主要由企业存货投资变动产生，因此称其为“基钦周期”或“库存周期”。库存周期的内在机制是，在物质生产活动中，产能增加耗时长、停工成本高，生产倾向于稳定、连续，而需求具有季节性、间歇性、滞后性、惯性等波动特点。供应稳定性与需求波动性的矛盾，决定了生产者库存会呈现高低波动循环的特征，一个完整的循环即为一个库存周期。本文所指的库存周期为宏观库存周期①，选取“PMI产成品库存”作为库存周期的同步指标②。PMI是表征宏观经济景气状况的重要指标，具有较强的预测、预警作用。PMI产成品库存为制造业PMI其他相关指标之一。

**3. 四阶段宏观库存周期及时钟**

“社会融资规模（当月值）”的上升代表信贷扩张，指标下降代表信贷收缩。“PMI产成品库存”的上涨与下跌可以将库存周期分为补库存阶段和去库存阶段。“四阶段宏观库存周期”指“社会融资规模（当月值）”与“PMI产成品库存”所形成的四阶段周期，具体包括：货币扩张性累库阶段、货币扩张性去库阶段、货币收缩性去库阶段、货币收缩性累库阶段。“四阶段宏观库存周期时钟”是将“四阶段宏观库存周期”以圆形的方式重新绘制。

## （二）工业品期货价格指数

本文采用郑州易盛信息技术有限公司指数编制方案，对工

① 本文库存周期主要指宏观层面，不包含具体品种库存的周期性表现。

② PMI作为调查得到的环比数据，与严格的环比数据存在一定差异，且趋势与库存指标同比数据较为一致；规模以上产成品存货数据发布较晚，且1月份数据有缺失；综合考虑统计结果，故采用PMI产成品库存指标。

业品期货价格进行指数化处理，工业品期货品种在满足上市时间、成交量、成交持仓比等特定条件后被纳入指数[①]。

## 二、金融周期、库存周期与工业品期货价格指数的关系

### （一）对三者[②]关系的文献梳理

#### 1. 信用周期与工业品期货价格指数可能存在的关系

一是信用周期同步指标可能是工业品期货价格指数的格兰杰原因，信用周期同步指标可能领先于工业品期货价格指数。李乾孙与翁鸣晓（2012）研究发现美国M1同比与CRB期货价格同比互为格兰杰原因；M2同比是CRB期货价格同比的格兰杰原因，而CRB期货价格同比不是M2同比的格兰杰原因。中信证券明明与余经纬（2020）[③]认为债务周期[④]领先于PPI变化2~4个季度。

二是信用周期同步指标可能与工业品期货价格指数存在一

① 本文中，满足条件纳入指数的品种包括玻璃（fg）、甲醇（me）、原油（sc）、锰硅（sm）、PTA（ta）、动力煤（tc）、沥青（bu）、沪铜（cu）、燃油（fu）、热卷（hc）、铁矿石（i）、焦炭（j）、焦煤（jm）、塑料（l）、沪镍（ni）、沪铅（pb）、PP（pp）、螺纹钢（rb）、PVC（v）、沪锌（zn）。

② 在理论梳理中的文献内容大多与三者相关性较强，但并不局限于本文概念界定中三者的概念范围。

③ 观点出自中信证券 2020 年 1 月 3 日题为“债务—通胀双周期资产轮动策略”的报告。

④ 债务周期使用实体经济杠杆率同比增加衡量，杠杆率＝债务规模 / 名义 GDP（TTM：取最近的连续四个季度数值）。

定的正相关关系。东证期货刘鸿（2019）[①]用新增债务规模[②]作为信用周期的同步指标，对比新增债务规模与螺纹钢、铜以及大宗商品价格指数，认为在新增债务规模上行期，商品价格往往表现较好，在新增债务规模下行期，商品价格表现较差。

**2. 库存周期与工业品期货价格指数可能存在的关系**

工业品期货价格指数可能领先于库存周期同步指标。华泰证券张继强等（2019）[③]研究认为，PPI是工业品出厂价格，直接体现工业品的供求状况；当需求回暖时，价格往往最早发出信号，PPI领先工业库存周期3~6个月。中信证券明明与余经纬（2020）[④]认为，库存周期与PPI变化高度同步，且PPI变动略微领先于库存周期。

**3. 信用周期与库存周期可能存在的关系**

一是信用周期同步指标可能领先于库存周期同步指标。华泰证券张继强等（2019）[⑤]研究发现，金融数据往往领先实体经济活动，社融领先工业库存周期9~12个月；社融影响投资，是需求的前端，工业库存是需求的后端，因此社融也领先工业库存周期。中信证券明明与余经纬（2020）[⑥]研究发现，债务周期领先于PPI变化2~4个季度，而PPI变化略微领先于库存周期。

二是信用周期同步指标与库存周期同步指标可能存在正相

---

① 观点出自上海东证期货2019年11月8日题为“超越美林时钟”报告。

② 新增债务规模=（过去1年）债务存量的变动/（过去1年）GDP。

③ 观点出自华泰证券2019年11月18日题为“滞胀表象，枕戈待旦——2020年债市策略展望”报告。

④⑤⑥ 观点出自前文提到的作者同一份报告。

关关系。周文渊（2017）认为，企业中长期投资周期（朱格拉周期）和短库存周期（基钦周期）带动企业、居民杠杆率、金融业杠杆同向波动；当经济处于扩张期，杠杆率会攀升，反之则下降。

### （二）三者实证上的关系

#### 1. 研究方法

本文首先对金融周期、库存周期与工业品期货价格指数进行Granger因果关系检验，然后利用3个变量建立向量自回归模型，基于生成的脉冲响应函数图进一步分析三者之间的关系。基于各指标的周期性特点及数据可得性，选取2006年5月到2019年12月的月度数据进行研究。

#### 2. 金融周期、库存周期、工业品期货价格指数间的关系

（1）单位根检验

结果显示（见表1），金融周期、库存周期两个变量均为平稳序列，工业品期货价格指数为非平稳序列，一阶差分后为平稳序列。故采用金融周期、库存周期的原序列，及工业品期货价格指数的一阶差分序列进行Granger因果关系检验。

表1　　ADF单位根检验结果

| 变量 | ADF值 | P值 | 结论 |
| --- | --- | --- | --- |
| 金融周期 | −3.967412 | 0.0116 | 平稳 |
| 工业品期货价格 | −1.564176 | 0.4986 | 非平稳 |
| 工业品期货价格（一阶差分） | −11.67705 | 0.0000 | 平稳 |
| 库存周期 | −3.529230 | 0.0084 | 平稳 |

资料来源：郑商所研究所。

注：对各指标取对数处理。

（2）Granger因果关系检验

结果显示（见表2）：金融周期是工业品期货价格指数的Granger原因，而工业品期货价格指数不是金融周期的Granger原因；工业品期货价格指数是库存周期的Granger原因，而库存周期不是工业品期货价格指数的Granger原因；金融周期是库存周期的Granger原因，而库存周期不是金融周期的Granger原因（见图1）。

表2 Granger因果关系检验

| 原假设 | F统计量 | P值 | 结论（5%显著性水平下） |
|---|---|---|---|
| 工业品期货价格不是金融周期的Granger原因 | 1.50099 | 0.2048 | 接受 |
| 金融周期不是工业品期货价格的Granger原因 | 2.36560 | 0.0555 | 拒绝① |
| 库存周期不是工业品期货价格的Granger原因 | 1.76457 | 0.1389 | 接受 |
| 工业品期货价格不是库存周期的Granger原因 | 4.32979 | 0.0024 | 拒绝 |
| 库存周期不是金融周期的Granger原因 | 0.30438 | 0.8747 | 接受 |
| 金融周期不是库存周期的Granger原因 | 3.45547 | 0.0098 | 拒绝 |

资料来源：郑商所研究所。

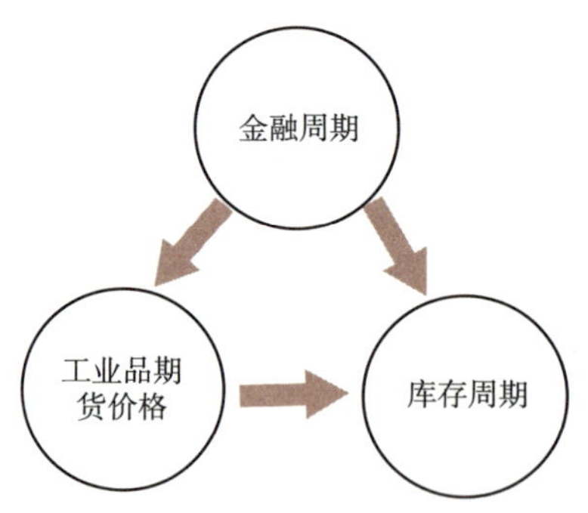


图1 金融周期、库存周期、工业品期货价格领先滞后关系

资料来源：郑商所研究所。

① 对应的P值为0.056，可基本在5%的显著性水平上拒绝原假设。

（3）利用VAR模型进行脉冲响应分析

对三个变量建立向量自回归模型。首先确定模型的滞后阶数，结果显示（见表3）应选择3阶滞后。

表3 滞后阶数选择

| Lag | LogL | LR | FPE | AIC | SC | HQ |
|---|---|---|---|---|---|---|
| 0 | 369.9150 | NA | 1.76e–06 | –4.734387 | –4.675482 | –4.710461 |
| 1 | 426.1465 | 109.5607 | 9.59e–07 | –5.343826 | –5.108206 | –5.248122 |
| 2 | 449.3224 | 44.25856 | 7.99e–07 | –5.526741 | –5.114406 | –5.359260 |
| 3 | 473.0219 | **44.34101*** | **6.61e-07*** | **-5.716412*** | **-5.127362*** | **-5.477153*** |
| 4 | 481.0500 | 14.70954 | 6.70e–07 | –5.703871 | –4.938106 | –5.392835 |
| 5 | 487.4495 | 11.47767 | 6.93e–07 | –5.670316 | –4.727836 | –5.287501 |
| 6 | 491.4879 | 7.086757 | 7.40e–07 | –5.606295 | –4.487100 | –5.151703 |
| 7 | 497.0097 | 9.476202 | 7.76e–07 | –5.561416 | –4.265506 | –5.035046 |
| 8 | 499.9881 | 4.996070 | 8.41e–07 | –5.483718 | –4.011093 | –4.885571 |

资料来源：郑商所研究所。

然后，建立3阶滞后VAR模型，并对其稳定性进行检验，结果显示各特征根的倒数均在单位圆内（见图2），说明建立的VAR模型①是稳定的。

接下来，基于生成的脉冲响应函数图进一步分析金融周期、库存周期、工业品期货价格指数之间关系②，具体如下：

---

① 由于建立VAR模型的目的主要是生成脉冲影响函数，进行脉冲响应分析，而其本身的回归方程式并没有什么实际意义，且表达式比较复杂，故这里不再列出VAR模型的表达式。

② 由于前述Granger因果关系检验结果显示，金融周期是工业品期货价格指数的单向Granger原因，工业品期货价格指数是库存周期的单向Granger原因，金融周期是库存周期的单向Granger原因，故这里仅分析金融周期变动对工业品期货价格的脉冲影响、工业品期货价格变动对库存周期的脉冲影响、金融周期变动对库存周期的脉冲影响。

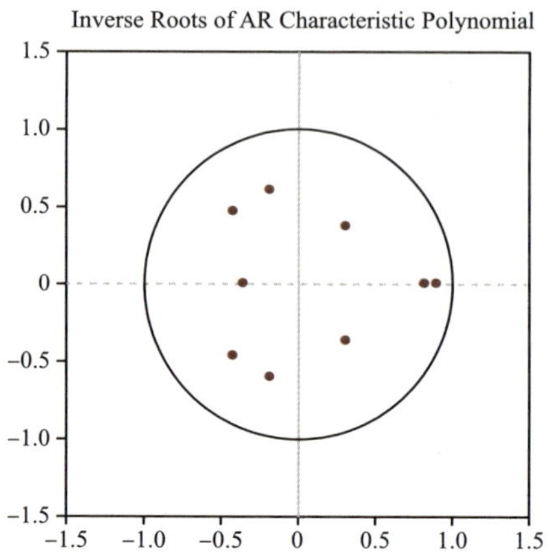


图2 模型稳定性检验

资料来源：郑商所研究所。

金融周期与工业品期货价格指数。由金融周期变动对工业品期货价格的脉冲图（见图3）可知，当在本期给代表金融周期的指标“社会融资规模（当月值）”一个正冲击后，会给工业品期货价格指数带来正向影响，该影响在冲击之后的第一期（即第1个月）达到最大，之后迅速下降，并在第8期后逐渐趋近于0。这进一步说明金融周期的变动领先于工业品期货价格指数的变动，前者当期变动对后者的影响持续时间约为8个月，时间越长，前者变动对后者的影响越小。

工业品期货价格指数与库存周期。由工业品期货价格指数变动对库存周期的脉冲图（见图4）可知，工业品期货价格指数的变动领先于库存周期的变动，且前者当期变动对后者的影响持续时间约为9个月。

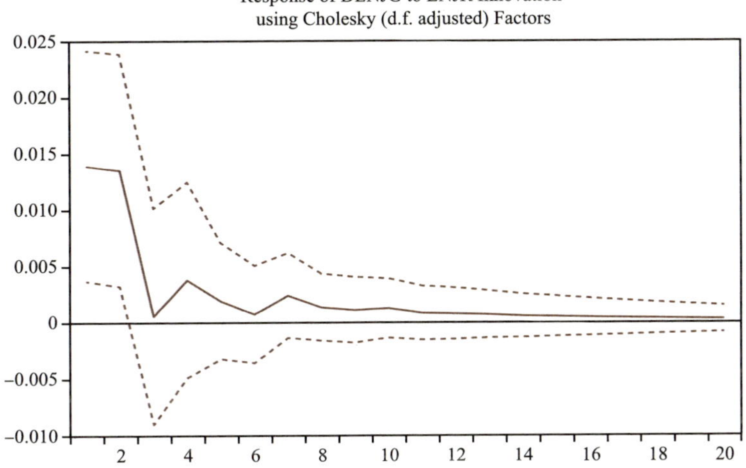


图3　金融周期变动对工业品期货价格的脉冲影响

资料来源：郑商所研究所。

注：(1)虚线表示95%的置信区间；(2)该图由Eviews10.0生成。下同。

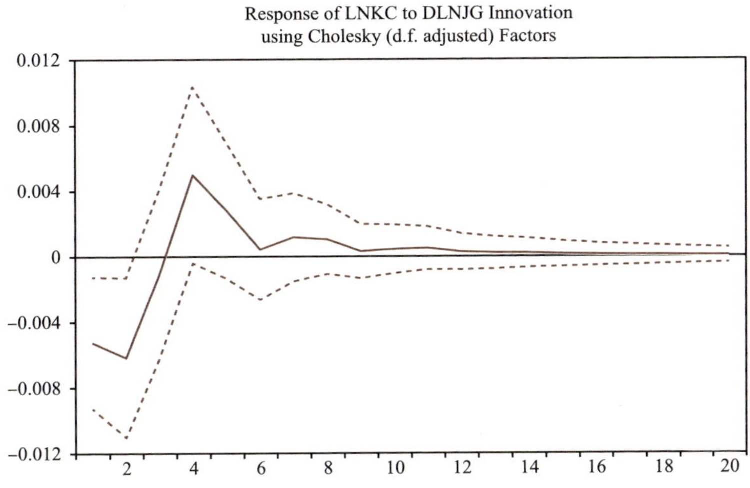


图4　工业品期货价格变动对库存周期的脉冲影响

资料来源：郑商所研究所。

金融周期与库存周期。由金融周期变动对库存周期的脉冲图（见图5）可知，金融周期的变动领先于库存周期的变动，且前者当期变动对后者的影响持续时间约为10个月，影响主要集中在前期，更为宽松的金融环境变动，前期主要会引起企业库存的减少。

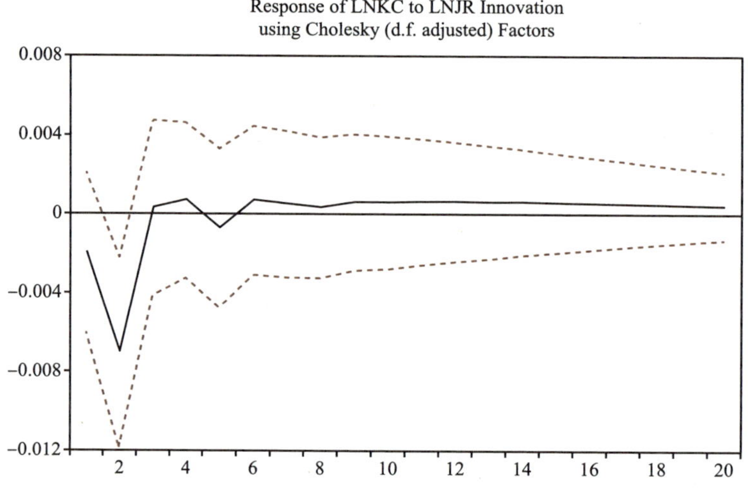


图5 金融周期变动对库存周期的脉冲影响

资料来源：郑商所研究所。

## 三、建立四阶段宏观库存周期时钟

### （一）建立周期时钟的相关理论

#### 1. 美林证券提出美林时钟的主要逻辑

美林证券于2004年11月发布题为“投资时钟特别报告——根据宏观赚钱”的报告，创造性地提出美林时钟，至今仍对大宗商品价格研究起到重要作用。美林证券构建周期时钟有四点主要逻辑。一是美林投资时钟按照经济增长和通胀指标，将经济周期划分为复苏、过热、滞胀及衰退四个状态。二是美林时钟构建的基本设定是通货膨胀滞后于增长，只有在闲置产能被利用后通胀才开始上升。三是周期时钟并不会持续顺时针运转，因为现实并不会如模型一样完美，有时候时钟会向后移动或跳过一个阶段。四是用圆形绘制的美林时钟与GDP产出缺口、通胀形成的四阶段周期相比对分析资产价格有明显优势：一方面，美林时钟可以分别考虑增长和通货膨胀，这有助于理解当周期没有按计划顺时针移动时，资产价格的走势，甚至有利于进一步根据周期理论单独预测两者未来发展情况；另一方面，美林时钟更容易对资产价格在不同区域的表现进行描述。

**2. 市场机构对美林时钟与大宗商品的进一步研究**

美林时钟被提出后，国内机构从美林时钟的逻辑出发，针对周期与大宗商品做了研究。东证期货刘鸿（2019）①认为，金融危机之后的经验显示，美国的经济增速回升并没有带来通胀的上升，而美国的通胀与中国的通胀高度相关。显然美林时钟的前提已经不再成立了，但投资时钟的核心思想仍对判断资产价格有很大作用，因此刘鸿利用新增债务规模（金融周期的同步指标）与GDP平减指数（经济周期的同步指标）建立了“东证时钟”，研究发现在新增债务规模上行期，股票和大宗商品表现较好。

**3. 本文建立“四阶段宏观库存周期时钟”的逻辑**

上文已经证明了“社会融资规模（当月值）”领先于PMI

① 观点出处为上文相同作者同一份报告。

产成品库存，两者具有相关关系，符合美林时钟的一般设定方法。本文根据美林时钟的构建逻辑建立“四阶段宏观库存周期时钟”，研究其对工业品期货价格指数的影响。

在此需要说明的是，美林时钟的核心思想在于经济周期对资产价格有很大的影响，这种影响仅仅是从宏观层面出发的，影响限于工业品期货价格的需求端。因此，其他对于工业品期货价格产生显著影响的因素不在本文考虑范围内，如期货品种供给端突发事件、品种自身库存周期、大类品种产业链层面的产能周期、地缘政治，政策因素等。这就导致了我们通过宏观短周期建立的周期时钟不能对工业品期货价格做到完全解释。

### （二）我国2005年以来的四阶段宏观库存周期时钟

在拟合金融周期和库存周期时，为使二者数据对齐，本文采用2005年至今的数据进行拟合。基于Harding and Pagan（2002）的商业周期划分方法，本文在周期模型拟合时进行如下条件限定：一是每一完整的金融周期和库存周期时长至少在2年以上；二是每一金融周期和库存周期的最高点满足条件$F_t>F_{t-1}$，$F_t>F_{t-2}$，且$F_t>F_{t+1}$，$F_t>F_{t+2}$；三是每一金融周期和库存周期的最低点满足条件$F_t<F_{t-1}$，$F_t<F_{t-2}$，且$F_t<F_{t+1}$，$F_t<F_{t+2}$；四是各金融周期和库存周期的最高点和最低点是交替出现的，且每一周期的最低点要低于下一周期的最高点。基于上述4个限定条件，通过计算，拟合结果如图6所示。

我国自2005年以来，先后经历了4个库存周期和3个金融周期。其中，根据库存周期和金融周期的波动幅度，以2013年为节点，又可以分为两个大的时期：2005年至2013年，库存波动幅度较大，明显高于金融波动；2014年至2020年，金融波动幅度较大，明显高于库存波动。

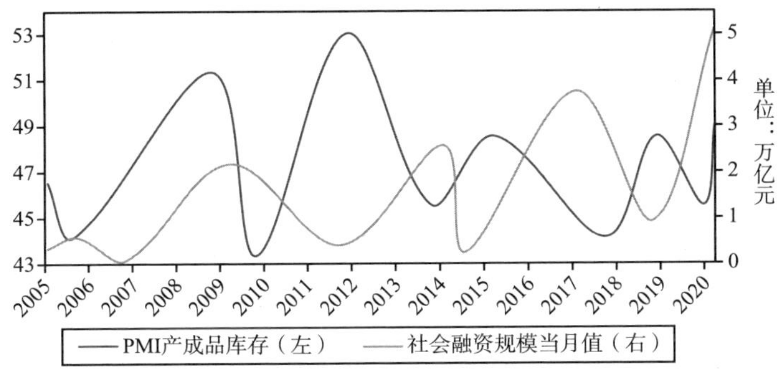


图6　金融周期和库存周期的拟合结果

资料来源：WIND，郑商所研究所。

根据对于四阶段宏观库存周期的划分，大多数情况下，四阶段周期遵循货币扩张性累库阶段、货币扩张性去库阶段、货币收缩性去库阶段、货币收缩性累库阶段的循环的方式运行（见图7）。

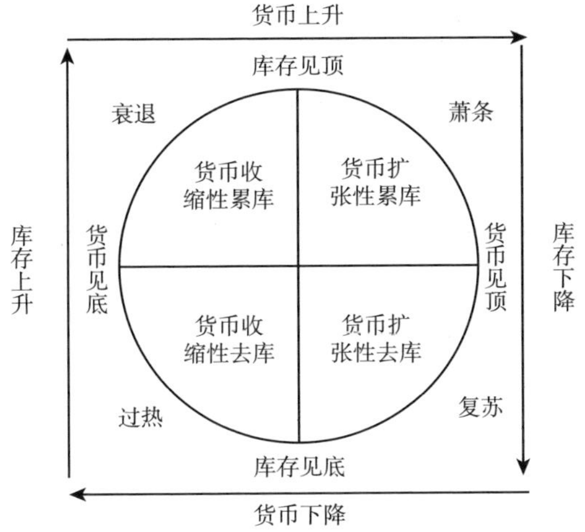


图7　四阶段宏观库存周期的运行时钟

资料来源：郑商所研究所。

## 四、工业品期货价格指数在四阶段宏观库存周期中显现的特征

工业品价格期货价格指数在四阶段宏观库存周期中表现如表4至表7。工业品期货价格指数数据由2006年3月开始，相邻最近的四阶段宏观库存周期起点为2006年10月。因此，回测工业品期货价格指数的时间区间为2006年10月至2018年10月[①]。

### （一）四阶段分析

货币扩张性累库阶段。结合此阶段的运行特点与工业品期货价格表现（见表4），我们观察到虽然货币环境对于企业来说整体宽松，但此阶段是由紧缩转向扩张，进入扩张的时间并不长，工业企业需求延续了上个阶段的低迷态势，从而导致工业品需求不振，工业品期货价格承压，多个时间区间内工业品期货价格均表现为下跌，平均价格下跌19.15%。区间振幅在此阶段较大，达到41.55%；波动率与极端行情天数较高，仅次于货币收缩性去库阶段；成交量与持仓量的比值为四个阶段中最低。

① 由于始末两段周期中所用指标的可得数据并没有表现出完整的上升或下降拐点，因此去除了2005年1月至2005年8月、2018年10月至今前后两段时间区间。

表4　　货币扩张性累库阶段工业品期货价格指数表现

| 货币扩张性累库阶段 | 月份数 | 涨跌幅（%） | 振幅（%） | 波动率（%） | 极端行情天数3%/2% | 成交量/持仓量（%） |
|---|---|---|---|---|---|---|
| 2006年10月至2008年10月 | 25 | -16.68 | 43.52 | 22.55 | 11.15/37.81 | 124.15 |
| 2011年9月至2011年11月 | 2 | -14.08 | 67.07 | 24.24 | 14.31/50.1 | 264.86 |
| 2013年10月至2014年1月 | 3 | -32.56 | 40.09 | 6.79 | 0/0 | 97.65 |
| 2014年7月至2015年3月 | 8 | -23.13 | 29.56 | 10.04 | 0/1.51 | 161.89 |
| 平均 | — | -19.15 | 41.55 | 18.76 | 8.09/27.83 | 137.41 |

资料来源：郑商所研究所。

注：平均数值为加权算数平均数值；极端行情天数为日涨跌幅大于3%与小于-3%（或日涨跌幅大于2%与小于-2%）的合计天数；成交量持仓量比值为日度平均值；除成交量持仓量比值与月份数外所有数值为年化处理后数值。下同。

货币扩张性去库阶段。结合此阶段的运行特点与工业品期货价格表现（见表5），宽松的货币环境至此阶段已经持续了较长时间，工业企业需求转好导致工业品需求转好，此阶段工业品期货价格多表现为上涨，平均价格上涨15.55%。在此阶段振幅较大，达到41.81%；波动率与极端行情天数与上一阶段相比有所下降；成交量与持仓量的比值大幅上升。

表5　　货币扩张性去库阶段工业品期货价格指数表现

| 货币扩张性去库阶段 | 月份数 | 涨跌幅（%） | 振幅（%） | 波动率（%） | 极端行情天数3%/2% | 成交量/持仓量（%） |
|---|---|---|---|---|---|---|
| 2008年10月至2009年3月 | 5 | 40.05 | 93.84 | 29.91 | 32.06/76.45 | 287.36 |
| 2011年11月至2013年10月 | 23 | -5.59 | 14.66 | 11.57 | 0/5.21 | 160.87 |
| 2015年3月至2017年1月 | 22 | 32.09 | 58.36 | 19.13 | 6.03/28.5 | 182.45 |
| 平均 | — | 15.55 | 41.81 | 16.73 | 5.86/22.58 | 183.02 |

资料来源：郑商所研究所。

货币收缩性去库阶段。结合此阶段的运行特点与工业品期货价格表现（见表6），虽然货币环境对于企业来说整体收紧，但此阶段是由扩张转向紧缩，进入紧缩的时间并不长，工业企业需求延续了上个阶段的繁荣态势，从而导致工业品需求强劲，工业品期货价格大幅上升，平均价格上涨33.76%。此阶段行情与其他阶段相比显得最激烈，振幅、波动率、极端行情天数、成交量持仓量比值均为四个阶段中最高。

表6　货币收缩性去库阶段工业品期货价格指数表现

| 货币收缩性去库阶段 | 月份数 | 涨跌幅（%） | 振幅（%） | 波动率（%） | 极端行情天数3%/2% | 成交量/持仓量（%） |
|---|---|---|---|---|---|---|
| 2009年3—10月 | 7 | 58.88 | 62.81 | 24.31 | 18.94/37.88 | 254.06 |
| 2017年1—9月 | 8 | 11.78 | 55.41 | 19.78 | 3.07/23 | 123.89 |
| 平均 | — | 33.76 | 58.86 | 21.89 | 10.48/29.95 | 184.64 |

资料来源：郑商所研究所。

货币收缩性累库阶段。结合此阶段的运行特点与工业品期货价格表现（见表7），收缩的货币环境至此阶段已经持续了较长时间，工业企业需求放缓，虽然不同价格区间涨跌不一，但平均价格、振幅、波动率、极端行情天数与其他阶段相比明显变小，成交量持仓量比值小幅下降。

表7　货币收缩性累库阶段工业品期货价格指数表现

| 货币收缩性累库阶段 | 月份数 | 涨跌幅（%） | 振幅（%） | 波动率（%） | 极端行情天数3%/2% | 成交量/持仓量（%） |
|---|---|---|---|---|---|---|
| 2009年10月—2011年9月 | 23 | −3.63 | 16.89 | 16.56 | 4.71/17.28 | 194.91 |
| 2014年1月—2014年7月 | 6 | −23.2 | 27.82 | 10.35 | 2.1/2.1 | 113.62 |
| 2017年9月—2018年10月 | 13 | 14.43 | 22.15 | 13.83 | 0.94/8.49 | 126.12 |
| 平均 | — | −0.84 | 20.08 | 14.83 | 3.17/12.39 | 162.01 |

资料来源：郑商所研究所。

### （二）规律总结

从库存周期角度看。一是工业品价格指数在货币扩张性去库、货币收缩性去库阶段趋于上涨，在货币扩张性累库、货币收缩性累库趋于下降，去库涨、累库跌是其中较为明显的规律。二是无论去库还是累库阶段，市场初期表现都比较缓和，后期表现更加剧烈，在涨跌幅、振幅、波动率、极端行情天数等指标上均有体现。三是在去库存阶段成交量与持仓量的比值较大。

从信贷周期角度看。一是扩张或者收缩的期间内工业品期货价格呈现涨跌轮换的特点，这与累库跌、去库涨结果一致。二是无论扩张还是收缩，价格变动初期表现都更加剧烈，后期表现缓和，也就是信贷周期在处于拐点时工业品期货价格表现活跃，这与库存周期后期价格变动剧烈结果一致。

从四阶段周期分析。一是货币收缩性去库阶段行情最激烈，货币收缩性累库阶段行情最平淡。二是振幅、波动率、行情天数根据四周期轮转，呈现规律性的上升下降，从货币扩张性累库阶段开始，各阶段依次为“下降—上升—下降—上升”。三是除货币收缩性去库阶段外，其余各阶段运行时长相差不多；货币收缩性去库阶段价格表现最为剧烈，但运行时段相对较短，仅2个时间段共15个月。

## 五、期货市场应用四阶段宏观库存周期的相关建议

建议期货市场针对不同的周期阶段，对工业品期货价格的风险特点有所准备。

## （一）货币扩张性累库阶段

在货币扩张性累库阶段，工业品期货价格表现为下跌，区间振幅在此阶段较大，波动率、极端行情天数较高，成交量与持仓量的比值为四个阶段中最低。短期宏观经济处于下行趋势，短期经济同步指标表现较差，工业品需求端普遍较弱。根据此阶段的特点，建议关注两点内容。

一是注意期货市场由于经济下行而对工业品期货价格下跌形成一致性观点，导致价格过度下跌，可能引起通货紧缩预期，并对经济复苏与企业利润产生负面影响。二是关注此阶段振幅、波动率、极端行情天数较高的特点，工业品期货价格行情在此阶段运行激烈，可能表现为过度下跌后的大幅反弹。

## （二）货币扩张性去库阶段

在货币扩张性去库阶段，工业品期货价格表现为上涨，区间振幅在此阶段仍然较大，波动率、极端行情天数有所下降，成交量与持仓量的比值大幅提高。短期宏观经济在此阶段由下行转入上行，工业品需求端由弱转强。根据此阶段的特点，建议关注两点内容。

一是注意敏感品种价格上涨带来的广泛影响。一些工业品期货品种是影响国计民生的重要商品，其价格变动对社会影响较大，需要做好相关监控与应对预案。二是关注此阶段成交量持仓比大幅提高，谨防市场过热。成交持仓比在一定程度上能够反映市场热度。经济在此阶段出现下行至上行的拐点，本就容易引起价格大幅波动，此阶段振幅依然处于高位，波动率、极端行情天数下降幅度不大，成交持仓比大幅增加，在此阶段应该谨防市场过热的发生。

## （三）货币收缩性去库阶段

在货币收缩性去库阶段，工业品期货价格表现为大幅上涨，区间振幅、波动率、极端行情天数、成交量与持仓量的比值均为四个阶段中最高。短期宏观经济在此阶段处于上行周期，工业品需求强劲。根据此阶段的特点，建议关注两点内容。

一是注意敏感品种价格上涨带来的广泛影响，此处与货币扩张性去库阶段相同。二是谨防市场出现阶段性交易过热的情况。此阶段市场行情在四阶段中运行最为激烈，容易出现交易过热的情况。

## （四）货币收缩性累库阶段

在货币收缩性累库阶段，工业品期货价格承压，振幅、波动率、极端行情天数与其他阶段相比明显变小，成交量持仓量比值与上一阶段相比出现下降。短期宏观经济在此阶段由上行转入下行，工业品需求端由强转弱。此阶段市场行情表现平淡，建议严格遵照期货交易监测指标体系的相关要求，做好实时监控。

（芦发喜　杨　辰　杜海鹏）

## 第三篇

# 期货市场新机制新业务

为提升自身定价影响力、更好地服务实体经济，中国期货市场需要充分借鉴国际衍生品市场发展经验，立足国情、市情，不断创新机制、业务。从梳理场外大宗商品中央集中清算业务的机制设计，到研究CME集团的EFRP机制，从探讨我国区域性特色小品种的监管制度，到分析期货交易所信息数据业务发展，这些研究将为我国期货市场未来的创新发展提供启示与借鉴。

# 场外大宗商品中央集中清算业务机制设计

为服务国内发展多层次资本市场战略，促进场外衍生品市场健康规范发展，提升中央对手方服务实体经济的能力，期货交易所有必要立足场内优势品种，推出场外大宗商品衍生品的中央对手清算服务（以下简称“场外中央清算”）。

所谓场外中央清算，是指交易所作为中央对手方，通过合约替代（Contract Novation）的方式介入场外衍生品履约关系，同时作为原买方的卖方和原卖方的买方，保证交易执行及履约的一种清算方式。它本质上是场外衍生品“期货化”（Futurelization）的过程。目前，国际主流清算机构基本都通过发布标准化合约的方式，实现特定场外衍生品中央清算，这一点与场内期货类似。

对于监管机构而言，场外中央清算可有效减少信用风险的累积和蔓延，防范并化解系统性金融风险。对于实体企业而言，场外中央清算有助于提升风险管控能力和资金使用效率，同时消除对场外市场信息不对称以及信用风险的担忧。对于期货交易所而言，场外中央清算既有利于强化清结算职能，还能提供新品种期货研发及培育的“试验场”，更好地实现场内与场外的全面协同发展。

## 一、国内场外大宗商品衍生品市场情况

### （一）我国场外大宗商品衍生品市场发展基本平稳有序

国内主要的场外衍生品有三类：一是汇率及利率类场外衍生品，主要参与者为商业银行；二是股指及个股的收益互换及场外期权，主要参与者为券商；三是大宗商品类的互换、远期及场外期权，主要参与者为期货公司风险管理子公司。尽管从参与程度及交易量占比来看，风险管理子公司的场外衍生品交易相较于商业银行等不占优势，但它却是目前国内市场中最关键的部分，许多监管措施和自律准则都围绕其制定。特别是，随着近年来市场环境日趋复杂，经营不确定性日益增加，企业利用期货及场外衍生品进行风险管理的意识及需求进一步提升。场外大宗商品衍生品市场与期货市场相辅相成，为企业套期保值，规避价格风险提供了丰富的个性化风险管理工具。

图1展示了期货公司风险管理子公司近五年的场外大宗商品衍生品业务的月末名义本金量。可以看出，场外期权的交易占比最高，基本维持在95%以上；互换的交易量在2019年10月之前增长平稳，2019年10月下降后保持稳定，2020年7月以来呈现高速增长态势；远期业务波动剧烈，在2018年11月及2019年6月出现快速增加及回落，2019年7月至今交易量基本维持稳定。

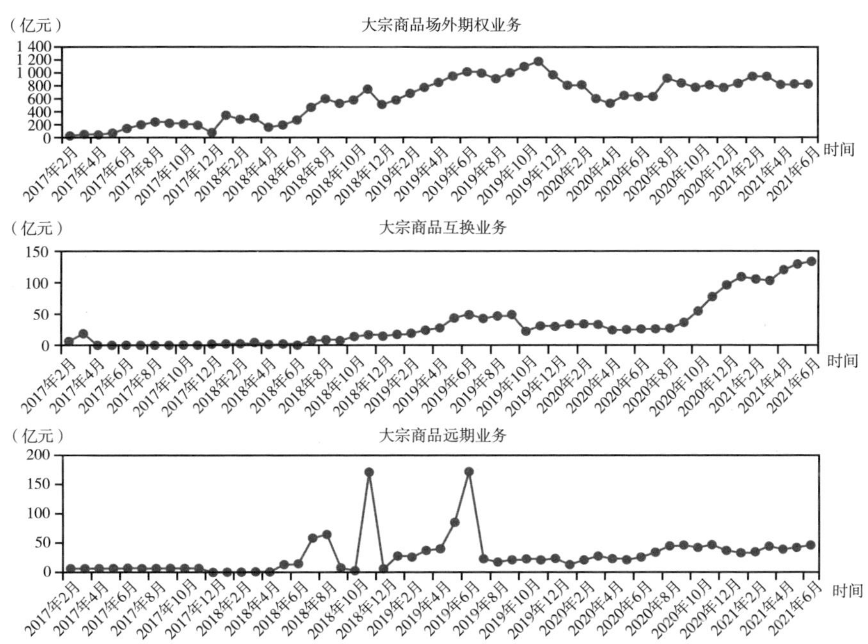


图1　国内场外大宗商品衍生品月末名义本金量（存量）

资料来源：中国期货业协会。

## （二）中央清算是解决我国场外市场问题的有效手段

### 1. 我国场外衍生品市场现阶段问题

当前，我国场外大宗商品衍生品市场总体发展较为平稳，但仍存在信用风险大、市场透明度低、企业参与限制多等短板。造成这些问题的原因是多方面的，其中比较重要的一点就是中央清算发展较为滞后。

当前，国内场外市场仍以双边清算为主，只有少数类别采用中央清算。在双边清算下，交易双方需自行承担信用风险，多数企业特别是国资企业出于对信用风险的顾虑不愿涉足场外市场。与此同时，我国的场外衍生品交易报告库的建设尚处于起步阶段，大量的交易数据难以有效收集、传递及存储。中央清算程度低、信息基础设施不完备等问题导致场外市场透明度差，拥有信息优势的机构投资者在交易中往往处于支配地位，而一般企业由于信息匮乏则长期处于不利地位，无法从场外交易中获利或是有效管理风险，参与场外交易的热情较低。这些因素都极大地限制了场外市场风险管理功能的有效发挥。

**2. 国外监管机构应对场外衍生品市场问题的举措**

场外市场信用风险高、透明度差等问题在国外也普遍存在。2007年国际金融危机之后，双边清算的场外衍生品被广泛认为是引爆危机的导火索：持有大量双边清算场外衍生品的金融机构信用严重恶化，交易对手信用风险迅速传导，触发“多米诺效应”，进而引发系统性金融风险。相比之下，中央清算的场外衍生品市场在金融危机中表现格外稳健。

也正因为如此，在2008年G20匹兹堡峰会上，各国监管机构对于建立中央清算制度安排，降低交易对手信用风险并实施有效监管达成了普遍共识，并迅速针对场外市场实施了一系列危机改革动议，包括促进场外中央清算，对非中央清算的场外交易设置更高的保证金要求，对银行等场外核心交易主体提出更高的资本要求等（见表1）。

促进场外中央清算方面，最重要的监管措施是美国的《多德—弗兰克法案》（Dodd-Frank Act）和欧盟的《欧洲市场基础设施监管规则》（EMIR）。二者的规定极为相似，特别是在降低系统性风险以及改善透明度的内容上。美国和欧盟均计划对广泛类别的场外衍生品实施中央清算和交易报告制度，个别豁免品种除外，同时授予监管机构何时实施强制中央清算的最终决定权。

表1　　美国和欧盟针对场外市场的危机改革动议

| 动议要点 | 美国 | 欧盟 |
|---|---|---|
| 中央清算要求 | 《多德—弗兰克法案》（Dodd-Frank Act） | 《欧洲市场基础设施监管规则》（EMIR） |
| 保证金要求 | 《非中央对手清算衍生品的保证金要求》BCBS/IOSCO | 《巴塞尔协议Ⅲ》/IOSCO |
| 资本要求 | 《巴塞尔协议Ⅲ》 | — |

资料来源：乔恩·格雷戈里《中央对手方：场外衍生品强制集中清算和双边保证金要求》，中国金融出版社2017年版。

提高保证金要求方面，最重要的监管措施是巴塞尔银行监管委员会（BCBS）与国际证监会组织（IOSCO）于2013年联合发布的《非中央对手清算衍生品的保证金要求》。这一文件详细阐述了非中央对手清算衍生品保证金的最低标准，旨在降低场外衍生品交易所引发的系统性风险，并鼓励场外中央清算。此外，IOSCO于2015年还发布《非中央对手清算场外衍生品风控标准》，统一了双边清算场外衍生品的国际标准，从交易记录、交易确认、交易核对、合约压缩、估值、纠纷解决等多方面降低金融市场风险。

提高资本要求方面，最重要的监管措施是巴塞尔银行监管委员会（BCBS）发布的《巴塞尔协议Ⅲ》。批评者们认为，在金融危机时期，生效中的《巴塞尔协议Ⅱ》对银行的资本要求严重不足。《巴塞尔协议Ⅲ》一方面建议通过对现有方法重新参数化并增加新要求的方式来大幅增加资本要求，另一方面将交易对手信用风险作为监管重点。并且，由于《巴塞尔协议Ⅲ》豁免了中央清算场外衍生品交易的信用价值资本调整要求，因此有力推动了场外中央清算的发展进程。

### 3. 国外场外中央清算业务发展情况

目前，国际主要交易所及清算机构都已开展了场外中央清算业务，产品以金融类衍生品为主，也涉及部分大宗商品类衍生品。对于信用类、利率类以及股权类的场外衍生品，都已形成了全球性的交易报告库。这些措施对于提升场外市场交易效率、降低信用风险、改善透明度起到了关键作用（见表2）。

表2　　国际场外中央清算平台及交易报告库

| 第一部分：场外衍生品中央清算业务平台 | | |
|---|---|---|
| 交易所 | 场外清算平台 | 主要产品 |
| 新加坡交易所 | SGX Asia Clear | 远期运费协议和油品掉期 |
| 新加坡交易所 | SGX Bond Pro | 亚洲债券 |
| 芝加哥商品交易所 | CME ClearPort | 金属、能源、农产品、股票、外汇和利率等 |
| 伦敦金属交易所 | Sword | 场外仓单交易 |
| 洲际交易所 | Bclear | 期货、期权及商品互换 |
| 第二部分：交易报告库 | | |
| 公司名称 | 报告库名称 | 衍生品种类 |
| 美国存管信托和结算公司（DTCC） | Deriv/SERV TIW | 信用衍生品 |
| TriOptima① | IR TRR | 利率衍生品 |
| 美国存管信托和结算公司（DTCC） | EDRR | 股权衍生品 |

资料来源：各清算机构及交易报告库网站。

① TriOptima是英国毅联汇业集团（ICAP）旗下子公司，主要提供场外衍生品交易后的风险管理服务和基础设施服务。

### 4. 我国场外中央清算业务发展情况

在我国，场外中央清算方面起步较早的是上海清算所。上海清算所于2012年推出人民币远期运费协议中央对手清算业务，自2014年起陆续推出人民币铁矿石掉期、人民币动力煤掉期、人民币甲醇掉期、人民币乙二醇掉期、人民币苯乙烯掉期、人民币纯苯掉期、人民币对二甲苯（PX）掉期、精对苯二甲酸（PTA）掉期等一系列场外中央清算业务。

与此同时，国内各商品期货交易所在解决场外问题、发挥场外功能等方面积极作为，自2018年以后陆续推出仓单交易、基差贸易、场外期权登记以及双边清算模式的商品互换等业务。然而，国内商品期货交易所的场外中央清算业务仍为空白，发展较为滞后。为进一步提升金融服务实体经济的能力和水平，防范系统性金融风险，各商品期货交易所应充分借鉴外部经验，结合自身业务优势，探索开展场外中央清算业务（见表3）。

表3　　国内各商品交易所的代表性场外业务

| 交易所 | 时间 | 代表性场外业务 |
|---|---|---|
| 郑州商品交易所 | 2018 | 仓单交易、基差贸易、仓单竞卖、场外期权（“保险+期货”登记结算） |
| | 2021 | 现货价格商品互换（双边代理清算） |
| 大连商品交易所 | 2018 | 期货价格商品互换（双边代理清算） |
| | 2019 | 基差交易 |
| | 2020 | 仓单交易 |
| 上海期货交易所 | 2018 | 仓单交易 |
| | 2020 | 线上质押业务 |

资料来源：郑州商品交易所，大连商品交易所，上海期货交易所。

## 二、国内外前沿清算业务案例分析及启示

场外衍生品所适用的清算模式（中央清算或双边清算）取决于其本身特性，包括标准化程度、合约复杂程度、流动性、市场规模等，本文对此进行了框架性的论述。进一步地，本文选取上海清算所人民币甲醇掉期（CMEOH）中央清算业务、信用衍生品交易报告库（Deriv/SERV TIW）、中金所国债“现转期”业务分别进行有针对性的案例分析，总结并提炼经验，以期为国内商品期货交易所的场外业务拓展提供有益参考。

### （一）基于衍生品特性合理选择清算模式

#### 1. 不同清算模式的功能分析与对比

场外衍生品合约要求交易对手方在合约的存续期间（或提前终止合约之前）进行特定的支付，这种支付义务的计算过程即为清算。当前占主导地位的清算模式有两种，中央清算和双边清算。如图2所示。二者的核心区别是履约关系不同：中央清算模式下，中央对手方作为“所有买方的卖方”和“所有卖方的买方”，对市场参与者承担履约责任并集中管理交易对手信用风险；双边清算模式下，买卖双方互相承担履约责任，互相管理信用风险。此外，郑州商品交易所和大连商品交易所在商品互换业务中创新性地使用了双边代理清算模式，在不介入履约关系的前提下提供清算规则支持、日常核算、盯市追保等服务，但本质上讲仍属于双边清算。

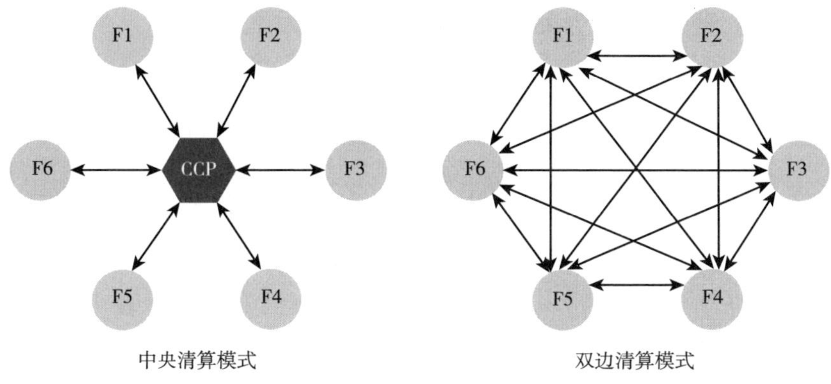


图2　中央清算及双边清算模式示意图

简明起见，本文对比总结了中央对手清算、双边代理清算、双边清算三者功能的异同，如表4所示。可以看出，中央对手清算的核心功能一是履约责任和交易对手信用风险统一由中央对手方及其清算会员体系承担，二是能够通过建立违约基金机制实现风险共担。中央对手清算和双边代理清算都具有标准抵押品管理、标准交易流程、独立估值体系、净额结算、标准风险评估和标准支付流程等功能，这些都是以往双边清算所不具备的。

表4　　　　三种清算模式功能对比

| 功能类型 | 中央对手清算 | 双边代理清算 | 双边清算 |
|---|---|---|---|
| 中央对手方 | √ | × | × |
| 违约基金 | √ | × | × |
| 标准抵押品管理 | √ | √ | × |
| 标准交易流程 | √ | √ | × |
| 独立估值体系 | √ | √ | × |
| 净额结算 | √ | √ | × |
| 标准风险评估 | √ | √ | × |
| 标准支付流程 | √ | √ | × |

**2. 影响场外衍生品适用清算方式的因素分析**

总的来说，当一种活跃的场外衍生品有着大量能被可靠估值或市值计价的交易和头寸，有大量历史数据能用于校对风险模型，有较高市场流动性能支持中央对手方对违约交易者的头寸进行直接平仓时，中央对手方中央清算是可行的。对于较为复杂或流动性较差的场外衍生品，由于难以直接获取市场价格信息且估值依赖于非常复杂的模型，因此风险估算的难度和违约平仓的不确定性都较高。对这一类场外衍生品进行中央清算会大幅增加中央对手方的风险，因此更适合采用双边清算。影响场外衍生品适用清算方式的因素及作用逻辑如表5所示。

表5　　影响场外衍生品适用清算方式的因素分析

| 影响清算方式的因素 | 作用逻辑 | 是否适用于中央清算 |
|---|---|---|
| 标准化程度 | 由于清算涉及现金流的契约责任，因此适用中央清算的场外衍生品在法律和经济条款方面必须是标准化的。否则，交易双方及中央对手方的责任便无法准确划分。中央对手方无法对一项交易完成合约替换，中央清算也就无从谈起 | 正相关 |
| 复杂性 | 由于中央清算需要定期对产品进行相对简单且可靠的估价以计算和收取保证金，因此适用中央清算的场外衍生品的合约结构应相对简单 | 负相关 |
| 流动性 | 产品的流动性对其适用的清算模式有两方面影响。对于流动性较好的场外衍生品，中央对手方一是便于进行风险评估，以确定保证金及违约基金的收取水平，二是在清算会员违约的情况下，能够及时通过拍卖实现合约替代，以最小化违约成本。因此，流动性较好的场外衍生品更适合中央清算 | 正相关 |
| 市场规模 | 适用中央清算的场外衍生品必须有较大的市场规模。这是因为市场规模越大，产品的报价或估值越公允，风险也越能反映到价格中。中央清算实质上是将信用风险、流动性风险及操作风险聚集于中央对手方，因此及时发现并控制风险至关重要。此外，中央清算也应考虑规模经济效应，以覆盖中央对手方的业务开发和运营成本 | 正相关 |

对于场外大宗商品衍生品，由于互换和远期的合约结构简单，易于标准化，且具有一定的流动性和市场规模，所以中央清算是可行的。相比之下，场外期权的合约结构复杂，标准化程度低，因此不适于中央清算。

## （二）上海清算所中央清算业务案例分析

本文以上海清算所2018年4月2日推出的人民币甲醇掉期（CMEOH）中央清算业务为例，阐释场外大宗商品衍生品的中央清算流程。上海清算所的主要业务是为银行间市场提供以中央对手净额清算为主的直接和间接本外币清算服务，采用分级结算制度，清算会员主要为全国性商业银行以及头部证券公司（如中信证券等），交易者主要为产业客户。截至2021年6月，上海清算所人民币甲醇掉期的月均清算金额为2.57亿元，年度清算金额约占甲醇年产值3%，交易活跃程度较低。

尽管上海清算所在业务范围、会员结构以及交易活跃程度等方面与国内各期货交易所都有着较大差别，但其场外中央清算流程具有较强的借鉴意义。

### 1. 人民币甲醇掉期（CMEOH）合约内容

人民币甲醇掉期（CMEOH）是以甲醇江苏出罐价格为标的，以人民币进行计价、清算和结算的甲醇价格指数衍生品，合约内容如表6所示。

表6　　人民币甲醇掉期（CMEOH）合约内容

| 产品种类 | 人民币甲醇掉期 |
| --- | --- |
| 协议简称 | CMEOH |
| 协议规模 | 100吨 |

续表

| 产品种类 | 人民币甲醇掉期 |
| --- | --- |
| 计价结算币种 | 人民币 |
| 报价单位 | 元人民币/吨 |
| 最低价格波幅 | 0.01元人民币/吨 |
| 协议数量 | Y个 |
| 协议期限 | 当月起连续12个月度协议 |
| 成交数据接收时间 | 工作日：10：30至18：00（北京时间，下同）<br>最后交易日：10：30至17：00 |
| 最后交易日 | 协议最后交易日为当月24日，遇节假日则为24日前最后一个中国工作日 |
| 最终结算日 | 协议存续期内每月最后交易日的下一工作日 |
| 每日结算价格 | 根据上海清算所发布的远期价格确定 |
| 最终结算价格 | 上月25日至当月24日安迅思发布的甲醇江苏出罐价格中间值的算术平均数，精确至小数点后2位 |
| 头寸限额 | 150 |

资料来源：上海清算所。

表7对比了人民币甲醇掉期（CMEOH）合约与甲醇期货（MA）合约。可以看出两者的主要差异如下：一是人民币甲醇掉期（CMEOH）交易在场外由经纪公司撮合达成，甲醇期货（MA）交易在场内竞价达成；二是人民币甲醇掉期（CMEOH）以甲醇价格指数为交易标的，适用现金交割，甲醇期货（MA）以甲醇为交易标的，适用实物交割；三是人民币甲醇掉期（CMEOH）采用现金交割，保证金始终维持在9%~10%，而甲醇期货（MA）采用实物交割，随着交割月的临近，保证金要求最高可达20%，人民币甲醇掉期（CMEOH）相比于甲醇期货（MA）在交割月的成本要低。

表7　　人民币甲醇掉期和甲醇期货对比情况简表

| 项目 | 上海清算所<br>人民币甲醇掉期（CMEOH） | 郑州商品交易所<br>甲醇期货（MA） |
| --- | --- | --- |
| 交易模式 | 场外交易、通过经纪公司询价帮助达成 | 期货交易所内电子屏竞价交易 |
| 交易合约 | 甲醇江苏出罐价格掉期合约 | 甲醇期货合约 |
| 清算参与方式 | 客户通过国内的综合清算会员（如商业银行）参与 | 客户通过期货公司代理参与，或成为期货交易所会员直接参与 |
| 交割方式 | 现金交割 | 实物交割 |
| 参与主体 | 仅允许企业法人参与，国内投行、大型实体企业提供流动性 | 个人和机构均可参与 |
| 合约期限 | 连续12个月度 | 连续12个月度 |
| 涨跌停板 | 无 | 上一交易日结算价的6% |
| 保证金 | 9%~10% | 随交割日临近渐进式增加，日常保证金7%，交割月最高达20% |
| 计价及清结算货币 | 人民币 | 人民币 |
| 国内企业参与方式 | 可直接参与 | 可直接参与 |

资料来源：郑州商品交易所，上海清算所。

### 2. 人民币甲醇掉期（CMEOH）中央清算模式

人民币甲醇掉期（CMEOH）中央清算业务的参与主体包括清算会员、经纪公司及客户，流程包括成交数据接收及确认、合约替代、日间风控、清算处理、资金结算等多个步骤，如图3所示。

步骤1（交易撮合）：人民币甲醇掉期（CMEOH）的买卖双方通过经纪公司达成交易。

步骤2（交易发送）：经纪公司在规定时间内将成交数据发送至上海清算所。

步骤3（要素审查）：上海清算所对接收到的成交数据进行要素审查，并将通过审查的成交数据转发至相关清算会员。

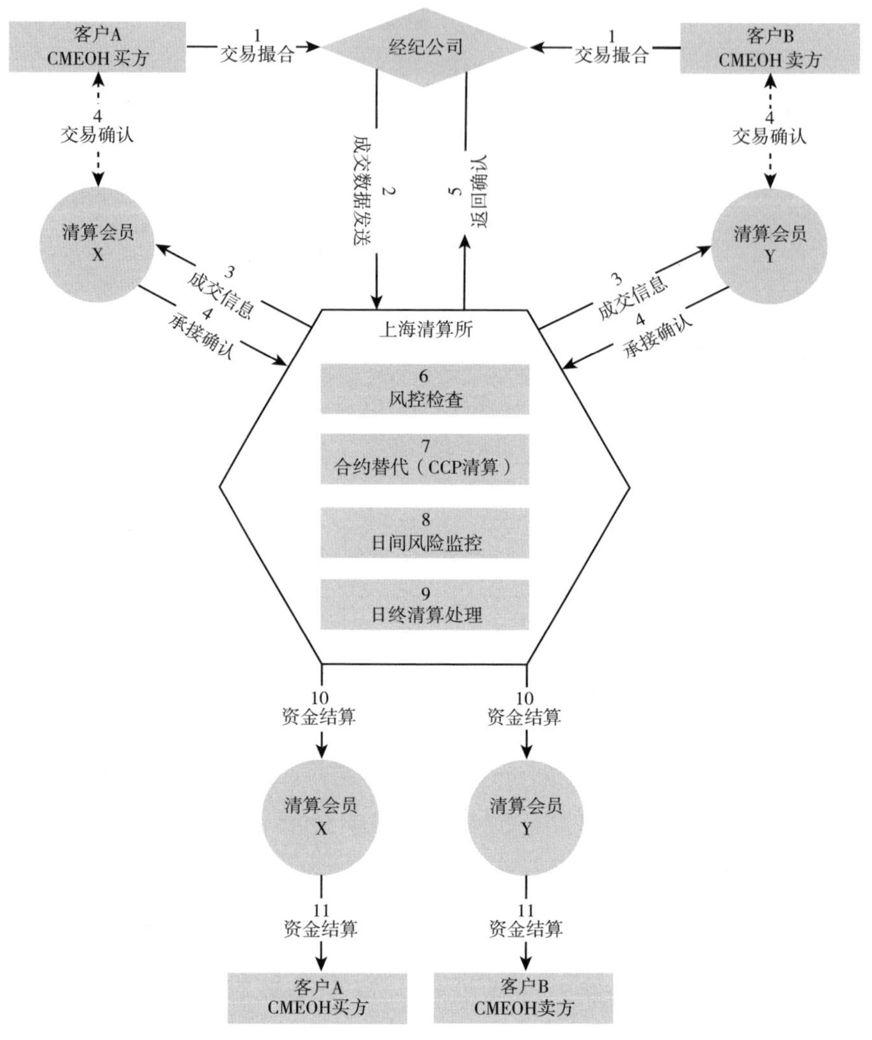


图3　上海清算所人民币甲醇掉期（CMEOH）中央清算流程

步骤4（交易确认）：清算会员检查客户是否满足持仓限额要求和保证金要求，在规定时间内向上海清算所反馈是否承接对该笔交易的清算和结算义务。

步骤5（返回确认）：上海清算所向经纪公司返回交易确认结果。

步骤6（风控检查）：对于清算会员确认承接的交易，上海清算所进行清算会员持仓限额检查和保证金检查。

步骤7（合约替代）：对于通过上海清算所持仓限额检查和保证金检查的交易，上海清算所进行合约替代并承担担保履约的责任，此后该笔交易不可修改和撤销。

步骤8（日间风控）：上海清算所在日间运行阶段，实时监测清算会员的持仓情况和盯市损益。对持仓限额比达到一定预警级别的清算会员，上海清算所及时进行风险提示。对于日间盯市亏损达到一定预警级别的，上海清算所有权向其追加日间盯市保证金。

步骤9（日终清算）：结算日上午规定时点前，上海清算所进行清算处理，确定交易日结算价格、计算交易日保证金要求、交易日盈亏、清算会员应收付资产，生成并发送清算结算单据。对于未到期协议，根据上海清算所发布的远期价格确定该协议交易日结算价格。对于到期协议，以协议最终结算价格作为交易日结算价格。清算会员应严格按照资金结算清单履行结算义务，若有异议，清算会员可及时提出，并于完成资金结算后进行相应处理。

步骤10（会员结算）：上海清算所与清算会员进行资金结算，及时、足额收取清算会员应付资金并划入其资金结算账户。

步骤11（客户结算）：清算会员与客户进行资金结算，及时、足额收取客户应付资金并划入其保证金账户。

**3. 人民币甲醇掉期（CMEOH）保证金要求**

上海清算所自2018年4月推出人民币甲醇掉期以来，直至2020年6月，一直执行分段保证金标准，对于从当月起的连续

12个月度协议，根据合约离到期月数设置每手应收取的保证金，每周测试保证金覆盖水平并进行不定期调整。分段保证金的特点是，当月协议不会显著提高保证金水平，交易者持有至交割的成本较低。

2020年7月，上海清算所推出大宗商品衍生品中央清算业务组合保证金，对于符合条件的头寸按照一定优先级建立跨期组合，收取跨期组合保证金，剩余未组合头寸按照原有模式收取初始保证金。初始保证金标准和跨期参数如表8和表9所示。其中，表8第4列协议类别的MONX1到MONX12代表离到期由近到远的人民币甲醇掉期（CMEOH）合约，表9第5列跨期组合代表不同离到期月份之间形成的跨期组合。

表8　上海清算所人民币甲醇掉期（CMEOH）初始保证金标准

单位：元/手

| 生效日期 | 产品号 | 产品名称 | 协议类别 | 单位协议持仓保证金标准 |
|---|---|---|---|---|
| 2020年7月13日 | CMEOH | 人民币甲醇掉期 | MONX1 | 16 800 |
| | | | MONX2 | 16 800 |
| | | | MONX3 | 16 800 |
| | | | MONX4 | 16 500 |
| | | | MONX5 | 16 500 |
| | | | MONX6 | 16 500 |
| | | | MONX7 | 16 500 |
| | | | MONX8 | 16 500 |
| | | | MONX9 | 16 500 |
| | | | MON10 | 16 500 |
| | | | MON11 | 16 500 |
| | | | MON12 | 16 500 |
| | | | 全部 | 16 500 |

资料来源：上海清算所。

表9　上海清算所人民币甲醇掉期（CMEOH）组合保证金跨期参数

单位：元/手

| 生效日期 | 产品号 | 产品名称 | 跨期优先级 | 跨期组合 | 跨期组合保证金 |
|---|---|---|---|---|---|
| 2020年7月13日 | CMEOH | 人民币甲醇掉期 | 1 | M2M3 | 16 800 |
| | | | 2 | M3M4 | 16 800 |
| | | | 3 | M2M4 | 16 800 |
| | | | 4 | M1M3 | 24 000 |
| | | | 5 | M1M4 | 24 000 |
| | | | 6 | M1M2 | 24 200 |

资料来源：上海清算所。

举例说明，某交易者2020年8月1日买入2手CMEOH0920（MONX2），卖出1手CMEOH1120（MONX4），MONX2和MONX4可以形成一手的跨期组合，收取相应的跨期组合保证金16 800元，多出的一手MONX2多头需要再收取单位协议持仓保证金16 800元，合计应缴纳的保证金为16 800+16 800＝33 600（元）。

### （三）信用衍生品交易报告库（Deriv/SERV TIW）案例分析

交易报告库是指集中收集、存管以及发布场外衍生品交易记录的电子数据库。交易报告库是场外衍生品交易信息的权威登记机构，为缓解场外衍生品固有的不透明性提供了有效工具，已成为场外衍生品监管体系的重要构成。目前，全球性的场外衍生品交易报告库有三个，分别是美国存管信托和结算公司（DTCC）的Deriv/SERV TIW信用衍生品交易报告库（以下简称TIW信用衍生品交易报告库），美国存管信托和结算公司（DTCC）的EDRR股权衍生品交易报告库，TriOptima的

IR TRR利率衍生品交易报告库。

由于场外期权通常具有合约复杂、标准化程度低等特点，因此中央清算不具有可行性。交易报告库可以在不改变原有履约关系的前提下，将场外期权市场信息集中管理，从而提升透明度，防范系统性风险。本文以TIW信用衍生品交易报告库为例，总结了如下建设要点：

**1. 使用多种方式获取交易数据**

目前主流的交易数据获取方式有两种：一是通过电子交易确认平台获取，二是通过交易商直接提交的方式获取。TIW信用衍生品交易报告库主要使用第一种方式，其他全球性交易报告库则更多地使用第二种方式。

**2. 尽量扩充交易数据覆盖范围**

TIW信用衍生品交易报告库目前接收的数据除了常规的信用违约互换（CDS）以外，还包括信用衍生品市场主要机构所参与的个性化交易。需要注意的是，尽管这些个性化交易不能像常规CDS一样，全面且合规地存入交易报告库，但足以使监管机构更好地了解市场中关键机构所承担的风险水平。

上述做法对于期货交易所建设场外期权交易报告库有较强的借鉴意义。场外期权种类繁多，某些复杂期权、组合期权的合约结构极端个性化，以至于不可能按标准数据格式进行分类管理。但考虑到建设交易报告库的目的是为了提升市场透明度，便于监管机构准确把握市场动态。因此，除了格式较为标准的场外期权以外，其他复杂期权及组合期权也应纳入交易报告库管理范围内。

**3. 细化数据分类，提升数据质量**

TIW信用衍生品交易报告库将接收的数据分为黄金交易数

据、黄铜交易数据以及中央清算黄铜交易数据，如表10所示。

表10　　TIW信用衍生品交易报告库数据分类

| | 是否经电子化交易确认 | 是否进行中央对手清算 |
|---|---|---|
| 黄金交易数据 | 是 | — |
| 黄铜交易数据 | 否 | 否 |
| 中央清算黄铜交易数据 | 否 | 是 |

黄金交易数据是指经电子化交易确认的数据，且无论是否经中央清算；黄铜交易数据是指未经电子化交易确认，且不进行中央清算的数据，往往由单边投资者提供，不具有法律效力；中央清算黄铜交易数据是指已进行了中央清算，但未经电子交易确认的数据。上述数据分类能有效提升数据的参考价值，使交易报告库的使用者能够准确掌握各类数据的可信度，为交易数据的甄别和使用提供便利。

**4. 强化与交易和清结算的联系**

TIW信用衍生品交易报告库与交易和清结算环节的衔接关系如图4所示。交易方面，TIW信用衍生品交易报告库主要通过第三方交易匹配及确认提供商获取数据；结算方面，TIW信

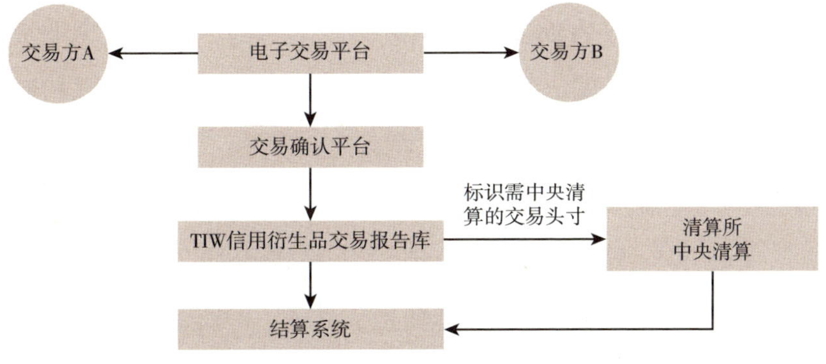


图4　TIW信用衍生品交易报告库与交易和清结算的联系

用衍生品交易报告库目前已经与ICE Trust US、ICE Europe、Eurex以及LCH Clearnet SA四家清算所建立了完全互操作联系。

国内期货交易所建立场外期权交易报告库，优势是可与现有场内清结算系统进行灵活对接，有利于整体风险控制，且这种连接相较于交易报告库和清结算平台均为独立机构的情况成本更低、效率更高。另外，国内各期货交易所的场外业务平台目前都有簿记登记功能，本身就可以作为交易确认平台，为交易报告库提供数据。

**5. 打造多功能交易报告库**

TIW信用衍生品交易报告库除具有提升市场透明度、支持交易后处理及清结算服务等功能外，还逐渐发展出服务市场监管、全程事件处理、信用违约事件处理等功能。

### （四）中金所国债“现转期”业务案例分析

期转现是指持有同一交割月份合约的多空双方之间达成现货买卖协议后，变期货仓位为现货仓位的交易，其本质是基于真实现货贸易的期货协议平仓过程。期转现作为一种灵活的交割方式及场外交易方式，得到了实体企业的广泛使用和认可，在提升套期保值效率等方面发挥了积极作用。目前，国内四家期货交易所均开展了期转现，其中三家商品期货交易所的期转现只有期货平仓操作没有期货建仓操作，简言之，只有“期转现”但没有“现转期”，中金所的期转现既有“期转现”也有“现转期”。

“现转期”本质上是依托现货交易进行协议开仓的过程。由于开仓价格及数量均可协商确定，因此“现转期”能够为交易者提供更大风险对冲空间，便于交易者更精准地锁定利润。

“现转期”的现货头寸既可以是现货本身，也可以是相关场外衍生品。例如，芝加哥商品交易所（CME）规定“现转期”的现货头寸可以是涉及交易所合约标的商品相关的产品、副产品或场外衍生工具。

对于国内商品期货交易所而言，开展“现转期”业务有助于进一步拓展场外业务，强化期现联动，深化场内外协同。本文以中金所2019年1月14日推出的国债期转现为例，阐释“现转期”业务流程，总结规则设计要点，为国内商品期货交易所开展“现转期”业务提供参考。

**1. 期货操作方向与风险管理需求相匹配**

中金所推出的国债期转现业务既包括“期转现”也包括“现转期”，交易流程如图5所示。可以看出，对于“现转期”操作（交易者A买入开仓并卖出现券，交易者B卖出开仓并买入现券），现货市场卖方（交易者A）担心卖价偏低，为了防止将来价格上涨，应在期货市场买入开仓，现货市场买方（交易者B）则担心买价偏高，为了防止将来价格下跌，应在期货市场卖出开仓。

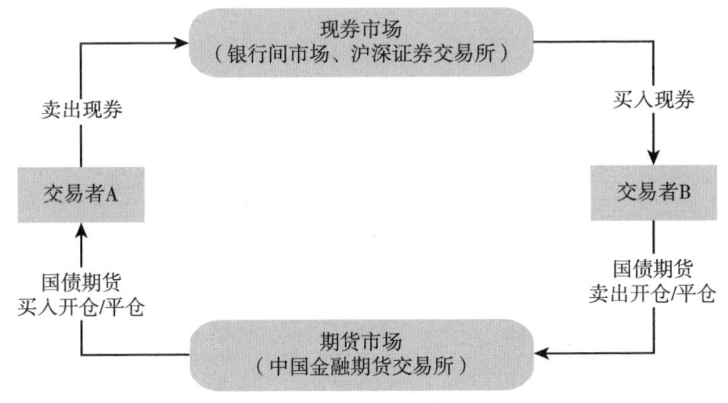


图5　中金所国债期转现业务流程

资料来源：海通期货《国债期转现流程解读》。

**2. 可用现货头寸可以是债券，也可以是债券远期合约**

根据中金所业务规定，可用于国债期转现的现券有以下五类：一是记账式附息固定利率国债；二是记账式附息固定利率地方政府债券；三是国家开发银行、中国农业发展银行、中国进出口银行发行的记账式附息固定利率金融债券；四是以上述债券为标的的债券远期合约；五是交易所规定的其他有价证券或者相关合约。

中金所还规定，债券远期合约作为国债期转现交易现券的，债券远期合约的结算日期不得晚于期转现交易国债期货合约的最后交易日。这种“远期先于期货到期”的规定，能有效抵御现货风险向期货市场蔓延。

**3. 期现价值需匹配，防范期转现交易机制滥用**

中金所的国债期转现业务要求期现价值匹配，标准有基点价值匹配和面值匹配。期现价值匹配是防范期转现交易机制滥用的有力措施，当发现客户申报的风险匹配度与中金所计算结果偏离过大时，中金所会要求客户做出进一步解释，并视情况进行处理。

期现价值匹配的释义如表11所示，基点价值匹配对所有的现货和相关头寸都适用，要求期货基点价值（DV01）绝对值必须与债券（或债券远期交易）基点价值（DV01）绝对值近似，

表11 期现价值匹配释义

| 现券类型 | 期现价值相当的含义 |
|---|---|
| 国债一篮子可交割券 | 基点价值匹配：期货交易手数 × 国债期货DV01 ≈ 债券现货DV01<br>或<br>面值匹配：期货交易手数 × 国债期货合约面值 = 债券现货面值 |
| 其他非可交割现券 | 基点价值匹配：期货交易手数 × 国债期货的DV01 ≈ 债券现货DV01 |

资料来源：海通期货《国债期转现流程解读》。

注：DV01基点价值，是指当市场要求收益率变化一个基点时，债券价格的变动值。

且需符号相反。面值匹配仅对使用可交割国债作为现货进行的期转现交易适用。对于含多笔现货的期转现交易，计算基点价值时应将全部现券的基点价值相加；采取面值匹配方式的，将全部现券面值相加。

### （五）对于期货交易所场外业务拓展的启示

**1. 场外中央清算相比于双边清算更具优势，应当成为国内期货交易所场外业务拓展的主要方向**

从功能上看，中央清算的优势包括以下三方面：一是中央清算模式下，交易所作为“所有买方的卖方”和“所有卖方的买方”，将交易对手信用风险进行集中管理，能够有效减少参与者面对的交易对手信用风险；二是中央清算能够充分利用分级结算体系，有效实现风险缓释及风险共担，形成强有力的风险联调联控机制；三是开展场外中央清算有助于强化期货交易所在清结算领域的竞争力。

基于上述优势，期货交易所可考虑针对商品互换等适于中央清算的场外衍生品，开展中央清算业务。并且，由于商品互换的损益结构和期货高度相似，结算规则也基本一致，因此期货交易所现有的业务体系、开发能力、人员配备及技术系统能够支撑业务开展。

**2. 对于场外期权等不适用中央清算的衍生品，期货交易所应充分利用现有设施，建立能用有用的交易报告库**

场外期权具有高度个性化、合约复杂、流动性差等特点，使得中央清算不具有可行性。为改善场外期权市场透明度，提升其风险管理效能，国内期货交易所应充分利用现有业务架构和技术系统，有针对性地建设功能丰富、用途明确的场外期权交易报告库。

具体应用场景包括但不限于以下两方面：一是服务监管方面，场外期权交易报告库可以基于所记录的交易数据，向监管部门及市场监督机构提供标准化的点对点报告，包括市场存量、周交易量、市场风险行为等内容；二是服务交易方面，场外期权交易报告库可以依托期货交易所丰富的场内交易信息，为交易者提供估值测算等服务，同时根据交易者的实际需求并依托现有的存管银行体系，为交易者提供保证金存管服务。

**3.“现转期”能有效促进期货市场功能发挥，且实现难度相对较小，可成为期货交易所拓展场外业务的重要抓手**

“现转期”作为一种全新的交易方式，能丰富机构投资者的交易策略，避免大额订单冲击市场，促进期现联动和期货市场功能发挥。此外，“现转期”具备短期落地的技术条件，国内期货交易所现有的业务系统能基本支持该业务开展。

## 三、关于期货交易所场外业务拓展的分析

### （一）商品互换中央清算业务

**1. 商品互换可优先以场内优势品种的现货价格作为标的价格**

互换标的物的选择包括品种类型和价格类型两方面。品种类型上，建议对应现有的期货品种设计互换产品，便于形成场内和场外的协同效应，也更易于产业客户接受。价格类型上，大宗商品互换基本以现货价格为标的。原因一是现货价格商品

互换的结算价更贴近现货贸易定价，从而能更好地用来规避基差风险；二是现货价格商品互换和商品期货之间更容易出现跨市场套利交易机会，有利于促进相互交易。

**2. 商品互换采用“场外交易、场内清算”方式**

图6展示了期货交易所依托场外业务平台开展商品互换中央清算的业务路径。首先是客户双方通过经纪商撮合达成交易，然后经由期货交易所场外业务平台完成登记和确认，最后将数据传输至场内结算系统完成合约替换、中央清算和交收服务等步骤。期货交易所作为中央对手方，对商品互换的买卖双方承担履约责任，整个清算机制与期货和期权的清算非常相似，相关要点如下。

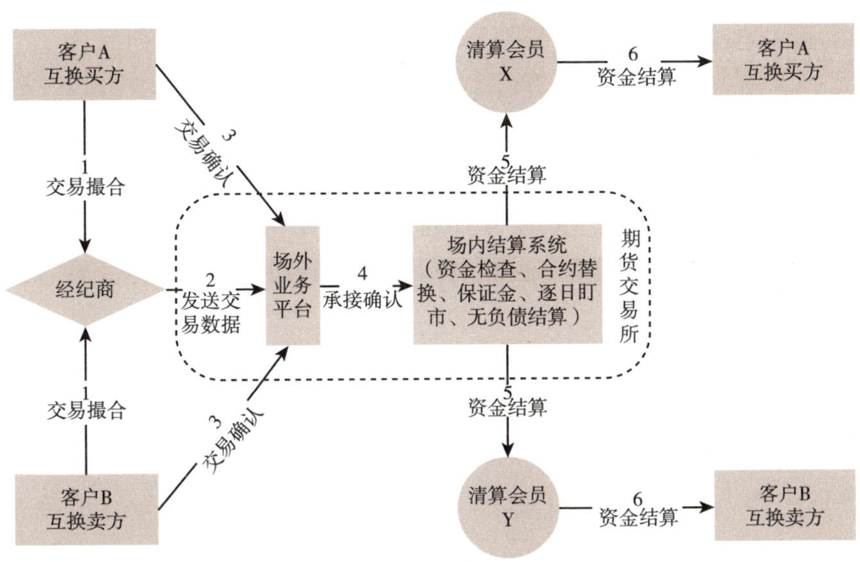


图6　商品互换中央清算路径

（1）撮合交易

撮合交易服务由经纪商提供。经纪商收集市场上的供需信息，匹配潜在的交易对手，促进双方议价、达成交易。相较于一对一协商的场外交易，经纪商撮合的好处有以下两点：一是由经纪商汇集供需信息，节省了客户寻找交易对手的时间，提高成交效率；二是经纪商居间便于熟人之间讨价还价。经纪商将撮合达成的交易数据传至场外业务平台，进行后续合规性检查步骤。

（2）合规性检查

合规性检查环节，交易所场外业务平台对接收到的场外成交数据进行要素检查，将通过检查的成交数据转发至相关清算会员。清算会员检查客户是否满足持仓限额要求和保证金要求，在规定时间内向场外业务平台反馈是否承接对该笔交易的清结算义务。对通过清算会员承接确认的交易或交易方为清算会员的交易，场外业务平台会将数据传至场内，进行清算会员持仓限额检查和保证金检查步骤。

（3）合约替代

合约替代环节，交易所对通过持仓限额检查及保证金检查的交易进行合约替代，并承担担保履约的责任，此后该笔交易不可撤销且不可修改。

（4）日间风控和交易结算

日间风控和交易结算环节，交易所依据事先建立的中央清算业务参与标准，信用风险监测和评估体系，保证金、清算基金、风险准备金等风险管理制度，合理测算商品互换头寸的盯市价值和风险敞口，定期开展必要的数据回溯和压力测试。此外，交易所还需事先建立中央清算业务参与者的违约处理机制，及时识别风险，精准落实管控措施，确保市场运行安全稳健。

## （二）场外期权交易报告库

### 1. 场外期权类型及品种选择

期货交易所可依托场外业务平台建设场外期权交易报告库，不介入交易双方履约关系，也不承担额外风险。为提升数据覆盖范围，场外期权交易报告库应接收全部类型场外期权的交易数据，包括简单期权、复杂期权及组合期权。大宗商品场外期权市场的主要组织者是期货公司风险管理子公司，基本上各个期货品种都有对应的场外期权交易。品种方面上，考虑到场内场外协同发展的要求，可优先以场内现有期货品种相关的场外期权为标的，逐步推进交易报告库的建设。

### 2. 交易报告库功能要点

图7展示了场外期权交易报告库的基本运作流程，其功能要点如下：

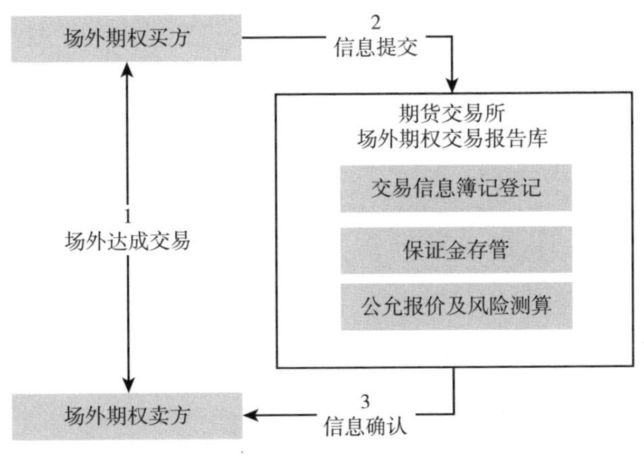


图7　场外期权交易报告库运作流程

（1）交易报告

场外期权交易报告库能够集中吸纳交易信息并管理交易数

据，有助于提升监管效率，防范化解风险。同时，海量的交易数据有助于期货交易所分析市场交易习惯，便于期货交易所推出更多标准化的场外产品。

（2）资金存管

期货交易所的场外业务平台基本都具备保证金存管资格，并且场内成熟的资金管理模式可完整复制到场外业务中。场外期权交易双方缔结合约后，可约定由平台或交易报告库统一存管资金，通过规范保证金存管来强化对交易对手信用风险的管理。

（3）估值测算

期货交易所拥有丰富的场内期权产品，可依托完善的自动化系统向市场推送即时的期权价格行情数据。场外期权交易双方在缔结合约之前，通常需要参考市场上相关的价格、波动率等指标。由于期货交易所公布的信息不掺杂交易双方的主观判断，因而更具备公平性，更有助于提升交易效率。

### （三）大宗商品“现转期”业务

#### 1.“现转期”品种选择

“现转期”作为“期转现”的反向操作，品种选择上可涵盖场内所有期货品种。同时，为了充分实现场内场外联动发展，发挥场外业务平台功能，期货交易所可以将接收的现货头寸范围由标准仓单和现货购销协议扩展至其他场外衍生品头寸。例如，客户双方达成了场外期权、互换或远期协议之后，可以将相关协议上传至场外业务平台，申请转为期货头寸。

### 2.“现转期”业务运行模式设计

“现转期”业务运行模式如图8所示。

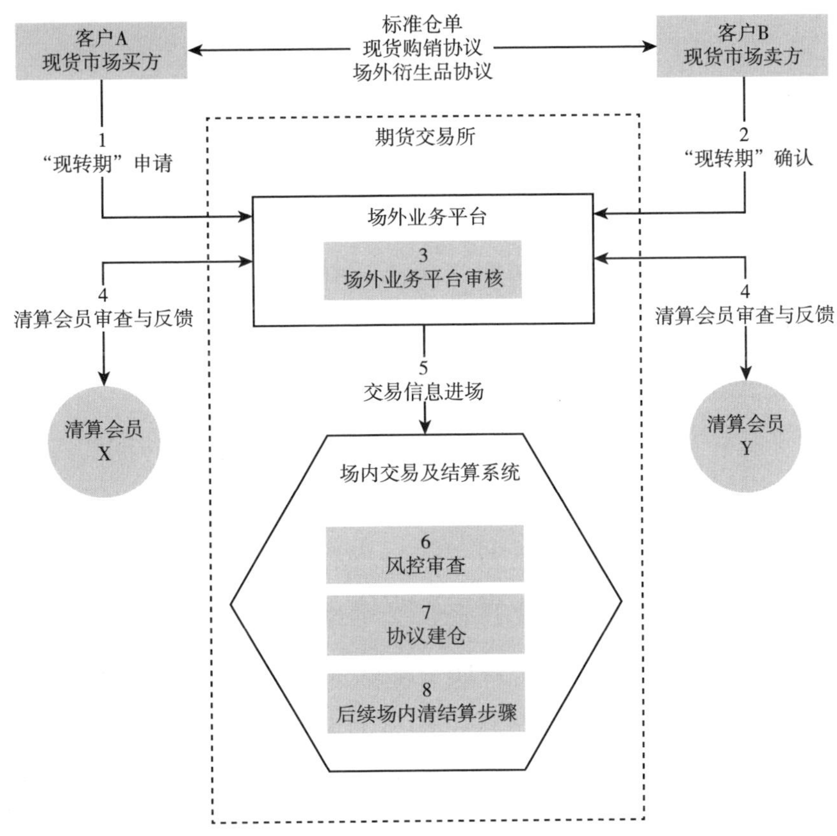


图8　依托场外业务平台的“现转期”业务模式

步骤1（“现转期”申请）：现货买方客户在场外业务平台申请“现转期”业务，填写客户信息、目标期货合约、协议开仓数量及价格等内容。

步骤2（“现转期”确认）：现货卖方客户在场外业务平台确认“现转期”申请，申请及确认信息当日有效。

步骤3（场外平台审核）：场外业务平台进行要素审查，一方面审查现货及其场外衍生品交易的真实性，对象包括现货及其场外衍生品的成交记录、协商记录、所有权转移证明等文件，另一方面审查协议建仓价格、协议建仓数量、期现匹配情况等。场外业务平台将通过要素审查的“现转期”申请转发至交易者指定的清算会员进行审核。

步骤4（清算会员审查及反馈）：清算会员检查客户是否满足持仓限额要求和保证金要求，在规定时间内向场外业务平台反馈是否接收该笔“现转期”的协议开仓申请。

步骤5（交易信息进场）：场外业务平台将经清算会员确认的“现转期”业务信息传输至场内交易系统。

步骤6（风控检查）：期货交易所就该笔“现转期”业务，对清算会员进行风控检查，包括持仓限额和保证金等。

步骤7（协议建仓）：对于通过检查的“现转期”业务，期货交易所为双方客户协议开仓，其中现货买方客户获得期货空头头寸，现货卖方客户获得期货多头头寸，与“期转现”的协议平仓价格不参与每日结算价的计算相同，“现转期”的协议开仓价格同样不参与每日结算价的计算。

步骤8（后续场内清结算步骤）：“现转期”生成的期货头寸与正常交易产生头寸具有同质性，正常参与场内盯市、保证金计算、日终结算等流程。

### （四）场外业务拓展的难点及法律风险

#### 1. 场内场外业务系统融合程度需进一步深化

国内各期货交易所现有的场外业务平台需要与场内系统实现更深层次的融合。建议参考本文描述的中央清算流程，开发更丰富的场内外数据交互接口，包括在场外增加撮合经纪商角色，完善衍生品交易功能，在场内会服系统、结算系统等增加支持场外衍生品清算的功能。

**2. 场外中央清算保证金模式的选择十分关键**

保证金模式的选择关乎中央对手方可动用的违约资源数量，进而影响到中央对手方抵御风险的能力，乃至整个金融系统的稳定。在选择场外衍生品中央清算的保证金模式时，需考虑两个问题：一是场内与场外的保证金头寸是否需要隔离，二是不同客户之间的场外保证金头寸是否需要隔离。

对于第一个问题，芝加哥商品交易所场外清算平台CME ClearPort目前的处理方式是，场外衍生品合约只要进场清算，那么就视为场内合约一同计算组合保证金，场内与场外的保证金头寸之间没有隔离。但这种做法对于我国市场是否适用，需要进一步研究论证。

对于第二个问题，按照不同客户保证金头寸的隔离程度由低到高，保证金模式可分为基准模式、有追索权的法律隔离模式、完全法律隔离模式、实体隔离模式四种。另外，部分清算机构允许客户在上述四种模式中进行灵活选择，这也被称为可选择模式。各保证金模式特征对比如表12所示。

国内外期货交易所当前大多采用基准模式。交易所只对会员结算，不对客户保证金进行区分。基准模式的优点是成本较低，包括账户管理成本以及客户的资金成本，缺点是对非违约客户的保护不足，且这一缺陷在场外衍生品市场中可能会表现得更加突出。因此本文建议，场外衍生品中央清算的保证金管理，应当结合衍生品合约的具体特征，实行以实体隔离模式为主，同时兼顾个性化需求的可选择模式。

表 12　　五种保证金模式特征对比

| 保证金模式 | 基本描述 | 清算会员是否可动用非违约客户保证金 | 中央对手方是否可动用非违约客户保证金 | 同一清算会员下各客户风险隔离程度 | 成本 |
|---|---|---|---|---|---|
| 基准模式 | 综合账户 | 否 | 是 | 无隔离 | 低 |
| 有追索权的法律隔离模式 | 混合账户 | 否 | 是 | 低 | 较高 |
| 完全法律隔离模式 | 混合账户 | 否 | 否 | 中 | 居中 |
| 实体隔离模式 | 分离账户 | 否 | 否 | 高 | 高 |
| 可选择模式 | | | 允许会员在以上四种模式中灵活选择 | | |

**3. 场外中央清算相关的业务规则需要精密设计**

期货交易所目前的业务规则没有场外中央清算方面具体的规定。场内在接受场外交易数据时依据什么规则，场外衍生品合约如何进行标准化，场外衍生品的保证金模型和风控制度等应当如何设计，这些都是将来开展场外中央清算业务首先要解决的问题。

（高永靖　王立威　鲁　浩　毛子奇）

# CME集团EFRP机制研究及启示

相关头寸互换（EFRP）是一种客户协商达成的同时执行交易所期货端和场外端头寸的交易机制，包含期货转现货交易（Exchange for Physical，EFP），期货转风险交易（Exchange for Risk，EFR），以及期权转交易（Exchange of Options for Options，EOO）三种形式。虽然EFRP成交量占相应标的期货成交量的比重较小，但其为交易者转换场内与场外头寸、规避滑点风险提供了重要支持。EFRP体现了CME集团等境外交易所融通场内场外市场、开拓自身业务范围的发展战略，对国内期货交易所的交易机制创新有一定的指导意义。

## 一、EFRP机制介绍

### （一）EFRP的内涵与优势

#### 1. EFRP的内涵

相关头寸互换（Exchange for Related Positions，EFRP）是境外交易所推出的连接场内与场外（OTC）市场的重要交易机制之一[①]，为交易者将场内与场外部位进行双向转换提供了可行

① 洲际交易所（ICE）也存在EFRP机制，且与CME集团的相关规定较为一致，本文仅以CME集团为例阐述EFRP机制。

且便利的渠道。

根据CME集团等境外交易所的定义，EFRP包含场内端（futures leg）与场外端（cash leg）两方面交易（见图1），在场内端，交易双方私下协商期货/期权头寸价格与数量，并报交易所在场外[①]达成；在场外端，同步执行与上述交易标的资产等量（或几乎等量）且头寸相反的现货产品、副产品、相关产品或场外衍生品交易[②]。EFRP存在三种交易类型：EFP、EFR以及EOO。EFRP起源于EFP交易，后者于20世纪20年代初诞生于美国期货市场，旨在帮助谷物生产商、贸易商与加工商等规避基差风险。EFR与EOO由此发展而来，与EFP并无本质差异，但EFR将EFP场外端的现货交易替换成了互换交易，场内端依然是期货交易；而EOO则将EFP的场内端与场外端均替换成了期权交易。

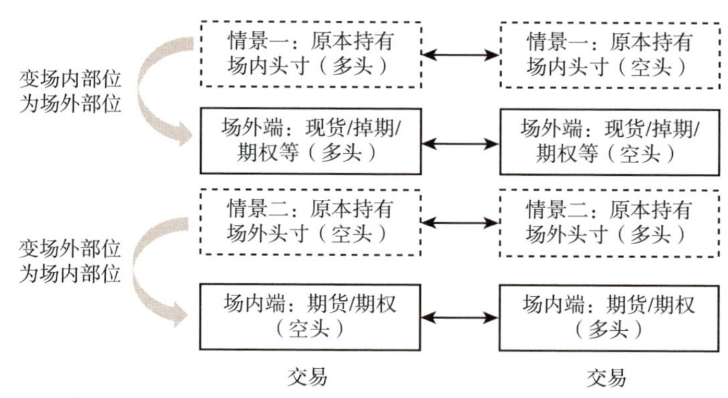


图1　EFRP交易流程

资料来源：笔者绘制。

注：箭头表示双方进行交易。

① 这里的场外指交易所的场外市场，即场内竞价之外。

② 相关头寸互换中的“相关头寸”即指与场内端相关的场外端头寸（related position component）。

### 2. EFRP的优势

允许双方私下一对一达成场内交易以规避滑点风险[①]是EFRP的重要优势。通常而言，期货头寸应在场内竞价，通过集中撮合或连续撮合进行交易，实际成交的量价并不完全由交易者决定，因此场内交易会暴露在一定竞价风险之中，而EFRP给予了交易者按自主且合意量价执行场内交易的权利。

以图1情景一为例，若原本在期货市场持有多空头寸的交易双方希望将二者的期货头寸转换为现货头寸，正常情况下，其需在现货端建仓并对场内端平仓，这必然带来滑点风险。而通过EFP机制，交易所将按双方要求的量价对其场内头寸平仓，从而规避了滑点风险。类似地，若交易双方希望将期货头寸转换为互换头寸，则其可通过EFR机制，向交易所报送期货端成交量价以进行平仓，并在场外建立互换头寸，从而锁定场内场外价差。以图1情景二为例，若原本持有场外互换头寸的交易双方希望将该头寸转换为期货头寸，其也可通过EFR机制，对冲互换头寸，并报交易所在场内竞价系统外达成期货交易，以建立期货头寸。若上述交易合约为场外期权与场内期权，这一过程便是EOO。

## （二）EFRP的业务流程及参与要求

### 1. 业务流程

（1）签订场外协议

① 滑点指期望下单的点位和最后成交的点位有差距。在EFRP中，滑点风险可导致期现头寸转换时的基差风险及场内场外头寸转换时的价差风险。

双方签订场外端协议[①]，场外端清算可私下进行或报CME ClearPort或CME Direct在CME清算所进行正常的场外衍生品集中清算，但CME集团不要求场外端必须进行集中清算。

（2）报告EFRP交易，达成场内交易

场外协议签订后，交易双方向CME ClearPort或CME Direct报告其在进行EFRP交易，并告知相应场内头寸量价以直接通过CME清算所在场外达成交易[②]。在无合理理由时，场内端交易必须尽快提交至交易所，最迟不得晚于EFRP执行当日营业结束之时[③]。特别地，在报告场内端成交价格时，适用于结算价交易（TAS）指令[④]与市场基准价交易（TAM）指令[⑤]的品种可继续利用上述指令进行定价。

（3）达成EFRP交易

待场内端交易达成且首笔现金流得到确认时，视为CME清算所已接受该EFRP交易。EFRP中未与交易者原有持仓冲抵的头寸将继续按正常的期货或期权头寸被逐日盯市与清算直至被平仓或合约到期。

---

① 虽然EFRP定义中表示场内端与场外端交易应同步进行，但实际操作时，应先执行场外端交易，后执行场内端交易，但二者时差应尽可能小。

② 但在每日大户报告中，交易者还须将涉及EFRP的期货与期权头寸予以上报。

③ 如果双方在交易前无法准确确定实际的交易数量，双方可以在合约上声明在实际交易数量确定后的规定期限内将EFRP场内端提交给清算所，而不是在定价时报告EFRP。如果没有这种安排，EFRP场内端交易数量必须在定价时报告。

④ 适用于TAS指令的期货品种包括玉米、大豆、豆油、豆粕、芝加哥软红冬小麦、堪萨斯硬红冬小麦、活牛、育肥牛、瘦肉猪、黄金、铜、亨利港天然气、轻质原油、纽约港取暖油等。

⑤ 适用于TAM指令的期货品种包括黄金、铜、轻质原油、纽约港取暖油、无铅汽油等，且CME集团特别规定，EFRP场内端若为现货月的铜期货，则该铜期货不可按照TAM指令定价，但可使用TAS平价（即不再加减一定价差，完全按照结算价）定价。

### 2. 参与要求

（1）可进行EFRP的场外衍生工具

EFRP可在任意时间执行，且CME集团内几乎所有品种的期货与期权均可作为EFRP场内端合约进行交易[①]；而在场外端，能够作为场外头寸进行交易的衍生工具类型则更为丰富（见表1）。特别地，EFP场外端头寸不仅可以是同质现货，还可以是与场内标的有关联的副产品、相关产品、远期合约、交易所交易基金（ETF）及交易所交易票据（ETN）[②]等。

表1　可作为EFRP场外端的衍生工具

| 产品类别 | 衍生工具 |
| --- | --- |
| 实物商品（农产品、能源、金属） | 现货、与期货标的相关的副产品及相关产品（如WTI原油与路易斯安那轻质低硫原油）、现货远期、现金结算远期、互换、互换期权、OTC期权、ETF、ETN |
| 商品指数 | 互换、互换期权、ETF、ETN |
| 利率 | 国债、投资级企业债券、货币市场工具、利率互换、互换期权、远期利率协议、抵押工具如抵押担保债券、OTC利率期权、ETF、ETN |
| 外汇 | 现货、远期、无本金交割远期协议、互换、互换期权、交叉货币基差互换、OTC外汇期权、无本金交割期权、一篮子货币、ETF、ETN |
| 股指 | 一篮子股票（前提是该一篮子股票与期货标的股指有很大关联，且一篮子股票按权重至少占50%的标的指数或包括标的指数中至少50%的股票，一篮子股票的名义价值必须大致等于场内端合约的价值）、股指互换、互换期权、OTC股指期权、ETF、ETN |

资料来源：CME集团网站，郑商所研究所。

（2）交易条件

CME集团规定EFRP的场外端与场内端交易应在交易双方

① 少数合约无法进行EFRP交易，如CBOT大豆压榨价差期权。

② 是由投资银行或其他金融机构发行的一种无担保的票据，由发行机构承诺在票据期满时向投资者按一定金额偿付，偿付金额与特定的商品指数表现挂钩。

的同一场协商中达成，且不应有多于两个交易方涉入[①]。因此，EFRP的场外端头寸不能是在指定合约市场（DCM）或互换执行设施（SEF）交易的互换合约，因为这些互换合约的量价协商过程是在不止两个交易方间进行的，但双方协商达成并提交至清算所的互换不在上述限制范围内。EFRP交易者可使用通信技术向多个市场参与者提供双向报价，但最终协商交易仅可在双边间私下进行[②]。

此外，场外端头寸在数量、价值与风险敞口上应与场内端头寸具有可比性。这意味着，一方面，场内端与场外端头寸标的应相同或相近（价格具有较强关联性），如CME集团允许场内5年期国债期货/期权和场外Libor相关利率互换/期权之间的EFRP，也允许场内WTI原油期货/期权与场外路易斯安那轻质低硫原油期货/期权之间的EFRP；另一方面，EFRP场内端与场外端交易规模应相等或大致相等，CME集团利用EFRP场内与场外头寸的风险敞口与对冲比率[③]等指标来判断二者能否被视为等价。若交易者的场内与场外头寸在风险特征和到期期限上有较大差异，CME集团将要求双方提供证明上述头寸近似等价的衡量方法。

---

① CME集团允许经纪商代替客户进行交易，但经纪商不是另一位交易者，其不影响交易的本质属性。

② 笔者并未找到如是规定的背后原因，但笔者推测，EFRP是少数允许交易者在场外交易期货合约的途径之一。然而，当有两者以上协商EFRP时，便会形成一个局部竞价空间（因为必然会出现至少两个场内多头或至少两个场内空头），这一局部竞价空间破坏了期货市场的正常秩序，这时的交易者更应到期货市场交易这些场内头寸。

③ 常用Delta值来表示，显示相关资产价格变动时对期权价格影响的变动率。

（3）交易记录保存

CME集团本着信任为先原则，并不要求交易者在报告EFRP时提供充分证据证明其场外端交易实际发生，但交易双方必须保存所有场内端和场外端交易记录[①]，CME集团会进行事后审查，届时双方应及时向CME集团市场监察部门上报材料。

## 二、CME集团EFRP的开展情况

### （一）在CME场外市场中的位置

CME集团在其场外市场中承担着交易配对[②]、集中清算及交易报告库等角色。交易者进入CME集团场外市场可通过大宗交易渠道[③]、EFRP渠道及纯场外渠道[④]进行（见图2）。其

---

① 这些资料包括但不限于：（1）所有订单、交易流水账、电子邮件、即时通讯消息、电话记录或其他有关订单下达、协商、EFRP执行和/或确认的记录；（2）对应于EFRP现货或衍生品部分的所有现金确认和已签署合同，文件必须包含所有相关交易条款和对手方信息；（3）对于EFP，可证明付款和标的商品所有权转移的文件；（4）反映EFRP确认的期货账户账单；（5）反映机构内部簿记系统的现货或衍生品交易的簿记。

② 交易者将其场外合约提交CME清算所进行集中清算时存在单边提交与双边提交两种方式。双边提交即双方已达成场外协议，共同提交至CME清算所进行清算；单边提交即交易者将其场外协议意向提交CME集团，CME集团找到适宜对手方后对两者配对、达成场外协议并进行集中清算。

③ 包括普通大宗交易与结算价（TAS）大宗交易，后者即是按结算价定价的大宗交易。

④ 包含OTC私下协商交易（OTC Privately Negotiated Trades，OPNT）、掉期大宗交易（Swap Block）及大额非基础设施掉期交易（Large Notional Off-Facility Swap）三种，OPNT即传统的场外协商交易；掉期大宗交易即掉期合约的大宗交易，因头寸达到了美国商品期货交易委员会（CFTC）规定的门槛值而被单独列出，其按SEF或DCM的相关规定进行交易；大额非基础设施掉期交易与掉期大宗交易类似，但其交易场所为非SEF与非DCM市场。

中，大宗交易与EFRP渠道的交易配对已完成，CME集团仅负责对转入场外交易的场内合约进行集中清算，纯场外渠道中CME集团可为部分交易提供配对服务，该渠道涉及的均为场外合约。综合而言，EFRP是CME集团连接场内与场外市场的重要桥梁，对满足交易者个性化需求、拓展场外业务具有重要意义。

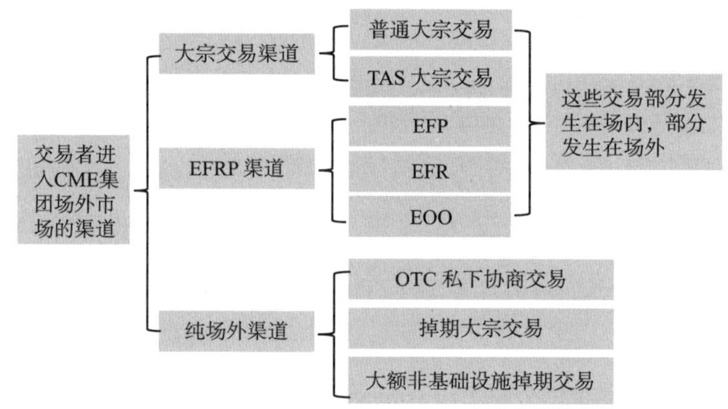


图2　EFRP在CME集团场外市场中的位置

资料来源：CME集团网站，郑商所研究所。

## （二）交易情况

根据CME集团介绍EFRP机制时引用的相关数据[①]（见表2），归纳出如下特点：一是EFRP成交量占期货总成交量比重相对较小，多数不到0.5%；二是平均单笔EFRP成交量多为最优报价处平均等候合约数量的十余倍，表2最后一列比值基本均大于10。这也反映出EFRP的重要作用：由于EFRP

① https：//www.cmegroup.com/education/articles-and-reports/understanding-efrp-transactions.html。

单笔成交量通常远大于最优报价处平均等候合约数量，所以若不通过EFRP而只是在场内竞价，交易者场内端最终成交量价将很难与其合意量价相一致，因此设立EFRP机制尤为必要。

表2　　2016年7月至2017年6月CME集团外汇期货EFRP交易情况

合约单位：手

| 标的（1） | 期货成交量（2） | EFRP成交量（3） | EFRP成交量占比（4） | EFRP成交笔数（5） | 平均单笔EFRP成交量（6） | 最优报价处平均等候合约数量（7） | （6）/（7） |
|---|---|---|---|---|---|---|---|
| EUR/USD | 50 123 160 | 155 984 | 0.31% | 665 | 235 | 19 | 12.4 |
| JPY/USD | 38 245 995 | 158 453 | 0.41% | 598 | 265 | 15 | 17.7 |
| GBP/USD | 29 700 529 | 103 531 | 0.35% | 380 | 272 | 17 | 16.0 |
| AUD/USD | 23 396 991 | 72 091 | 0.31% | 412 | 175 | 54 | 3.2 |
| CAD/USD | 18 242 364 | 57 938 | 0.32% | 385 | 150 | 15 | 10.0 |
| CHF/USD | 6 147 314 | 64 411 | 1.05% | 307 | 210 | 16 | 13.1 |

资料来源：CME集团网站，郑商所研究所。

此外，笔者还收集到了CME集团WTI原油期货近10年来的EFRP交易情况及其占该期货成交量的比重。图3显示，一是EFRP存在持续交易，但成交量并不大，通常仅占WTI原油期货成交量的2%以内；二是在EFRP中，EFP交易最为活跃，EFR仅存在零星成交量，EOO在研究年份内无成交。

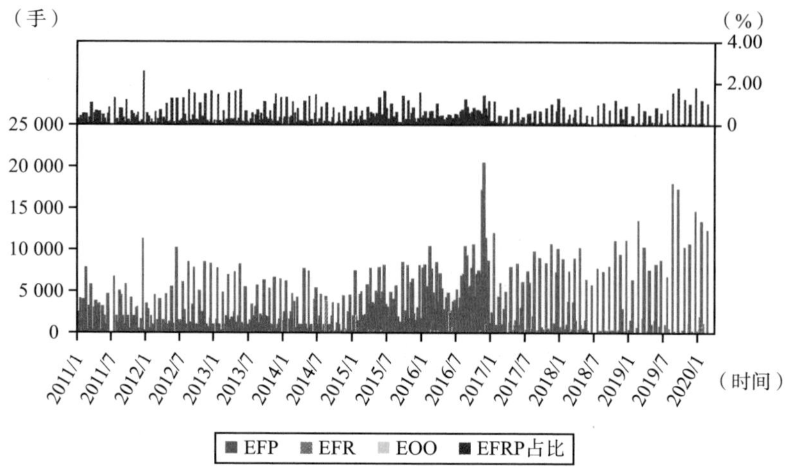


图3　CME集团WTI原油期货的EFRP交易情况

资料来源：CME集团，郑商所研究所。

## 三、涉及EFRP的违规行为及市场监管举措

EFRP相关违规行为主要涉及场内端成交价格的客观性、双方账户的关联性以及EFRP交易的独立性三个方面。

违规行为一：场内端交易不合理定价

EFRP的场外端本属于场外交易，双方可自行协商价格，因此与定价相关的违规主要存在于场内端。EFRP场内端与场外端的价格均不需公开报告，但成交价格应在商业上合理，且场内端价格还应遵守相应期货或期权价格的最小变动价位，否则将构成不合理定价嫌疑。

举措：CME集团禁止交易者借助EFRP机制对场内端头寸进行具有非法企图的定价，禁止交易双方借定价便利将大量资金转移到另一方、分配EFRP场内端与场外端之间的盈亏、逃税、掩饰机构财务状况或逃避财务限制，违者将受到审查与起诉。

违规行为二：洗售交易

洗售交易是以影响金融市场行情为目的，人为地创造金融交易虚假繁荣，从事所有权非真实转移的交易行为，在国内与对敲及自成交行为类似。其是金融市场常见的违规行为，EFRP也可成为洗售交易的渠道。

举措：CME集团对EFRP交易双方的账户情况进行了严格规定，能够从事EFRP交易的账户应为具有不同受益所有权的独立受控账户、具有共同受益所有权但由不同法律实体独立控制的账户、受相同法律实体独立控制（但控制人处于不同业务部门）的账户。此外，若由相同法律实体控制或具有共同受益所有权的双方账户希望进行EFRP交易，其需出具证明，显示各账户具有独立的决策机制且该EFRP交易对双方具有经济实质。

违规行为三：过渡EFRP

过渡EFRP（Transitory EFRP）是指交易双方根据另一笔EFRP或另一笔场外交易的执行情况而确定是否要进行的EFRP交易，其执行将导致该EFRP内的部分头寸被抵消，并使其他头寸不暴露于市场风险之中。举例而言，若交易双方事先协商在持有多空互换头寸的同时进行EFR交易，EFR的场外端用以对冲上述互换头寸，场内端多空期货头寸按商定量价报CME清算所私下达成，这一情形便属于过渡EFRP。这是由于上述交易中，交易双方自一开始便并未承担市场风险——第一笔互换交易与EFR中的互换交易均为私下协商的场外交易且相互对冲，而EFR场内端期货头寸也将按商定量价达成，不会暴露于场内竞价风险中。这一行为有碍于期货市场的正常交易秩序。

举措：CME集团采取事后审查方式应对过渡EFRP。CME

集团本着信任交易者的原则，仅要求其严格存留相关证据资料以表明该EFRP属于诚意交易（bona fide transaction），且在向CME清算所报送EFRP场内端头寸时，无须给予相关证明，但CME集团事后会对部分EFRP交易进行审查，并联合CFTC对违者予以重罚。例如，2012年，摩根士丹利公司被CFTC处以500万美元罚款，并额外赔偿CME与芝加哥商业交易所（CBOT）175万美元，原因便是摩根士丹利通过EFRP对冲了部分期货头寸，但却无法提供该EFRP场外端的交易记录[①]。此外，CFTC也会监督CME集团是否积极履行其监管义务。2013年，CFTC在审查了CME与CBOT在2010年11月至2011年10月间的EFRP交易后，表示二者并未充分监管相应头寸，要求二者进行整改[②]。

## 四、EFRP与国内相关业务的对比分析

在EFRP的三种交易类型中，EFP已在我国期货市场开展，但定义范畴与涉及层面存在一定差异（见表3、图4）。综合国内商品期货交易所的相关定义，期转现指持有同一交割月份期货合约的多空双方达成现货买卖协议后，向交易所申请将各自期货持仓按协议平仓价由交易所代为平仓，且同时交易与期货合约标的种类相同、数量相当的现货。而根据中金所定义，期转现指交易双方协商一致，同时买入（卖出）交易所期货合约

① http：//news.cntv.cn/20120607/106091.shtml。
https：//www.cftc.gov/PressRoom/PressReleases/pr6270-12。

② https：//www.cftc.gov/PressRoom/PressReleases/pr6658-13。

和卖出（买入）交易所规定的有价证券或者其他相关合约的交易行为。这与CME集团等境外交易所的定义较为一致。

表3　我国期货交易所与CME集团的EFP业务规则对比

| 内容 | 国内商品期货交易所 | 中金所 | CME集团 |
|---|---|---|---|
| 场内场外端标的 | 相同标的产品或相关产品 | 国债或相关有价证券* | 相同标的产品、相关产品、副产品等 |
| 场内场外端头寸数量 | 相等或近似相等 | 相等或近似相等 | 相等或近似相等 |
| 场内场外端等价衡量标准 | 质与量基本相同 | 基点价值绝对值相同** | 风险敞口与对冲比率等基本相同 |
| 场外端工具 | 标准仓单与非标准仓单 | 现货、远期 | 现货、互换、远期、ETF、ETN |
| 是否存在现转期 | 尚未实行 | 存在 | 存在 |

资料来源：郑商所、上期所、大商所、中金所、CME集团网站，郑商所研究所。

*具体包括：（1）财政部发行的记账式附息固定利率国债；（2）地方政府发行的附息固定利率地方政府债券；（3）国家开发银行、中国进出口银行或者中国农业发展银行发行的附息固定利率金融债券；（4）以上述债券为标的资产的债券远期交易；（5）交易所规定的其他有价证券或者相关合约。

**以可交割国债作为国债期货期转现交易的有价证券，且可交割国债面值和期货合约面值相等的，可以不受基点价值要求限制。

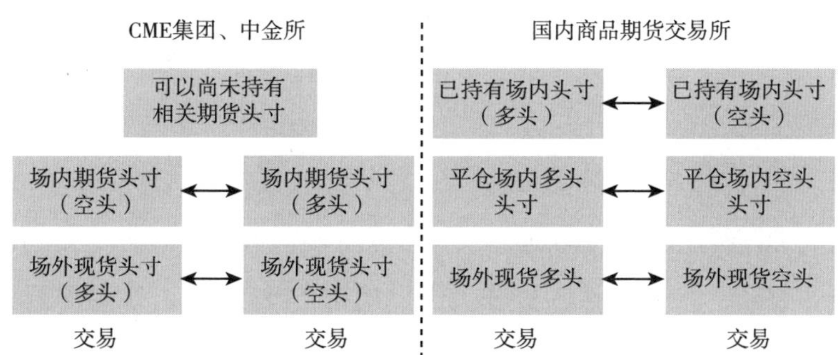


图4　各交易所对EFP的定义范畴

资料来源：笔者绘制。

注：箭头表示双方进行交易。

对比可知，国内商品期货交易所默认EFP交易双方原本已持有相应期货头寸，但中金所及CME集团并未默认这一情况，原因在于，中金所及CME集团等境外交易所还允许现转期交易，现转期中，交易双方理论上应当已持有现货头寸，而非期货头寸。此外，CME集团对EFP场外端标的的规定也更为灵活，工具类别也更为多样。

## 五、EFRP对国内期货市场发展的启示

### （一）融通场内场外市场，提高期货市场服务能力

近年来，CME集团及ICE等境外交易所已不再仅仅满足于扮演标准化期货市场组织者的角色，而是更加积极寻求向场外与现货市场发展，这一实现途径便是场内场外市场融通。EFRP恰恰折射出这一理念，通过客户的场内衍生品部位与场外或现货部位双向转化，加强了场内外市场的联系，提升了期货价格的影响力。

国内期货市场发展较为成熟，但期货市场提供的标准化风险管理服务不能完全满足产业企业的个性化风险管理需求，期货市场服务实体经济的“最后一公里”，需要场外市场来打通。期货交易所作为重要的金融基础设施，有责任肩负起“向导”角色，加强场内场外融通，实现场内场外协同发展。交易所的场外市场是“场内的场外市场”，EFRP提供了一个在交易所主导下实现场内场外市场融通的切入点。引入EFRP的意义并不

在于提高相应品种的成交量[①]，而在于通过EFRP，期货交易所将构建起联通场内的场外市场客户及清算会员体系，为客户的场外部位进入期货市场提供便捷高效的途径，并为后续场外衍生品集中清算及多层次业务发展奠定基础。

### （二）探索推出现转期及“EFP+指令”机制，丰富场外端交易工具

在审慎稳健的原则下，国内期货交易所可探索利用EFRP及其衍生机制连接场内场外市场的断点，解决客户参与期货交易的痛点。具体而言，一是探索推出现转期业务，将EFP现有的交割功能延伸至交易功能，从而为一些品种如动力煤的长协转场内期货提供条件，避免客户滑点风险。二是待品种工具不断丰富后，借鉴CME集团经验，尝试将EFP的场外端工具由仓单拓展为与期货标的相关的副产品、远期合约及ETF等。为此，可尝试完善衍生品风险评估体系，采用风险敞口与对冲比率等量化指标评价不同衍生品，取代现有的质与量层面的评价指标。三是待交易指令发展成熟后，可尝试引入“EFP+TAS”与“EFP+TAM”机制，满足客户对多元风险管理工具的需要。

### （三）适时引入做市商并建立线上交易平台，提高EFP交易流动性

根据境外交易所经验，新合约的EFRP多在客户与做市商间达成，做市商为之提供了基础的流动性服务。因此，期货交

① 上文显示EFRP在CME集团相应品种成交量中的占比较小，通常低于2%。

易所可借助当前已建立起的期货做市商制度，扩展做市商做市范围，允许其进入EFP领域，在场内场外双向做市。同时，依托期货交易所的场外综合业务平台，开辟EFP线上对手方搜寻及交易板块，作为类似CME ClearPort的交易前端，从而提高EFP市场透明度与流动性。

（李　通）

# 区域性特色小品种的监管制度探索

经过30年来的探索，我国期货市场形成了覆盖农业、纺织、能源、化工、建材、冶金、农资等国民经济重要领域的产品体系，为服务实体经济提供了重要抓手。制定了一套完善的监管规则，为维护市场平稳运行夯实了制度保障。随着期货市场的发展，具备大宗商品属性的品种大多已挂牌交易，区域性特色小品种成为拓宽期货市场服务范围的重要领域，由于其市场运行特殊性，沿用已有规则制度难以确保品种上市后稳定运行，需要探索监管制度创新。为此，郑州商品交易所（以下简称"郑商所"）总结了相关品种特点，并针对研发和监管难点，在借鉴国内外经验、论证合规性的基础上，提出了监管制度体系创新思路。

## 一、区域性特色小品种的范围及特点

### （一）区域性特色小品种范围

区域性特色小品种是传统大宗商品的相对概念，指的是与大宗商品标准化、原料化的特点不同，在生产上依赖自然禀赋、强调比较优势、区域差异较大，在消费上用于精深加工较少、直接面向最终消费者的品种。

与工业品相比，农产品的区域性特色小品种属性更为明显。一方面，我国地形复杂、气候多样，不同区域独特的地质地貌和小气候差异决定了不同区域农产品特有的品质。针对相关特点，农业农村部先后3次根据各品种的适种区域[①]发布农产品区域布局规划。以苹果为例，虽然在我国几乎所有省份都有种植，但其优势区域为渤海湾和黄土高原，仅覆盖7个省的23个地市。另一方面，我国农业基础薄弱，农产品普遍存在产业链较短、深加工不发达、品种多杂的特点。以马铃薯为例，鲜食消费比例约为60%，深加工比例仅为10%左右，呈现明显的从“地头”到“餐桌”的特点。

### （二）区域性特色小品种特点

一般而言，商品期货的标的应具备以下条件：市场竞争充分，现货规模较大（如市场规模200亿元以上），可标准化，易于检验、存储和运输。除了市场充分竞争外，区域性特色小品种在其他方面有着不同程度的差异。

**1. 市场规模较小**

市场规模较小主要有两种类型：一是整体规模较小，如葵花籽国内产值约170亿元。二是整体规模较大，但存在多个品种或各类产品，且不同品种/产品差异大、互替难，细分市场规模较小。例如，马铃薯总产量超过9 000万吨，市场规模约1 000亿元，但在农业农村部备案的品种将近300个，单个品种的市场规模不足100亿元。

---

① 《优势农产品区域布局规划（2003—2007年）》《特色农产品区域布局规划（2006—2015年）》和《特色农产品区域布局规划（2013—2020年）》。

**2. 标准化程度低**

从生产上看，区域性特色小品种的质量受产地自然条件、种植/养殖技术、加工习惯影响较大，一致性较差。以苹果为例，甘肃、陕西等西北产区昼夜温差大，生产的苹果硬度高、糖分大，而山东产区水肥条件好，苹果含水量高、甜度适中。此外，西北产区采摘后分级粗放，山东产区采摘后分级较为精细，分级标准也存在较大差异。从消费上看，区域性特色小品种一般直接面向消费者，为满足不同消费群体的偏好，需要品种多样化，开展差异化竞争，难以形成统一的标准。以马铃薯为例，马铃薯可以用来炖、炒、炸、涮等，需要选择不同品种的马铃薯来满足需求。

**3. 质检机构经验缺失**

农产品质量指标主要分为感官指标和理化指标，由于区域性特色小品种直接面向消费者，感官指标在质量判定和价格形成中起关键作用。例如，马铃薯现货市场存在对黄肉的偏好，黄肉马铃薯价格普遍高于白肉马铃薯。然而，感官指标难以量化，普遍依靠贸易经验进行主观判断，现有质检机构主要检验农残、重金属等食品卫生指标，感官指标检验经验不足。

**4. 仓储水平落后**

仓储水平较为落后主要表现在两方面：一是设施条件有待完善。以马铃薯为例，虽然内蒙古近年来大力推进仓储设施建设，但主要修建的是比较简陋的地上和半地下土窖，具备基础的通风和保管功能，但无法实现货物实时、有效监管，也存在消防设施不到位等情况，与现有交割仓库的条件存在较大差距。二是管理水平有待提高。区域性特色小品种仓储机构主要为现货贸易商，企业规模不大，管理方式较粗放。以大蒜为例，中小私营冷库库容占到市场总库容的95%以上，单个企业库容不超过1万吨，以家庭经营为主，日常监管难度较大。

**5. 现货数据缺乏**

区域性特色小品种在国民经济体系中体量较小，市场关注度较低。从数据可获得性来看，缺乏相关品种的每日价格、月度库存等数据积累；从数据质量看，统计方式较为粗放，普遍存在产量统计不分等级品种，价格数据细分不够等问题。

**6. 行业规模化程度差**

区域性特色小品种产业普遍存在“小、散、弱”的特点，规模化水平有待提高，主要表现，一是龙头企业少，以红枣、葵花籽为例，分别只有一家上市公司；二是行业集中度低，以苹果为例，贸易量排名前10的企业行业占有率不足1%；三是产业主体受教育程度不高，一定程度上限制了规模化发展，主要依托家庭成员从事企业经营，苹果、红枣、葵花籽等行业都有明显的此类特点。

**7. 价格波动剧烈**

农产品产量易受天气影响，近年来异常天气频发，增加了产量的不确定性，加剧了区域性特色小品种的价格波动。例如，2015年冬大蒜主产区出现低于-15℃的严寒天气，造成大规模减产，2016年大蒜收购价同比上涨86%；2018年苹果西部产区“倒春寒”导致减产30%，部分地区收购价同比上涨56%。

## 二、区域性特色小品种合约规则设计及监管难点

区域性特色小品种与传统大宗商品的差异给合约规则设计

带来了困难，也对日常监管中的交易、交割等风险防控提出了新的要求。

## （一）合约规则设计难点

**1. 交割标准设计**

区域性特色小品种交割标准设计难度较大。一方面现货市场标准化程度低。“名特优新”的现货市场导向和期货市场的大宗商品属性存在矛盾，将区域特征明显、强调差异化竞争的品种抽象成统一的标准难度较大。另一方面缺乏权威参考标准。虽然大部分品种都有国家标准或者行业标准，但相关标准主要立足于指导生产，未充分考虑流通实际。以苹果为例，国家标准要求容许度不超过5%，高于现货市场平均水平，不具备参考价值。

**2. 质检团队组建**

质检机构是期货交割平稳开展的保障。但区域性特色品种多以感官指标为主，靠眼光判断，难以量化，这对缺乏感官检验经验的质检机构提出了挑战。由于现货中很少进行感官指标检验，质检机构对品种特性不熟悉，需开展大量深入的培训和比对工作才能建立起检验队伍，质检机构的检验理论和实践水平的提升是个长期艰巨的工作。

**3. 交割方式选择**

交割方式主要分为实物交割和现金交割。从实物交割实践来看，目前成熟的模式是仓库仓单交割、厂库仓单交割及车船板交割。区域性特色小品种仓储企业较弱，体现在民营企业多、小企业多、家族企业多，运行规范程度相对较差，货物存在一定的安全隐患。同时，区域性特色小品种有实力的大企业较少，如设置厂库，难以提供符合要求的担保品，仓单难以形成。因此，车船板交割可能是仅有的选择。从现金交割来看，区域性特色小品种试点现金交割难度较大。现金交割要求具备连续、权威、市场普遍接受的现货价格，相关价格应具备较好的抗操纵性。目前，从国家相关部委到资讯机构，现货价格数据采集主要依靠询价，数据质量与现金交割的要求还存在较大差距。

**4. 合约月份设置**

区域性特色小品种季产年销特征明显，产季初期和末期容易发生收获加工不及时、库存不断消耗的情形，不宜在相应月份设置合约。以苹果期货为例，虽然9月末已有不少苹果开始采摘，但由于天气因素及整理进度问题，为确保10月份交割顺畅，仍然需要开展大量工作。5月后仍有部分苹果存储在气调库内，但数量较少，可供交割量不足。这种情况导致合约月份断档时间较长，价格连续性不足。

**5. 可供交割量评估**

可供交割量是影响期货价格的重要因素，也是预判交割风险的重要依据。区域性特色小品种月度库存数据缺失，增加了合理设计限仓标准和交割月份的难度。

### （二）监管难点

**1. 交易层面**

（1）现货市场不发达，期现市场发展不协同

从历史来看，期货市场是建立在发达的现货市场基础上，

但目前我国一些中小品种现货市场发展不成熟，在此背景下上市期货品种，需要付出更多努力确保市场平稳运行。一是客户对交割品标准容易产生分歧。部分中小品种现货贸易中尚未建立通用、精准的交收标准，同时不同地区的贸易习惯也可能存在差异，期货合约清晰的交割标准与现阶段现货市场模糊的交收标准存在矛盾，容易出现分歧。二是缺少专业的期现货结合企业，期现价格收敛程度可能不及成熟品种。成熟的期现货品种上有大量期现套利客户，这些客户的交易促进了期货市场价格发现功能发挥，而中小品种此类客户较少。三是部分中小品种产量、销量、库存等基本面供需信息尚无权威或成熟的发布机构，现货信息缺乏透明度，市场分歧较多，价格波动相对较大。

（2）现货供给量较小，可供交割量不稳定

与大宗成熟品种相比，中小品种现货供给量较小，可供交割量不稳定。一是受异常天气、种植面积调整等影响，部分农产品产量可能大幅下降，或者产品质量下降，导致可供交割量不足。二是对于部分季产年销的农产品，在新季作物尚未成熟但商品库存较低的月份，可供交割量可能无法满足期货市场需要。三是品种上市初期，现货企业对期货标准理解还不充分，导致注册仓单意愿较低，导致实际可供交割量不足。

**2. 交割层面**

（1）交割库资质相对普通

受制于现货规模和发展水平，区域性特色小品种的仓储企业具有小而散的特点。根据苹果、红枣及鸡蛋运行实践，申请交割仓（厂）库的大部分企业资金实力有限，抗风险能力一般，内部控制机制不健全，给交易所仓单安全监管带来诸多压力。

（2）出入库时复检概率大

区域性特色小品种现货市场不成熟，现货贸易中尚未建立统一、精准的交收标准，期货合约的交割标准与现阶段现货市场的交收标准有效契合度较低，市场参与者对期货交割标准容易产生分歧，出入库环节出现争议复检概率较大。

（3）质检一致性及权威性有待提升

对于区域性特色小品种，一方面由于现货市场较少参考国家或行业标准，日常贸易仅是简单分级和计价，对期货检验模式接受度不高；另一方面感官指标较多，质检人员判定存在主观性，质检一致性和权威性遭到质疑。苹果期货上市初期，质检争议较多，郑商所通过大量培训、标准比对、流程规范、强化监管等措施提升了质检一致性和权威性。

## 三、国内外相关市场特色品种风控制度措施

### （一）国外期货市场风控制度借鉴

#### 1. 保证金方面

对持仓集中的会员收取“超额保证金”。CME实施分层结算，规定结算所有权在异常情况下启动超额保证金制度，主要情形包括：一是出现重大市场异常状况、价格剧烈波动或结算所认为有异常的其他事件时，结算所有权就某一个或多个合约、某一家或多家会员、多头或空头部位等收取超额保证金。二是结算所认为结算会员某个账户的持仓风险较大时，有权要求结算会员在规定时间内缴纳超额保证金或进行部分仓位移

仓。对于不能及时满足超额保证金要求或不能按时完成上述紧急盯市时的资金交收义务的，结算所将要求结算会员立即进行部分或全部平仓，若第二日结算会员未能有效减仓，结算所有权对其涉及仓位强平。

可行性与借鉴意义：区域性特色小品种价格波动较大，当价格出现极端波动，亏损方因为流动性不足无法平仓，损失可能超过预存的保证金。此措施可以通过增收持仓集中度过高会员的保证金来促进风险转移，避免由于客户重仓单边交易导致会员穿仓风险。

**2. 涨跌停板幅度**

（1）根据价格区间设置固定值涨跌停板幅度

ICE2号棉期货设置了4个不同的价格区间，每个区间适用不同的涨跌停板幅度。例如，前一日主力合约结算价≤80美分/磅时，涨跌幅限制为3美分/磅；当80美分/磅<结算价格≤110美分/磅时，涨跌幅限制为4美分/磅。

可行性与借鉴意义：针对价格波动剧烈的品种，当结算价格过低时，增加设置固定值涨跌停板同时收取固定值保证金可以较好地覆盖合约风险，增强期货价格连续性，防范结算风险。历史上郑商所在花生等多个期货品种实行此类制度，是比较成熟的制度之一。

（2）临近交割月不设置涨跌停板

ICE2号棉规则规定在第一通知日（交割月第一交易日前的倒数5个交易日）及其后当月期货合约无价格限制。

可行性与借鉴意义：现货市场没有涨跌幅限制，若现货价格波动较大，超过期货合约规定的涨跌停板幅度，则期现货价格难以回归，临近交割月不设涨跌停板可以促进期货价格快速回归现货。但临近月不设涨跌停板，可能因客户错单或流动性较差等原因，出现短期极端价格波动。

**3. 限仓方面**

（1）根据可供交割量动态设置交割月限仓标准

CBOT将小麦期货的可供交割量划分为5档，每档对应不同的投机限仓标准，根据交割月通知日前公布的谷物库存报告动态调整交割月限仓标准，CBOT小麦具体限仓标准见表1。

表1　CBOT小麦品种限仓标准　单位：手

| 现货月限额 | | 单月限额 | 所有月份限额 |
|---|---|---|---|
| 可供交割量 | 现货月限额 | 12 000 | 12 000 |
| 大于等于2 400 | 600 | | |
| 2 000至2 399 | 500 | | |
| 1 600至1 999 | 400 | | |
| 1 200至1 599 | 300 | | |
| 小于1 200 | 220 | | |

注：以期货等价物净值计算。

可行性与借鉴意义：根据可供交割量动态调整限仓标准，一是有利于提高规则的时效性，但该方式要求交易所对可供交割量进行动态跟踪，对可供交割量评估能力要求较高，而区域特色小品种准确的评估可供交割量较难；二是有利于提高规则的时效性，但该方式主要通过仓单注册量来推算可供交割量，难以适用于采用车船板、厂库交割方式的品种。

（2）分月份差异化限仓

CBOT对糙米期货不同月份合约设置不同的限仓标准（见

表2）。

表2　　CBOT糙米期货合约限仓标准　　单位：手

<table>
<tr><th colspan="2">现货月限额</th><th>单月限额</th><th>所有月份限额</th></tr>
<tr><td>合约</td><td>现货月限额</td><td rowspan="4">1 800</td><td rowspan="4">1 800</td></tr>
<tr><td>7月合约</td><td>200</td></tr>
<tr><td>9月合约</td><td>250</td></tr>
<tr><td>其他月份</td><td>600</td></tr>
</table>

注：以期货等价物净值计算。

可行性与借鉴意义：差异化设置不同月份持仓限额贴近现货季节性特点，但该制度的有效性取决于对关键月份可供交割量的估计是否准确。

（3）对客户分类调整持仓限额

日本红小豆期货针对投资者类型差异化持仓限额。日本商品期货市场针对红小豆期货引入投资者分类，将投资者分为一般委托者、投资信托（即商品基金）和现货商，不同类型投资者持仓限额不同。其中现货商、投资信托持仓额度较高，一般委托者最低。

可行性与借鉴意义：根据客户现货处置能力和风控水平进行限仓，一定程度上规避由于可供交割量较小引发的交易和交割风险。但客户分类的公平合规性以及分类标准的科学准确性都需进行深入研究。

### （二）国内期货市场风控制度借鉴

#### 1. 保证金方面

（1）部分品种根据持仓量提高保证金收取比例

郑商所与大连商品交易所（以下简称“大商所”）大部分品种均采取三阶段梯度保证金制度，相应的标准为5%、10%、20%，但大商所对乙二醇品种未进入交割月的前两个阶段设置了根据持仓量提高保证金的机制。若第一阶段合约单边持仓量超过12万手，保证金由5%调整为10%；若第二阶段合约单边持仓量超过8万手，保证金由10%调整为20%。

可行性与借鉴意义：根据持仓规模调整保证金一方面有利于防范可供交割量不足的风险，另一方面与临时公告相比，提前公布保证金标准与持仓的关系，有利于增强政策的确定性，便于市场形成准确的预期。

（2）对部分品种采取会员分级收取保证金

中国金融期货交易所（以下简称“中金所”）建立了结算担保金制度，结算担保金是由结算会员依照中金所规定缴存的，用于应对结算会员违约风险的共同担保资金。结算担保金分为基础结算担保金和变动结算担保金。基础结算担保金是指结算会员参与中金所结算交割业务必须缴纳的最低结算担保金数额。变动结算担保金是指结算会员结算担保金中超出基础结算担保金的部分，随着结算会员业务量的变化而调整。中金所规定对会员收取的担保金为结算会员本季度应分担的结算担保金①与基础结算担保金取较大值。

① 交易所每季度首个交易日确定本季度全市场的结算担保金基数，作为计算各结算会员应当分担的结算担保金的依据。交易所根据结算担保金基数，按照各结算会员业务量比例计算本季度其应当分担的结算担保金。结算会员本季度应当分担的结算担保金＝结算担保金基数 ×（20%× 该会员上一季度日均成交金额 / 全市场上一季度日均成交金额 +80%× 该会员上一季度日均交易保证金 / 全市场上一季度日均交易保证金）。

可行性与借鉴意义：跟随结算会员业务量的变化而调整结算会员的准备金，同CME对持仓集中的结算会员收取超额保证金异曲同工。根据持仓集中度调整保证金，一方面有利于防范可供交割量不足的风险；另一方面，提前公布保证金标准与持仓集中度的关系，有利于增强政策预期，促进持仓风险分散。

**2. 涨跌停板幅度**

上调交割月涨跌停板。大商所风控办法规定，“各品种期货合约交割月份以前的月份涨跌停板幅度为上一交易日结算价的4%，交割月份的涨跌停板幅度为上一交易日结算价的6%。”

可行性与借鉴意义：对于现货市场单日价格波动较大的品种，提高合约交割月涨跌停板幅度，有利于促进期现货快速回归，避免出现连续单边市。

**3. 限仓方面**

（1）郑商所对纯碱临近交割月持仓量最大合约收紧限仓标准

纯碱期货对非期货公司会员和客户采取绝对值限仓和比例限仓相结合的方式。自合约挂牌至交割月前一个月第15个日历日期间的交易日，合约的单边持仓量≥20万手时，非期货公司会员和客户按单边持仓量的10%确定限仓数额；当合约的单边持仓量<20万手时，限仓2万手。

可行性与借鉴意义：提前在规则中明确持仓规模与限仓标准的关系，一方面有利于防范可供交割量不足的风险；另一方面与临时公告相比，提前公布限仓标准与持仓的关系，有利于增强政策的确定性，便于市场形成准确的预期。但科学制定触发限仓条件的持仓规模需要对可供交割量做出准确判断。

（2）根据投资者适当性调整其持仓限额

上海证券交易所股票期权试点投资者适当性管理，除要求投资者具备一定的资产规模和交易经历外，还引入了客户分级制度，对不同级别的客户开放不同期权交易权限。投资者适当性评估及交易权限分级管理等事宜应当由期权经营机构总部进行审核。期权经营机构应当在期权经纪合同中载明个人投资者分级管理的具体标准、程序和要求，并就分级管理事宜向个人投资者进行充分说明。

期权经营机构应当根据客户期权交易、额度使用及风险承受能力情况，按照表3标准，审慎确定、调整客户衍生品合约账户单个合约品种持仓限额，同时，规则规定投资者（含个人投资者、机构投资者及期权经营机构自营业务），单个合约品种权利仓持仓限额不得高于5 000张、总持仓限额不得高于10 000张、单日买入开仓限额不得高于10 000张。

表3　上海证券交易所股票期权限仓标准　单位：手

| 账户分类 | 权利仓持仓限额 | 总持仓限额 | 单日买入开仓限额 |
| --- | --- | --- | --- |
| 新开合约账户 | 100 | 200 | 400 |
| 经期权经营机构评估认为风险承受能力较强、开户满10个交易日、期权合约成交量达到100张且具备三级交易权限的客户 | 1 000 | 2 000 | 4 000 |
| 经期权经营机构评估认为风险承受能力较强、开户满10个交易日、期权合约成交量达到500张、自有资产余额超过100万元且具备三级交易权限的客户 | 2 000 | 4 000 | 8 000 |
| 经期权经营机构评估认为风险承受能力较强、开户满10个交易日、期权合约成交量达到1 000张、自有资产余额超过300万元且具备三级交易权限的客户 | 5 000 | 10 000 | 10 000 |

可行性与借鉴意义：由经营机构总部（期货公司）对投资者适当性及交易权限分级管理等事宜进行评估与审核，可以压实期货公司对客户的管理职责，但同时要求交易所制定明确、科学的筛选标准。

## 四、境内外相关市场交割制度措施

### （一）国外期货市场交割制度借鉴

通过系统梳理，国际上很多国家交易所针对特定品种制定了特殊的交割制度，以防范交割风险。本部分重点梳理印度商品期货市场，同时考虑美国等其他国家情况。

**1. 印度期货市场交割制度借鉴**

（1）印度农产品期货市场概况

印度期货市场中小特色期货品种主要集中于印度国家商品和衍生品交易所和印度多种商品交易所。印度农产品期货市场除玉米、大豆、小麦、稻谷等传统大宗商品外，区域特色小品种较多，其中13个特色小品种具有较高的成交量（见表4）。已上市品种中除籽棉、豆油、棕榈油是实物+现金交割外，其他都是实物交割，且采用交割仓库方式。

表4　　印度成交量较高的期货品种现货概况

| 品种 | 现货基本情况 |
|---|---|
| 鹰嘴豆 | 印度年产量为600万~800万吨，全球占比70% |
| 瓜尔豆种子 | 印度是最大的瓜尔豆种植国，全球范围内占比80% |
| 瓜尔豆胶 | 印度瓜尔豆胶80%用于出口，主要需求是美国生物柴油等 |
| 蓖麻籽 | 印度蓖麻籽产量为90万~100万吨，国际贸易占比70% |

续表

| 品种 | 现货基本情况 |
| --- | --- |
| 棉籽饼 | 印度棉籽饼年度产量为650万~750万吨 |
| 籽棉 | 印度籽棉年度产量为900万~1 000万捆包 |
| 芥菜籽 | 印度生产500万吨油菜籽、芥菜籽 |
| 芫荽籽 | 全球芫荽籽产量约30万吨，印度约25万吨 |
| 姜黄 | 印度每年产量为60万~70万吨，国际占比80%~85% |
| 孜然 | 全球孜然产量为22万吨，印度15万吨 |
| 大麦 | 印度大麦产量约130万吨 |
| 豆蔻 | 印度豆蔻产量1.3万吨，进口0.25万吨 |
| 薄荷油 | 印度薄荷油产量3.7万吨，全球4.5万吨 |

（2）独具特色的交割制度

印度期货市场能够上市众多规模较小农产品品种，与实施的两项交割制度分不开：一是最后交割日结算价与现货价格挂钩，二是卖方交割违约成本较低。

交割方式包括滚动交割与集中交割，客户可以在交割月最后五个交易日参与滚动交割，滚动交割的结算价为当天闭市价格（最后半个小时的加权平均价），也可以在最后交易日参与集中交割，集中交割的结算价为到期日前三个交易日可用现货价格的算术平均数。如果现货市场因突发情况无法提供现货价格时，清算所将根据相关规定采取进一步措施决定交割结算价并发布公告。为便利投资者掌握现货价格变动，交易所网站同步更新各品种现货价格供参考，结算使用的现货价格由交易所问询各产业客户所得。

国内商品期货交割违约一般按照20%比例处罚，印度期货市场交割违约惩罚较低。卖方违约时，只需要交付交割结算价的3%和重置成本。结算价的1.75%存入结算担保基金，0.25%为管理费用，剩余结算价的1%和重置成本归买方。买方客户不允许交割违约，若买方无货款或资金不足，交易所将卖方仓单进行拍卖，差额部分由买方承担。

（3）可行性分析及借鉴意义

以现货价格作为最后交割日结算价，可以有效规避由于品种规模较低，双方博弈不均衡造成期货价格严格偏离的问题。前期滚动交割以期货价格作为结算价，可促进期货价格回归。

郑商所成立初期曾设计采用了差价交割模式。差价交割是以交割日现货价格与期货价格的差额来计算到期合约的盈亏，双方支付期现差价，但由于现货市场不发达，后续取消。针对现货价格指数发布较完善的品种，可尝试此种模式，以多元化交割形式解决交割风险及纠纷。

**2. 美国活牛期货市场**

美国期货市场上市品种及对应交割制度可分为两类：第一类是传统大宗商品，采用通用实物交割制度；第二类是针对实物交割较难实施的品种，采用美国农业部公布的现货价格指数。比较具有特色的为活牛期货，采用实物交割模式。

（1）活牛期货交割模式

不同月份、不同区域制定差异化标准。CME活牛期货在不同月份设置不同的区域升贴水，如10月交割时，爱荷华州/明尼苏达州/南达科他州每英担贴水1.5美元，其他时间均为平水。农产品、牲畜类产品由于季节、区域变化造成差异较大，据此设置不同的期货交割制度，可以更好地适应现货市场。

买方选择弹性交割。CME活牛期货实物交割，买方可以选择在饲养场进行活牛交割也可以选择在对应的屠宰场进行畜体交割，仅需支付相应多出的费用。在公示饲养场交割地点时会同时公布对应的屠宰场信息。

车板交割与提单交割相结合。活牛期货实际交割为车板交割，由美国农业部评级结构现场进行评级确定指标，考虑买方现货处置能力，在车板交割基础上增加提单交割。活牛期货滚动交割采用强制配对模式，卖方以提单形式（由CME制定）发起交割申请，此时配对买方可以不参与实际提货，将此提单再次交割一次。提单重复交割两次，必须参与实际的车板交割，最后交易日参与的交割证书必须参与实际的车板交割。

（2）可行性分析及借鉴意义

不同月份制定差异化交割标准方面，郑商所已在菜油、苹果合约上实施，对不同月份的出入库指标设置不同要求。买方选择性交割方面，大商所豆二期货品种实物交割环节，客户提取对应比例的豆油和豆粕。上述两个模式均在国内期货市场进行了实践。针对区域特色品种，可以改进车板交割方式，参考活牛期货模式，以此解决部分客户因滚动交割强配而难以处理现货的问题，促进产业客户参与和期现价格回归。

## （二）国内期货市场交割制度借鉴

### 1. 甲醇和鸡蛋实施交割资质限制

郑商所甲醇期货实行交割资质管理，只有具备相关资质的企业才能参与期货交割，这与甲醇期货属于危化品相关。大商所鸡蛋期货实际运行中采用车板交割与厂库交割。其中，采用车板交割的卖方客户应当事先向大商所申请取得车板交割资格，虽然部分限制了交割资质，但便利后续交割管理。同时，厂库交割在一般情况下仅具备厂库资质的主体或相关客户方能注册信用仓单，进而参与后续交割。

可行性与借鉴意义：由于部分特色品种现货基础差，产业主体认知相对有限，通过限定交割资质，一方面避免了实物交割违约，促进期货交易稳健运行；另一方面需注意限制交割资质可能造成交割月参与客户大幅减少，不利于期货价格回归，也可能对期货功能发挥带来不利影响。

**2. 铁矿石实行交易限额**

2020年8月，大商所铁矿石期货为防范交割风险，对2009合约和2101合约实施交易限额，在可供交割量临时性不足的情况下，及时从严从紧强化风险防控。

可行性与借鉴意义：交易限额为国内商品期货市场风险防范制度之一，由于可供交割量难以有效预测，实践中采用交易限额制度的期货品种较少。但针对可供交割量较小的特色品种，可尝试采用此制度，且交易所风险控制管理办法均规定了此制度，可直接根据品种特点实施。

**3. 延长最后交易日与强配滚动交割**

为防止交割风险，郑商所的苹果、红枣以及大商所鸡蛋、乙二醇、苯乙烯和LPG期货的交割方式均为每日选择交割，在滚动交割环节均采用强配模式，可以增加交割次数，相对增加可供交割量，可防范特色品种及液体化工罐容不足造成的交割风险。

强配滚动交割制度可确保卖方提前完成交割，促使无交割意向买方客户及时移仓，仓单可以多次流转交割，对于小品种而言理论上可有效降低交割违约风险，目前郑商所红枣期货滚动交割比例已超过90%。但无交割意向的买方可能未及时移仓发生交割违约，不利客户在交割月或临近交割月参与。

可行性与借鉴意义：在强配滚动交割基础上延长最后交易日可以增加交割次数。但客户接货后本月内处置时间受限，可能影响期现货价差，芝加哥期货交易所（CBOT）期货合约最后交易日由下旬调整至每月15日前一个交易日，即考虑期现价格回归等功能发挥。

**4. 铁矿石采用仓单服务商及“交割做市商”**

仓单服务商为大商所铁矿石品种为解决交割双方的现货获得和处置能力而设置，随着品种国际化推进，在此基础上延伸了保税仓单置换等功能，主要目的是消除市场参与者的交割顾虑，促进其积极参与期货交易。仓单服务商由交割厂库承担，进行买卖仓单服务，涉及含权交易。大商所也在积极论证该模式在其他品种适用性，以解决交割难题。

可行性与借鉴意义：该模式可促进期现货市场对接，可能提升期货合约连续性，对于组织货源存在困难的区域特色小品种可探索适用。但需对仓单做市商强化监控，确保仓单与现货转让价格的合理性。

## 五、相关制度合规性论证

针对上文介绍的区域特色小品种风控制度和交割制度，在我国期货市场现行法律法规体系下，从合规角度论证其可行性，主要可以分为以下几种情形。

### （一）符合现行法律法规及期货交易所期货业务一般规定，可以直接在相关品种业务规则中明确规定后实施的制度

**1. 保证金方面**

一是根据持仓量设置不同阶段保证金收取标准。二是交割月设置较高的保证金标准。

**2. 涨跌停板方面**

一是根据合约的不同价格区间设置不同的涨跌停板幅度；二是采用固定金额、而非固定比例作为涨跌停板幅度；三是交割月设置高于一般月份的涨跌停板幅度。

**3. 限仓方面**

一是根据可供交割量设置动态的交割月限仓标准，建议配套建立可供交割量的权威公布机制。二是不同月份合约设计差异化限仓标准。三是规定临近交割月持仓量总量超出一定标准的合约，相应缩小限仓标准。四是增加设置合约的持仓总额限量，根据可供交割量调整不同月份的总限仓标准。

**4. 交割方面**

一是不同月份合约，设置不同的货物交收标准、替代品标准以及区域升贴水。二是买方可选择不同交货方式的弹性交割制度。三是车板交割与提单交割相结合，车板交割买方可以继续参与一次滚动交割。四是对车板交割中的卖方进行交割资质限制。五是滚动交割中的强制配对制度。六是引入仓单服务商等改善客户交割能力的主体。七是采用集团化现货交收模式，扩大交割区域。

**5. 其他方面**

一是针对区域特色品种的交易限额制度。二是业务规则中提前设置重大影响事项的应对措施，针对区域特色品种上可能出现的发生重大疫情、因各种因素进出口受到重大影响等情况，明确交易所可以采取的紧急措施。

### （二）不与现行法律法规相抵触，建立健全相关配套措施后可以采取的措施

**1. 针对不同投资者类型设置差异化限仓标准**

现行业务规则对客户整体实施统一限仓标准；如要采用不同类型投资者差异化限仓的措施，需要修改风险管理制度。同时，对投资者类型的区分，如以现货商、商品基金、其他客户等作为区分维度，需要提前制定认定现货商的内部标准，做好不同类型客户交易编码标记等配套工作。

**2. 根据投资者适当性设置限仓标准**

目前期货市场的投资者适当性管理中，尚未建立完善的客户分级制度。以投资者适当性评估结果设置区别化的限仓标准，需要以形成较为完善的客户分级制度为前提。

**3. 采用现货价格作为最后交割日结算价**

根据现行业务规则，交割结算价为配对日（或最后交易日）前10个交易日交易结算价的算术平均价，该计算方式下影响交割结算价相对难以实现。采用现货价格作为交割结算价，需要具备较为权威的现货价格形成和发布机制，避免出现通过影响现货价格、进而影响交割结算价的情况。

## 六、区域性特色小品种监管建议

### （一）品种研发维护方面建议

一是贴近现货实际，分月份差异化设计合约规则。可以根据不同地区、不同月份品种现货供需及质量情况，单独设置不同月份合约的最低保证金水平、限仓标准与涨跌停板幅度。二是固定值与比例值涨跌停板幅度相结合。对部分价格波动较大的品种，采取低价区固定值涨跌停板幅度与正常价格区间比例值涨跌停板幅度相结合的设计方式。三是在合约规则中明确动态调整机制。可以中小品种为试点，提前公布不同阶段的合约持仓量等运行指标与持仓限额、保证金水平等风控指标的关系，当合约持仓量超过对应阶段的规定水平时，交易所可依规调整持仓限额、保证金水平、合约涨跌停板幅度。

### （二）交割监管方面建议

一是推行交割资质管理模式。国内已上市期货品种已在部分品种实现了交割资质管理，针对区域特色小品种行业特征，设计交割资质适当性制度。二是建立交割做市商制度。国内期货市场初期均设置了仓单竞买竞卖模式，以期降低交割违约，随着区域性品种上市数量增多，可延续此模式，建立仓单服务商及交割做市制度，促进品种稳健发展。三是实行滚动交割强配模式。针对区域性品种继续发挥制度优势，延续交割次数，降低交割风险。四是采用多元化交割模式。期货市场期转现功能整体较好，继续发挥期转现等激励措施，多种途径促使价格回归。

### （三）风控监管方面建议

一是继续研究论证投资者分级制度，依据客户资金情况、交易经历及风险承受能力等指标对其分级管理，不同类型客户制定不同限仓标准。二是研究分级结算的适用性，论证对持仓集中度较高会员增收超额准备金的可行性。三是研究根据可供交割量动态收紧保证金水平与持仓额度的可能性。探索以中小品种为试点，通过提前公布品种库存量与持仓限额等风控指标的对应关系，在临近交割月前以公布品种库存报告的形式，动态调整持仓限额与保证金水平的可行性。

（朱孝祯　王　延　胥敬华　安庚鑫　乔鑫鑫　刘东岳　多绥婷）

# 期货交易所信息数据业务发展

## 一、研究背景及意义

### （一）研究背景

近年来，随着信息技术的不断发展，人们利用新技术处理信息数据的效率不断提升，信息数据挖掘与分析的能力不断增强，人类社会已逐步由工业经济向数字经济形态转化。大数据、云计算等新技术应用发展日益成熟进一步推动了信息数据挖掘能力的提升，有效促进了政务、医疗、教育等民生领域和金融、电商、物流等商业领域智能化、专业化水平提升。

信息数据资源的开发和应用日益受到政府的高度重视，在2018年的国家机构改革中，十余个省（直辖市、自治区）在政府机构中增设大数据管理局。为顺应社会发展新趋势，2019年11月，党的十九届四中全会公报首次提出“将数据作为生产要素参与分配”，这是我国社会分配制度方面的重要理论创新，是重大动向。2020年4月9日，《中共中央 国务院关于构建更加完善的要素市场化配置体制机制的意见》公布，其中提出“加快培育数据要素市场，全面提升数据要素价值”。2020年，

新冠肺炎疫情对我国经济社会产生巨大影响，实体经济各行业出现不同程度的停滞和衰退，“新基建”成为舆论关注的焦点，被视为拉动我国经济增长的新引擎之一，大数据中心等信息数据产业基础设施建设是其中的重要组成部分。

信息数据是期货行业的核心要素之一，境外主要期货交易所普遍重视信息数据开发，较早开展信息数据业务，布局全面，发展迅猛。21 世纪以来，全球主要期货交易所之间在交易、清算业务费用等方面的竞争愈发激烈，且交易、结算等业务收入主要受交易量的影响，与市场行情走势等关联性大，因而收入波动幅度较大。信息数据业务需求弹性小，基本不受市场行情影响，已成为期货交易所业务收入稳定的增长点，成为期货交易所的重要业务板块。境外主要交易所信息数据业务收入在交易所整体业务收入中的占比不断攀升，甚至成为占比最高的业务收入来源。

### （二）研究意义

信息数据业务的开展能提升市场信息数据获取的及时性和准确性，进而改善市场信息不对称，促进期货市场有效性得到改善。特别是市场价格波动频繁，变动幅度较大时，完善、及时、权威的信息数据服务能促进市场透明度和有效性提升，起到平复市场情绪的作用，助力市场平稳运行，使期货价格能有效反映市场实际情况，进而促进期货市场价格发现和套期保值功能充分发挥，有利于推动建设规范、透明、开放、有活力、有韧性的资本市场。

开展信息数据业务是期货交易所为市场提供多元化服务的

有效途径，可以进一步拓展期货交易所服务市场发展的范围和领域。期货交易所对信息数据资源的整合、有效挖掘和及时发布，有利于市场各方增强对期货市场真实情况的了解，促进市场参与者更加科学、理性地做出交易决策，还可以为市场监管工作效率提升提供更多助力。

信息数据业务已成为成熟、完善的期货市场的重要组成部分，期货市场信息数据丰富程度和可获取程度是影响市场参与者，特别是机构客户市场参与意愿的重要因素。开展信息数据业务是顺应时代发展趋势，深化期货市场对外开放的重要举措。期货交易所开展信息数据业务有助于深化期货市场对外开放，推动我国期货市场与国际期货市场接轨，吸引更多境外交易者参与国内期货市场。

## 二、信息数据业务的概念、特点及种类

### （一）信息数据业务的概念

信息是指音讯、消息、通信系统传输和处理的对象，泛指人类社会传播的一切内容。管理信息系统学科认为“信息是对事物运行状态和特征的描述，是关于客观事实的可通信的知识”。金融信息则是指在组织和管理货币流通、各种金融证券交易、信用活动以及资金结算过程中产生的信号、指令、数据、情况、消息等。《证券期货业数据分类指引》对数据的定义是：数据是信息的可再解释的形式化表示，以适用于通信、解释或处理。

因此，可以归纳出本文所研究的对象是指与期货市场交

易、结算、交割行为相关的时间、交易标的（期货及其他衍生品合约）价格、数量等的数字化、形式化表示，以及按照一定逻辑和规律对以上数据进行累计（如一段时间的交易量）、延展（如一段时间的价格走势）、加工（如指数）整理而生成的其他信息数据和结合上述信息数据及合约标的市场发展特点形成的研究性材料或报告等。期货交易所开展的信息数据业务主要是指交易双方就期货交易所信息数据的阅读、转发、展示、使用等权限进行交易。

### （二）期货交易所信息数据的特点

期货交易所信息数据具有客观性、连续性、预期性等特点。客观性是指期货交易所信息数据业务产品是按照期货市场规则制度，由期货交易等市场行为产生的，对相关行为和结果的一种客观体现。连续性是指期货交易所信息数据业务产品是以市场交易等行为为基础形成的，在时间上有前后连接上下延续的特性。预期性是指期货交易所信息数据业务产品是对市场供求情况及价格变动趋势的真实反映，可以作为对未来市场相关情况预判的重要参考，这也是期货交易所信息数据经济价值的重要体现。

### （三）期货交易所信息数据业务的种类

随着信息技术的发展，特别是以大数据、云计算、区块链和人工智能为代表的新技术应用日益成熟，期货交易所对信息数据资源的挖掘日益深入，信息数据业务也超越了市场基础数据发布的范畴，朝着精细化、多元化和获取便利化的方向发展。通过梳理总结发现，目前，期货交易所开展的信息数据业务以交易、结算、交割信息数据为基础，综合市场报告、关联数据、定制指数、定价服务等，形成了覆盖范围广、品类丰富的信息数据业务体系（见表1）。

表1　　主要信息数据业务类型

| 类别 | | 信息数据内容 |
|---|---|---|
| 行情类信息数据 | 实时、延时及历史数据 | 合约名称、交割月份、最新价、涨跌、成交量、成交额、持仓量、持仓量变化、申买价、申卖价、申买量、申卖量、每笔成交量、结算价、前结算价、开盘价、收盘价、最高价、最低价和会员成交量和持仓量排名、指定交割仓库、可供交割的库容量、标准仓单数量及其增减量 |
| 关联数据第三方数据 | 派生数据、替代数据、数据分发 | 延迟报价、大宗交易 |
| | | 行业关联信息数据 |
| | | 第三方信息数据转发订阅服务 |
| 研究分析信息数据 | 市场发展情况报告 | 周、月、季、年度市场发展概况，合约交易、持仓规模，合约价格及指数涨跌情况 |
| | 市场研究分析报告 | 市场环境要素变化情况分析、市场发展后市研判 |
| 指数类信息数据 | 指数 | 综合指数、类别指数、单品种指数 |
| | | 定制指数 |
| | | 指数衍生品数据 |
| 其他类 | 定价 | 报价评估（如利率、股票、外汇、商品、信贷等） |
| | 定制产品 | 个性化定制产品 |
| | 新闻信息 | 行业动态等新闻信息推送服务 |

## 三、全球主要期货交易所信息数据业务发展情况及经验

本文选取了衍生品品类齐全、市场发展均衡、全球影响力大，信息数据业务布局早、规模大的境外主要期货交易所巨头

芝加哥商业交易所集团、洲际交易所集团和近年发展速度较快，在全球衍生品市场异军突起的香港交易所，梳理其信息数据业务发展情况，总结发展先进经验。

## （一）CME集团信息数据业务发展情况

芝加哥商业交易所集团前身是1848年成立的芝加哥期货交易所（CBOT），是世界上规模最大的期货及衍生品交易所集团，旗下有芝加哥商业交易所（CME）、芝加哥期货交易所、纽约商业交易所（NYMEX）和纽约商品交易所（COMEX）四家交易所。经过100多年的创新发展，现已形成“全品种、一站式”的服务格局，业务覆盖交易、清算、托管、信息数据等方面。随着集团对信息数据业务的重视度不断提升，近年来，信息数据业务收入逐年增长，目前已成为集团第二大收入来源。

### 1. CME集团发展信息数据业务的主要举措

在收购CBOT、NYMEX和COMEX之前，CME等四家交易所已在信息数据业务方面有一定基础，各自信息数据业务均涵盖期货期权合约实时和历史市场数据，少量涉及指数业务，如CME拥有Russell 2000独家使用权。

一是通过资源整合，打造信息数据业务平台。2008年，CME集团完成并购NYMEX和COMEX之后，逐步通过整合信息数据业务资源和收购兼并扩大信息数据业务版图。通过资源整合，CME集团将旗下信息数据业务集聚于三个主要平台，分别是通过Market Data Platform（MDP）向市场提供实时信息数据服务；通过DataMine，向市场提供历史信息数据服务，

CME集团自主研发了终端软件E-Quotes，便利个人用户获取信息数据。

二是通过收购兼并，拓展信息数据业务领域。2008年CME集团收购信贷市场分析公司CMA，以拓展其在信贷衍生品数据分析市场的份额。2010年，CME集团与道琼斯公司合资成立CME集团指数服务有限责任公司，并持股90%，以巩固和拓展其在指数衍生品领域的领先地位。2012年，与McGraw-Hill合资成立标普道琼斯指数公司（S&P Dow Jones Indices），CME集团持股24.4%，将标普500指数和道琼斯工业平均指数纳入旗下。2015年与FTSE Russell签订指数授权协议，在指数方面的布局为CME集团信息数据业务拓展了新的发展领域。2018年，CME集团并购专注于电子市场的英国NEX集团，信息数据业务也随之拓展至外汇、固定收益现货市场。

三是通过市场合作，丰富信息数据业务营销途径。CME集团紧跟新闻传播媒介发展趋势，主动与新媒体合作拓展信息数据业务平台。2019年10月，CME集团与谷歌达成合作，利用谷歌云平台（CME Smart Stream on Google Cloud Platform）合作向市场提供所有CME Globex市场数据以及第三方数据源，这一举措有效提升了市场参与者获取信息数据业务的便利化程度。

**2. CME集团信息数据业务类别及收入情况**

目前，CME集团信息数据业务主要包括市场报告（Reports）、以延迟报价和大宗交易为主的日内数据（Delayed Quotes）、数据服务（Services）三大类，为市场参与者进行交易、研究、合规和风险管理提供信息数据服务（见图1）。

- 市场报告
  - 交易及结算价格
  - 成交量和持仓量
  - 每日简报
  - 注册报告
- 每日数据
  - 延迟报价
  - 大宗交易
- 其他数据服务
  - 历史数据
  - 实时数据
  - 关联数据
  - 衍生数据
  - 数据分发服务

图1　CME集团信息数据业务主要类型

资料来源：据CME官网信息整理。

2019年，CME集团信息数据业务收入达5.19亿美元，成为仅次于交易费用的第二大收入来源。就收入占比而言，2015—2019年，CME集团信息数据业务均占总收入的10%以上，其中，2015年收入占比最高，为12.01%；就收入额而言，除2017年有小幅下降外，其余四年收入额呈稳定增长态势，其中，2019年增幅最大，达15.32%，至5.19亿美元（见图2）。

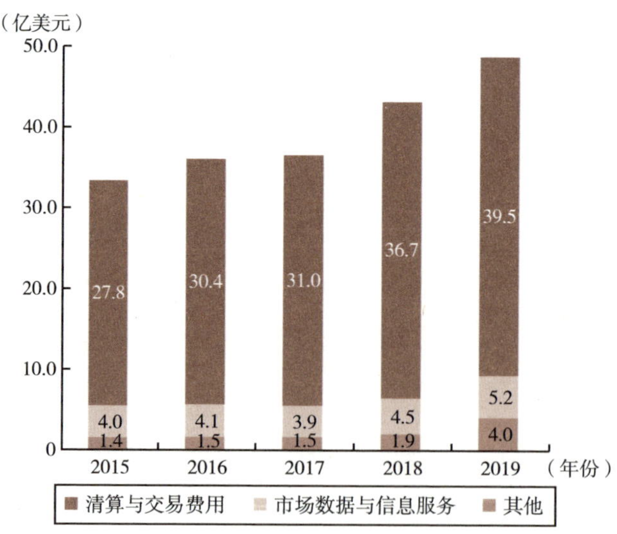


图2　2015—2019年CME集团收入结构

资料来源：CME集团2015—2019年年报。

## （二）ICE信息数据业务发展情况

洲际交易所（Intercontinental Exchange，ICE）成立于2000年5月，从能源OTC市场起家，是全球衍生品交易所中的后起之秀，在短短20年时间里，通过并购整合，整体市场规模迅猛上升，目前已经成为业务范围横跨全球，上市产品涵盖能源、农产品、信用产品、股票指数、外汇、气候和排放权等多类品种的全球性综合型交易所集团。得益于ICE战略谋划中对信息数据领域的重视，信息数据业务实现飞速发展，信息数据业务收入一度在集团总体收入中占比连续多年超过40%，超越交易清算业务，成为集团第一大收入来源。

**1. ICE发展信息数据业务的主要举措**

一是通过收购兼并构建信息数据业务网络。与全球其他主要衍生品交易所发展路径不同的是，ICE涉足衍生品领域时间较短，主要通过持续收购兼并成为行业巨头。在信息数据业务方面，ICE也主要通过收购兼并壮大业务发展平台，先后在2014年和2015年收购专注于风险分析和估值服务信息数据服务商Super Derivatives和全球三大金融数据供应商之一的Interactive Data Corp（IDC）。两笔重量级收购使ICE信息数据业务领域无论在技术上还是市场方面，短时间内跃升至全球领先行列。与ICE收购兼并其他交易所和技术公司等同步，其信息数据业务网络也逐渐构建起来，目前，ICE的信息数据服务汇集了来自ICE、纽交所（NYSE）、Super Derivatives、IDC的专有数据解决方案。

二是搭建专有平台发展信息数据业务。ICE信息数据服务早期主要从下属交易所、清算所、交易平台汇集、整理、分发信息数据。为更好服务市场参与者，更为专注地发展信息数据业务，ICE于2013年将信息数据业务剥离，成立了ICE Data平台，开始以数据平台的形式向市场提供信息数据服务。2016年，ICE对其内部信息数据业务进行了整合，打造了与交易、清算鼎足而立的信息数据业务板块——ICE Data Services，统筹管理集团信息数据业务。

**2. ICE信息数据服务类别及收入情况**

目前ICE开展的信息数据业务主要分为七大类别，分别是定价及分析（Pricing & Analytics）、指数（Indices）、参考数据（Reference Data）、交易数据（Exchange Data）、监管数据（Regulatory Data）、数据传递（Data Delivery）和ESG数据（ESG Data），形成服务交易前中后各环节和全流程的信息数据产品和服务体系。

2012年及之前，ICE收入结构比较稳定，交易和清算收入占比在85%以上，信息数据业务收入占比10%左右。2013年，ICE开始全面执行拓展信息数据供应的增长战略，着力发展数据信息业务，随之ICE Data成立，当年信息数据业务收入实现52.8%的增长。2014年起，ICE信息数据业务开始飞速发展，当年信息数据业务年收入由2013年的2.5亿美元直接跃升至6.91亿美元。2016年信息数据业务收入再次实现倍增，同比增长127.1%，并首次跨越10亿美元，达19.78亿美元。2017年，ICE信息数据业务收入达20.8亿美元，并首度超过交易与清算收入，成为第一大收入来源（见图3）。

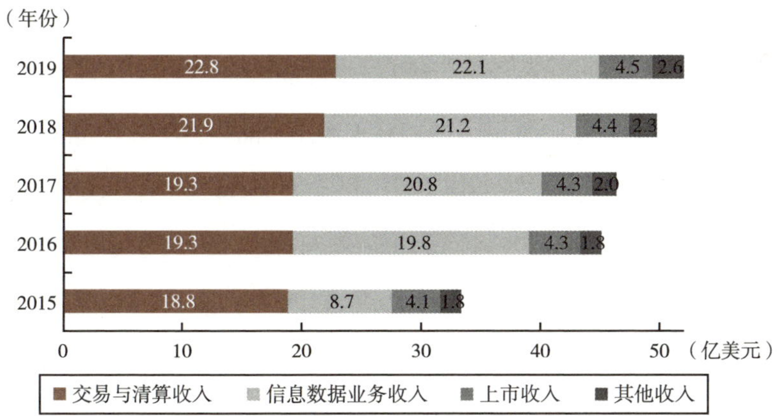


图3 近五年ICE收入结构图

资料来源：根据ICE年报信息数据整理。

## （三）HKEX信息数据业务发展情况

香港交易所（HKEX）是由香港联合交易所有限公司、香港期货交易所有限公司、香港中央结算有限公司、香港联合交易所期权结算所有限公司及香港期货结算有限公司等多家交易所、结算所合并而成的交易所集团，旗下成员还包括世界首屈一指的重要金属期货市场——伦敦金属交易所，以及现货交易平台前海联合交易所。长期以来，多元化发展是HKEX一贯坚持的经营策略和发展方向，信息数据业务是其重要的业务板块，不但在其收入结构中占有重要分量，也是推动证券、期货及衍生品市场发展的重要因素。

### 1. HKEX发展信息数据业务的主要举措

一是加强信息数据业务基础设施建设。为顺应期货交易所信息数据业务兴起的形势，2012年，HKEX斥巨资建立了新的技术中心，研发并不断更新升级“领航星市场数据平台”。为配合拓展中国大陆市场，HKEX在内地成立港辉金融信息服务（上海）有限公司，建设、运营、维护“市场数据枢纽”，通过该枢纽专线向内地市场提供低延时的HKEX市场信息数据产品和服务。

二是丰富信息数据业务推广方式。HKEX信息数据业务主要由集团旗下的香港交易所资讯服务有限公司专门负责，保证了信息数据业务推广的系统性和延续性。为了推广市场数据业务，HKEX每年组织举办市场数据论坛、市场数据资讯日、市场数据讲座等活动，邀请市场交易者、券商和期货公司、数据供应商参加，经过多年发展，相关活动已成为国内信息数据行业交流的重要平台，大大提升了HKEX市场数据在行业内的知名度和影响力。

三是加强在信息数据业务方面的外部合作。HKEX信息数据业务主要以“交易所—资讯供应商—终端客户”的模式开展，为顺应传媒行业变革，HKEX主动与字节跳动等新媒体、自媒体合作。2010年以来，HKEX先后与韩国交易所等交易所签署合作备忘录，加强在信息数据方面的共享与合作。2012年，HKEX与上海证券交易所和深圳证券交易所成立合资公司“中华证券交易服务有限公司”，三方合作开发并对外授权使用指数交易产品及其他股票衍生品等，以三方市场交易产品为基础编制跨境指数。为践行可持续发展理念，HKEX与联合国可持续发展证券交易所计划、国际资本市场协会等机构合作推出可持续及绿色交易所资讯平台，专门提供各类可持续、绿色及社会责任相关的投资产品资讯。

**2. HKEX信息数据服务类别及收入情况**

目前，HKEX向投资者提供的信息数据服务主要包括覆盖股票、商品衍生品、金融衍生品等领域的市场数据和综合报告（见表2）。

表2　　HKEX信息数据业务产品种类统计表

| 数据种类 | 信息数据业务产品 |
| --- | --- |
| 市场数据 | 股本证券、权证、房地产投资信托基金、债务证券、交易所买卖基金、单位信托/互惠基金、股票挂钩票据、衍生权证、牛熊证价格、交易量实时数据和历史数据，市场集资分类数据，股份配售数据，收购数据，日报表（主板），即日卖空成交资料，市调机制冷静期触发记录 |
| | 股票期货、股票指数期货及期权、利率期货和定息产品期货、商品、股票期权、货币期货、黄金期货实时数据、历史数据 |
| 综合报告 | 香港交易所每月市场概况、香港交易所证券及衍生品市场季报、香港交易所市场资料、年度市场数据、每月市场资料、证券统计记录、创业板市场统计资料、相关中国股份统计 |

资料来源：根据HKEX官网公布信息整理。

近十年来，HKEX信息数据业务收入总体呈上升趋势，在总收入中所占比重保持在7%左右。2018年，信息数据业务收入突破9亿港元（见表3）。

表3　　近十年HKEX信息数据业务收入及占比

| 年份 | 总体收入（亿港元） | 市场数据费收入（亿港元） | 占比（%） |
| --- | --- | --- | --- |
| 2010 | 75.7 | 6.7 | 8.9 |
| 2011 | 78.6 | 6.4 | 8.1 |
| 2012 | 72.1 | 5.7 | 7.9 |
| 2013 | 87.2 | 7.7 | 8.9 |
| 2014 | 98.5 | 7.7 | 7.8 |
| 2015 | 133.8 | 8.0 | 6.0 |
| 2016 | 111.2 | 8.2 | 7.3 |
| 2017 | 131.8 | 8.6 | 6.5 |
| 2018 | 158.7 | 9.0 | 5.7 |
| 2019 | 163.1 | 9.2 | 5.6 |

资料来源：HKEX年报。

### （四）全球主要期货交易所信息数据业务发展经验

**1. 大力发展信息数据业务已成为重要战略布局**

在市场竞争日趋激烈，传统业务收入增长乏力的背景下，鉴于开展信息数据业务能与交易、清算、市场推广等产生良性互动，有利于在整体上促进市场高质量发展，全球主要期货交易所将发展信息数据业务作为提高整体收入和拓展市场的重要手段，在战略布局中给予高度重视，把信息数据业务提升到与市场拓展、交易、结算等核心业务同等重要的地位。如HKEX多次在战略规划中对充分利用信息数据资源，发展信息数据业务进行谋划，新的数据中心的落成，被定义为“策略及日后发展的重要基础”。HKEX将联通内地与全球作为重要战略目标，市场信息数据被视为沟通内地市场和香港及海外市场的重要媒介，发展信息数据业务被作为实现战略目标的重要手段和赢得市场竞争的主要措施。

**2. 信息数据业务成为提升交易所业务收入的重要来源**

随着期货交易所集团化、国际化发展趋势不断深化，全球市场竞争日趋激烈，交易、结算手续费率呈下降趋势，传统主要收入来源增长困难。以CME集团和ICE为例，两大交易所巨头在大宗商品尤其是能源类产品上的竞争，已经达到白热化状态，交易所在通过提高手续费率增加业务收入和降低手续费率获得更多市场份额之间无奈选择后者，平均交易费率连年下滑。此外，交易手续费与交易量直接相关，交易所收入受市场行情影响显著。相比之下，不管市场行情如何，投资者都要获取市场信息数据，信息数据业务收入相对稳定，在一定时间周期内受市场行情影响较小。从境外主要期货交易所的近年财报看，信息数据服务收入稳步增长，在交易所整体收入中占比越来越大，甚至超越交易、结算等业务收入成为交易所第一大收入来源，成为交易所发展的“现金牛”。

**3. 收购兼并和对外合作是发展信息数据业务的主要路径**

深入挖掘信息数据资源，广泛开展信息数据业务需要期货交易所具备较强的客户需求分析、信息数据分析处理和产品设计能力，需要大量高端金融科技应用技术人才，属于资金密集型和知识密集型产业。开展信息数据业务前期投入大，做出成效进而获得市场成功需要一定过程。境外交易所主要通过收购兼并和对外合作等方式不断壮大信息数据业务板块，如ICE先后收购了IDC、SPSE、CMA、Global Research Index Platform等大型数据运营分析供应商和技术公司，不断加强交易所在信息数据业务领域的优势，信息数据业务种类和市场占有率在短时间内得到快速增长。开展市场合作是境外主要交易所发展信息数据业务的另一重要手段，交易所往往与较有实力的市场数据分销商、新媒体、技术公司等合作推广信息数据产品。如CME与谷歌云合作，借助谷歌云平台推广其信息数据业务；HKEX紧跟信息传播媒介发展趋势和潮流，市场信息数据分销商不仅包括券商、信息资讯公司，还主动与字节跳动（今日头条、抖音、虎扑等平台的母公司）、雪球等新媒体平台合作，有效扩展了发展信息数据业务的渠道。

**4. 发展信息数据业务需及时顺应和迎合市场变化**

随着科技应用推陈出新的速度不断加快，衍生品市场关联要素越来越丰富，交易工具越来越智能化，程序化交易应用越来越多，市场对衍生品品种关联信息数据的需求范围不断拓展，对信息数据的精确度和及时性要求越来越高。同时，随着衍生品市场发展越来越成熟，创新业务和创新品种的研发效率大大提升，与此相应的信息数据业务需求大大增加。如为满足农业衍生品市场参与者对气候信息数据的需求，ICE主动与气候风险分析公司risQ合作，为市场参与者提供专属气候数据，帮助市场参与者做好气候风险分析与比较。比特币期货推出后，ICE根据市场需求，联合Block stream推出比特币数据专线，将全球逾15个加密货币交易所的数据向市场提供。

**5. 发展信息数据业务需要基础设施和组织建设支撑**

信息数据业务的发展需要强有力的基础设施和组织建设支撑，以保证信息数据业务产品的研发、传输和管理能高效进行。如HKEX斥巨资成立新一代数据中心，全面负责处理交易所信息数据；着力开发并投入使用行业领先的领航星市场数据平台；在内部成立专门负责信息数据业务的市场数据职能部门，全面负责服务持牌资讯供应商及最终用户，管理数据传送专线产品等市场数据信息产品的销售及业务发展；成立全资子公司——香港交易所资讯服务有限公司，主要负责市场数据业务、相关牌照许可以及技术服务。再如随着信息数据业务规模的不断扩大，ICE信息数据服务的组织架构不断进行调整，最初进行内部汇集整理分散数据，而后成立ICE数据平台，再到设立专门的数据服务公司，以便更好地为客户提供数据服务。

## 四、我国期货交易所信息数据业务发展情况

### （一）我国期货交易所信息数据业务发展现状

近年来，国内期货交易所也开始关注、重视对信息数据资源的充分利用和深入挖掘，《郑州商品交易所五年发展战略规划（2017—2021年）》明确提出："做实做深数据业务。加强信息数据产品研发，探索为客户提供多样化、高质量的数据增值服务。"《上海期货交易所2018—2022年度战略规划》在"使命"章节中提出"不断创新和深化交易、交割、结算、信息、技术等服务"，将信息服务提升至与交易、交割、结算、技术等同等重要的水平。并将"信息集中共享"列为长期发展重要目标之一，将"建设智能化信息平台"作为规划期主要目标之一。明确提出"信息集成化"战略成为其战略主线之一，借助信息平台实现信息资源整合共享，并基于信息平台提供信息产品和服务。

从组织架构上看，目前，上海期货交易所由信息管理部负责开展信息数据业务，郑州商品交易所、大连商品交易所和中国金融期货交易所均授权全资控股的信息技术子公司独立进行信息行情境内外经营管理及相关事项处理。

目前，我国期货交易所信息数据业务主要是各交易所根据证监会关于期货市场信息披露的相关要求，发布市场行情相关信息数据，各交易所主要通过授权信息数据转发商，由信息数据转发商向市场参与者提供各类信息数据，交易所对信息数据进行分级，收取不同费用。同时，非展示类数据和定制数据也可由市场机构、投资者等向交易所直接购买。除行情数据之外，国内期货

交易所还编制、发布相关品种、种类和综合价格指数（见表4）。

表4　我国期货交易所信息数据业务统计表

| 序号 | 交易所 | 信息数据业务类别 |
|---|---|---|
| 1 | 上期所 | 实时行情 |
| 2 | | 延时行情 |
| 3 | | 指数行情 |
| 4 | | 交易综述 |
| 5 | | 历史数据 |
| 6 | 郑商所 | 基本行情 |
| 7 | | 深度行情 |
| 8 | | 延时行情 |
| 9 | | 历史行情 |
| 10 | | 指数行情 |
| 11 | 大商所 | 实时行情（基本行情、level-2行情） |
| 12 | | 延时行情 |
| 13 | | 历史数据 |
| 14 | | 统计分析数据 |
| 15 | | 指数行情 |
| 16 | 中金所 | 展示型行情服务 |
| 17 | | 非展示型行情服务 |
| 18 | | 历史数据 |

资料来源：根据上期所、郑商所、大商所、中金所官方网站公布信息整理。

值得关注的是，随着我国期货市场对外开放不断深化，期货交易所在信息数据业务领域也迈出了国际化发展的坚实步伐。如郑商所研发上线易盛北斗星平台V9.0系统，形成以郑州、上海为中心，连接香港、新加坡、芝加哥、伦敦等全球主要金融中心的专线路由网络，同时推出与伦敦、新加坡、中国香港、美国等全球重要期货交易所的行情直连业务。

## （二）我国期货交易所开展信息数据业务特点

### 1. 国内期货交易所开展信息数据业务具备一定基础

期货交易所是我国开展期货交易、结算、交割的法定场所，我国期货市场实行保证金制度、每日结算制度、涨跌停板制度、持仓限额制度、大户报告制度。2019年，我国期货市场成交量达39.62亿手，成交金额达290.6万亿元。庞大的业务量产生了海量的交易、交割、结算和其他信息数据，各项信息数据汇集于交易所。

国内商品交易所指数编制有较为丰富的经验，目前国内各交易所已发布的指数有68个，指数编制是交易所对信息数据处理的一种重要方式，相关工作经验是发展信息数据业务的基础（见表5）。

表5　　国内商品交易所发布指数数量

| 交易所 | 已发布指数数量 |
|---|---|
| 上期所 | 18 |
| 郑商所 | 31 |
| 大商所 | 19 |

资料来源：根据上期所、郑商所、大商所官方网站公布信息整理。

### 2. 国内期货交易所信息数据业务发展水平与境外交易所相比仍有差距

我国期货市场起步较晚，仅有30年发展历史，与境外期货交易所相比，信息数据业务发展相对滞后。主要表现在：一是我国期货交易所信息数据业务种类不够丰富。目前信息数据产品主要是市场行情和指数行情两类，定价、关联数据、研究报告等其他信息数据业务形式还未开展，未形成丰富的信息数据业务产品体系。二是期货交易所发展信息数据业务的动力不足。目前境外期货交易所基本都实行公司制，多数是上市公司，通过开展信息数据业务拓展新的业务领域，增加交易所收入回馈股东是交易所经营的主要目标。由于期货交易所管理体制不同，与境外公司制交易所相比，我国期货交易所更具“公共属性”，通过拓展信息数据业务增加收入不是国内期货交易所的主要发展目标。

**3. 国内期货交易所对信息数据业务的重视需进一步提升**

目前，信息数据业务在国内期货交易所开展的各项业务中重要程度较低，主要表现在：一是在交易所战略规划对开展信息数据业务仍定位于“探索”阶段，信息数据相关工作仍处于为交易、交割、结算等主要业务服务、支撑、辅助的地位，没有将开展信息数据业务作为重要战略目标或布局，缺少大力开展信息数据挖掘、发展信息数据业务的专门计划。二是对期货交易所开展信息数据业务的可行性与必要性研究不够，对开展信息数据业务与推动促进期货市场功能发挥之间关系研究得不够透彻，认知度还需进一步深化。三是对开展信息数据业务的人力、物力投入相对较少，信息数据业务和交易所其他核心业务一样，面对为数众多的信息数据转发商和数量巨大的市场参与者，相关工作复杂、繁重。目前，各交易所的人员配备较少，如版权维护等工作无法深入开展，不利于信息数据业务的长远发展。

## 五、启示及建议

### （一）重视信息数据资源开发，夯实信息数据业务基础

我国已经将数据资源作为重要分配要素，为期货交易所开展信息数据业务指明了发展方向，数据资源作为驱动经济发展的主要动力之一，需要重视对其开发、利用。

一是高度重视信息数据资源开发，深入挖掘信息数据资源经济价值。将发展信息数据业务上升到期货交易所发展的战略层面，成立信息数据业务工作领导机构，统筹推进期货交易所信息数据业务发展。顺应国家新基建发展趋势，整合各类资源，理顺信息数据业务发展路径，适时整合内部部门职能，统筹建立信息数据服务中心（IDC），作为专门机构负责日常信息数据业务管理和信息数据产品设计及市场开发和服务。

二是开展信息数据业务的战略研究，结合期货交易所发展实际，详细调研、分析市场需求，做好信息数据业务战略布局规划，明确开展信息数据业务的发展方向、发展重点和具体步骤。

三是组织开展信息数据业务的相关研究，研究制订期货交易所信息数据业务发展规划。组织开展对全球主要交易所、信息咨询商、指数公司等信息数据业务的动态发展研究，对其产品研发、市场拓展、发展趋势等持续追踪，保持对信息数据市场发展前沿的持续关注。

### （二）拓展信息数据业务领域，推出更多信息数据产品

市场是检验产品研发设计成功与否的试金石，能否推出较

好满足市场需求的产品是决定信息数据业务成败的关键。

一是通过扎实开展市场调研，了解行情转发商、量化交易机构、重要产业客户和机构投资者以及终端用户的主要需求，围绕推广信息数据服务，在相关大型会议、论坛上增设信息数据分论坛、分会场。加强与市场人员的沟通交流，及时掌握市场发展趋势和市场需求变化情况，以市场需求为导向推出相应产品和服务。

二是根据期货交易所技术基础，在行情数据基础上，积极迎合市场需求变换，强化逐笔行情发布能力，不断拓展信息数据产品线，丰富信息数据业务生态，通过优化投资者分类，加强关联信息数据、监管数据、专项市场报告等产品的研究与开发，持续推动编制更多指数，加强与基金公司等机构的合作，推动更多挂钩期货指数的资管产品面世。

### （三）多渠道开展合作交流，充实信息数据业务研发力量

加强与境外交易所、行业协会、信息数据业务分销商等在信息数据业务产品开发、市场推广和数据共享等方面的合作，大力培养和引进信息数据业务方面的高端人才是促进信息数据业务发展的助推器。

一是研究探索收购或参股信息数据企业的可行性。信息数据产品研发属于高投入行业，自主产品研发周期长。期货交易所可以发挥后发优势，充分借鉴境外交易所兼并经验，研究收购或参股国内信息数据挖掘处理水平较高、从事领域与期货行业相近的高新技术企业的可行性。还可以加强与市场各方交流，与主营业务为信息数据挖掘类的公司开展合作，共同开发

信息数据业务产品。

二是与信息管理和数据挖掘领域水平较高的高等院校、研究院所开展合作，加强对信息数据相关人员的培养。通过对口培养、联合培养、合作开展课题研究、合作开展信息数据产品开发等方式，不断充实期货交易所信息数据业务研发人才队伍，提升信息数据开发的整体能力。提高版权意识，增强信息数据版权维护的人力投入和人才培养。此外，还应通过各类招聘方式，大力引进和储备高端信息数据业务发展人才，为发展信息数据业务打好坚实人才基础。

（孙振宇　李柯颖）

第四篇

# 期货市场新技术新发展

近年来，5G、人工智能、区块链等数字化新兴技术日新月异的发展，给各行各业都带来了重大机遇与挑战。5G对期货市场发展会有哪些影响？CFTC等监管机构如何思考和谋划“金融市场中的人工智能”？金融机构的数字化转型路径又有哪些？我们对这些关注度较高的问题也开展了初步的探索。

# 5G对期货市场发展的影响

期货市场的发展离不开移动通信技术的进步。在3G时代以前，投资者主要利用电话、短信了解期货行情、发送交易指令。而在4G时代，移动端期货APP可以轻松快捷地实现开户、交易、行情资讯、数据可视化、在线讨论等一系列功能。目前，全球正步入5G时代，特别是5G作为新型基础设施建设的重要内容得到国家高度重视，在助力经济社会发展中发挥更大作用。作为一种带有战略性、全局性的重大技术和业态，5G的发展将会改变期货市场的办公网络环境，甚至引发交易系统架构变革与业务场景融合创新。因此，研究5G对期货市场发展的影响很有必要。

## 一、5G的主要特征与应用

### （一）5G的主要特征

5G（5th Generation）是第五代移动通信技术的简称，代表了最新一代数字蜂窝移动通信技术。2020年是我国加快建设部署5G基站的关键一年，5G网络作为“新基建”被各地政府列为2020年度重点工作。截至2020年底，广东、浙江分别建成5G基站12.4万座、6.26万座，河南建成5G基站4.54万座，均基本实现县城及以上城区5G全覆盖。

5G技术具有最鲜明的三大特征，分别是大带宽、大连接和低延迟。大宽带是指满足高数据速率的需求，实现流量密度大、用户体验速率快、峰值速率快、频谱效率高、移动速度快等技术指标。其中，5G峰值速率接近4G的100倍，频谱效率达到4G的3~5倍。大连接是指满足高密集终端接入的需求，实现连接密度高、功率消耗低等技术指标。其中，5G单位能量功耗效率是4G的100倍。低延迟是指满足低时延和高可靠的需求，是区别于前代技术的特征。其中，端到端时延可以低至1毫秒，是4G的1%，且在高速移动场景下可靠性接近100%。

此外，5G技术在功能上还支持两个不同于前代通信技术的特色功能，分别是网络切片和边缘计算。网络切片是网络功能虚拟化的具体应用，提供给5G按需组网的连接方式，从业务逻辑对网络资源进行重组，可以根据不同业务对带宽、延迟、连接数的需要实现灵活配置。边缘计算是5G应用的新型网络架构，不仅提供本地化业务平台、缩短时延外，还支持本地原生大数据的快速收集、分布式处理。

### （二）5G的主要应用

农业方面，5G将农场内环境传感器、自动监测设备以及自动农机设备组网，应用于农作物的耕、种、管等环节，实现安全可靠、环保节能的农场作业。例如，山东禾丰利用5G建设国内第一家生态无人农场，种植成本降低1/3。

工业方面，工厂引入“5G+边缘计算+移动云平台”组建的工业互联网，重构工厂内外网连接模式，打造设备全周期在线管理、运营数据监控与决策、订单追溯的透明交付等自动化流程。例如，某化纤工厂利用巡检机器人机器视觉进行“飘丝”检测，优品率提升0.25%，带来约2 000万元的直接收益。

金融服务方面，5G将金融服务延伸至更多网上渠道，提供便捷的全天候服务。例如，浦发银行i-Counter智能柜台通过5G网络为客户提供4K高清视频连接，并提供基于人脸识别的柜台操作流程。

安全管理方面，5G将高清摄像头、巡检机器人组网，实时对监控视频进行身份识别与行为分析，及时发现异常行为。例如，南网的变电站机器人利用5G网络能够在500千伏环境下执行巡检任务，快速接受信息和指令，传输高清视频流。

教育培训方面，5G助力虚拟现实（VR）或增强现实（AR）提供远距离服务时突破网络带宽的限制。例如，中国慕课大会在北京、西安、贵阳三地超远程虚拟仿真实验，网络时延控制在38毫秒以内，验证了5G环境下多地交互的可行性。

期货市场相关方面，5G网络能力、特色功能能够与期货市场相关基础设施、业务场景建立对应关联关系（见表1）。

表1　5G技术特征、功能与期货市场关联关系

| 期货市场 | 大宽带 | 大连接 | 低延迟 | 网络切片 | 边缘计算 |
| --- | --- | --- | --- | --- | --- |
| 办公网络 | √ | √ |  | √ | √ |
| 交易系统 |  | √ | √ | √ | √ |
| 交割仓库监管 | √ |  |  |  | √ |
| 投资者教育与市场调研 | √ |  | √ | √ |  |
| 数据服务 |  | √ | √ | √ | √ |
| 区块链创新业务 | √ | √ | √ | √ | √ |

资料来源：郑商所研究所。

## 二、5G促进期货市场“新基建”

5G网络与物联网、云计算、大数据等技术相互融合，促进期货市场相关机构或企业办公网络、交易系统等基础设施建设。

### （一）办公网络

考虑到期货市场办公场景移动化率较高、远程协同需求较大，5G技术能够为期货交易场所、经营机构、交割库等机构或企业的办公网络提供无线接入方案。其中，期货市场移动办公业务包括外出调研、现场培训、交割库现场检查、数据中心运维、论坛与会议等场景，远程协同办公业务涉及多地办公、交割库远程监管、IT外包驻场等场景。特别是搭建5G办公专用网络，并配合云智能路由融合运营商公网，降低办公网部署和运营成本的同时，还能提供随时随地的接入体验。

针对现有Wi-Fi无线接入中存在的连接数量少、移动切换差、信号稳定性差、安全级别低等缺点，5G办公专网通过与软件定义网（SDN）结合，能够提高网络连接部署的灵活性，便捷地管理跨地区的企业网络、数据中心网络、互联网应用及云服务。此外，5G办公专网还可以应用流量识别功能对业务流量进行分类，并基于流量类别进行智能选路，实现上网流量走公网切片[①]，上云流量走云切片，内网业务走私有切片。

---

① 切片：虚拟子网络，公网、云端、内网服务器建立的连接实现逻辑上（非物理上）的隔离。

随着办公网络环境切换成5G网络，办公终端设备需进行相应升级适配，这些设备包括高清视频摄像机、智能机器终端、个人智能终端等。高清视频摄像机可以用于交割仓库高清视频监控，也可用于调研、培训、论坛的高清视频会议系统，满足对于画面或音质要求较高的场景。智能机器终端包括负责机房运维管理、仓储物流操作等自动化流程的工业机器人、负责车辆通信的车联网设备以及负责数据采集的无人机等设备。个人智能终端包括智能手机、智能平板或移动电脑，负责工作流信息的输入输出。总体来讲，5G终端设备配合办公专用网络，既能够实现企业机构内部人员、设备与数据的管理调度，也利于市场参与各方实现业务协同。

### （二）交易系统

5G技术不仅仅要求期货交易系统提升性能和功能，如获取行情数据、下达交易指令等对于网络容量、时延要求高，促进期货市场更快更多的交易。5G的普及还会革新交易系统的基础架构，促进交易系统向分布式架构转型，推动期货交易所集中式交易系统向分布式、边缘端迁移。

当前期货交易基础设施主要采用“两地三中心”的灾备模式，备份系统只有在主系统出现故障时启用，这种模式的问题在于备份系统常年处于闲置状态而产生的资源浪费。分布式交易系统实际是一种数据中心“双活”或“多活”的应用模式，可替代当前的灾备模式，即让多个处于不同地理位置的“边缘交易系统”同时处于运行当中，运行相同的应用、具备同样的数据，“边缘交易系统”之间实现负载均衡。

5G网络下期货市场交易系统的前置或边缘化带来的影响主要有：一是能够降低投资者特别是高频交易者的网络链路租赁和带宽等接入成本，他们可以利用5G网络低延时地接入边缘交易服务器中，实现投资者与交易系统的网络直连。二是促进交易系统业务功能模块化拆分，5G网络按照业务功能对于网络服务质量的需求提供连接服务，如交易业务要求低延时、交割业务要求大连接、结算业务要求大宽带等。三是分布式架构要求期货交易所在多地建立数据中心，也为交易所提供期货公有云服务打下基础。此外，应用分布式架构还需防范对现有生产业务系统的冲击，如订单簿同步、交易撮合方式、结算系统兼容性等问题。

## 三、5G提升期货市场的业务质效

5G技术从交割仓库监管、投资者教育与市场调研、数据服务业务、区块链创新业务四个方面提升期货市场服务质量和效率。

### （一）交割仓库监管

交割仓库监管业务是期货市场交割业务的关键环节。5G网络不仅将单个仓储物流园区内的智能物联网设备联网入云，还支持与其他交割仓储物流园区以及期货交易所监管系统、产业客户、商业银行、保险公司、期货公司等相关各方共同接入，既能实现第三方查库业务、开展交割仓库互查，也能让交易相关各方跟踪货物状态、提升交易交割体验。

当前交割物联网主要是基于4G的窄带物联网（NB-IoT）和Wi-Fi相结合的方案，各类传感器负责感知数据、收集数据。该方案缺点是带宽、连接数受限，也缺乏云处理或边缘计算的能力，无法在应用场景的云端或近端实施数据分析与决策。

在基于5G的物联网基础上，交割库可以探索全自动化仓储技术，关注货物仓储管理与操作，利用高清视频替代传统人工监控，利用传感器、巡检机器人实现对货物质量、数量、状态以及环境参数的监测，利用工业机器人、无人运输车更加快捷、高效地进行货物传输、识别、分拣、存储、出入库等操作。交割仓库海量物联网设备在5G网络连接下协同高效地收集、处理、分析数据，并为管理者提供决策和执行建议，提升仓库监管业务的安全与效率。物联网设备直连5G基站，不仅有利于快速便捷地部署设备，还有利于实现数据源端的移动边缘计算，从而更好地保障数据安全。

### （二）投资者教育与市场调研

期货交易所、行业协会、经营机构可以利用5G网络融合大数据、超高清视频、VR或AR、全息成像、云计算等技术实现投资者教育与市场调研的信息化、数字化，涵盖教、研、测、评、管各个环节，并模拟真实调研场景打造沉浸式体验。

5G移动高清视频会议在新冠肺炎疫情期间增长很快，与4G视频相比，它具有部署灵活、信号稳定、画质清晰、实时传输等优点，适合部署在户外、工厂、仓库等网络设施较差地区或人流密集的公共场所，如雷神山医院搭建、一线物资分发的4K高清现场画面就是通过5G网络传播给终端用户。期货市场中现场培训、交割库现场检查、论坛与会议均可考虑使用该技术，既能快速部署、实时直播，也能不必考虑网络带宽实现海量观众的接入。

5G云VR或AR是5G网络与云计算、云渲染、虚拟仿真、图形建模、全息成像技术的结合，适配远程办公、模拟仿真教学等需要沉浸式体验的场景。通过5G网络建立网络虚拟会议室或教室，参与者利用手机、VR设备、汽车、智能办公或家居设备等各类终端接入虚拟空间，人员之间可以突破时空限制流畅地远程交互，犹如身临其境。

### （三）数据服务业务

5G与数据中心兴起带来的最大趋势是高性能计算硬件向云端上浮、视觉显示与人机交互等专业化功能向终端下沉，特别是5G网络使得数据服务不必过多考虑传输速率、连接质量等问题。对于期货市场来说，投资者不仅看重数据本身的可靠性、及时性，还需要覆盖全面、快速定制的数据服务。

**1. 覆盖全面的数据来源**

期货市场涉及的许多产业相关数据是碎片化、不透明的，特别在农产品领域尤其突出。期货交易所、数据商、投资咨询机构以及各类涉农产业企业可以考虑利用5G搭建数据采集网络。移动基站、摄像机、无人机、传感器、智能车辆等各类联网设备均可以作为数据采集点，如基站、摄像机和无人机收集农作物播种面积和种类数据，传感器收集温湿度数据用于预测产量，智能车辆能够记录大宗商品贸易量等数据。

**2. 快速定制的数据分析**

5G释放了云端算力，但目前期货市场云服务还不完善，期货数据服务依然以数据库查询为主。5G时代，期货数据服务商、投资咨询机构还应考虑提升快速定制的数据分析业务。期货市场数据分析需要海量存储、强大算力，这些都不是普通投资者的个人电脑或智能手机所具备的，上述专业机构在交易时间利用云计算进行数据分析，并将结果通过5G网络实时快速地发送至用户处，为其交易提供建议或依据。

### （四）区块链创新业务

在期货市场区块链创新业务中，5G技术助力探索期货智能合约实物交割程序，包括仓单与标的实物的数字映射、智能合约实物交割的触发。

仓单与标的实物的数字映射是利用传感器、摄像头等数据采集系统实时记录仓单载明的实物状态、数量、位置、质量等各类参数，并实时传递到用户、交易所、商业银行、保险公司、检验机构等终端，使实物资产在网络数字空间下也具备权属、流通等属性。数字映射的要点在于需要实时、准确地跟踪、评估仓库货物的权属、价值与真实性，基于5G的物联网是实现数字映射的关键技术之一。

智能合约实物交割的触发指的是期货智能合约在买卖双方达成交割意向后，实物交割会按约定的结算方式、交货方式、交货时间等条件自动执行。特别在实现数字映射后，买卖双方可直接在线远程触发交割，在交易相关方共同见证下生成交易区块记录，实现钱货两清。整个过程和状态在5G网络下被实时记录和监控，降低交割风险与成本，提高货物与资金的周转效率。

## 四、期货行业发展5G的建议

期货交易所及经营机构应加快探索5G融合应用，探索数字经济的新模式与新业态，建议如下：

### （一）加强与地方政府、通信运营商、技术供应商的战略合作，探索“5G+期货”的新业态

一是深化与地方工业和信息化、通信管理、大数据等部门沟通联系，争取政策与资源方面的支持，加速促进期货行业相关要素聚集，配合地方政府打造金融科技园、期货产业聚集园等品牌，试点“5G+期货”新业态。

二是与移动、联通、电信、铁塔等通信运营商积极沟通、深化合作，就5G基站与边缘云建设、应用场景设计、网络切片需求、数据安全等领域形成共识，积极争取在办公区域、交割仓库等场所选址搭建毫米波基站，构建交易所或相关企业的5G专用网络。

三是加强与华为、中兴等5G技术供应商的战略合作，围绕5G应用场景制定项目实施方案，实现5G网络核心设备国产化，建成先进、可靠的5G应用网络环境；围绕云计算、大数据等技术开展合作，合力探索研究适配期货市场分布式架构的交易系统专用服务器、芯片或数据库。

### （二）联合期货行业相关各方以及各类金融机构，围绕交割、投教、市场服务、数据服务等业务试点5G应用，探索创新业务模式

一是与技术、资金实力雄厚的交割仓库、检验机构或产业企业试点智能交割仓库监管业务，利用高清摄像机、工业机器人、智能传感器等搭建“5G+物联网”的仓储网络环境，争创数字化转型标杆。

二是与流媒体公司、互联网内容提供商等共建5G高清直播平台，制作投教与市场服务相关内容的VR或AR应用，提供沉浸式体验。

三是与产业客户、数据供应商开展合作，利用5G构建现货数据采集网络，搭建交易所私有云，系统内机构先行先试，并逐步将云服务对期货公司和投资者开放。

四是联合或参与期货、银行、保险、检验等各方机构组成的区块链应用联盟，探索利用“5G+联盟链”实现数据共享、业务创新、流程协同。跟踪数字映射、数字孪生等技术发展，预研探索数字期货、数据期货的可行性。

### （三）与金融科技、信息通信和数据安全服务等企业机构、科研院所加强交流沟通，扩大人才队伍，扩展合作路径

一是与金融科技、信息通信公司加强工作交流，建立沟通机制、扩展合作渠道，围绕“5G+期货”融合应用展开技术方面的探索，加快技术落地。

二是与数据安全服务企业加强数据安全防护方面的合作，

完善数据采集、加密、追溯机制，对数据采集的法律许可、数据分析的权限分级等进行研究，明确数据确权边界。

三是与科研院所及各大高校就期货行业复合型人才培养、教育课程设计、典型案例汇编、课题项目合作等方面开展合作，夯实期货市场人才基础。

（李　卓）

# CFTC《金融市场中的人工智能》的分析及启示

2019年10月，美国商品期货交易委员会（CFTC）发布了首份关于金融市场中的人工智能的入门教材[①]。该教材作为面向市场参与者、消费者和公众的教育工具，概述了人工智能[②]在金融市场中的应用，阐述了CFTC对人工智能和创新的承诺和思考。本文在编译《金融市场中的人工智能》的基础上，结合CFTC官网相关资料，从发展和监管两个角度，梳理分析了近期CFTC关于人工智能应用的主要思路，对我国期货监管相关工作具有一定的启示意义。

## 一、引言

人工智能（Artificial Intelligence，AI）是美国高度重视的技术领域，近年来美国陆续推动出台了一系列关于发展AI的政策。AI技术可以广泛应用于包括期货市场在内的金融市场，对

① 2019年10月24日，CFTC宣布将其金融科技研究实验室LabCFTC升级为独立办公室，并由LabCFTC发布了首份有关人工智能的入门教材《金融市场中的人工智能》。下载链接为：https：//www.cftc.gov/LabCFTC/Primers/index.htm。

② 人工智能的定义很多，其中入门教材中引用了韦氏词典的定义：计算机对智能行为的模拟。这个定义比较宽泛，包含了机器学习、深度学习等概念。

市场发展具有重要价值。相关政策见表1。

表1 近年来美国推动出台的关于AI的涉及金融行业部分相关政策

| 序号 | 时间 | 事件 | 摘要 |
| --- | --- | --- | --- |
| 1 | 2019年2月 | 特朗普总统签署《关于维持美国在人工智能领域领导地位的行政命令》 | 人工智能有望推动美国经济增长，增强我们的经济和国家安全，提高我们的生活质量……美国政府的政策是：通过协调一致的联邦政府战略，即美国人工智能倡议，维持和加强美国在人工智能研发和部署方面的科学、技术和经济领导地位 |
| 2 | 2019年5月 | 美国国会宣布，由众议院金融服务委员会针对金融科技和人工智能创立两个专门的工作小组 | 人工智能小组将主要研究人工智能在金融服务和监管中的应用，在数字身份识别和打击欺诈中的应用，以及金融自动化将如何影响金融服务和整体就业等问题 |
| 3 | 2019年10月 | 众议院农业委员会批准重新授权CTFC的立法 | 立法包括授予CFTC两个新的权限，以促进其与金融科技公司的合作。一是将授权CFTC可以进行非标准采购交易，使CFTC能够与金融科技开发商进行项目合作。二是将授权CFTC可以接受以研究、开发和演示为目的的礼品，允许CFTC接受和使用软件，以增进其对发展中的金融技术的了解 |
| 4 | 2020年1月 | 白宫科技政策办公室（OSTP）发布一项关于人工智能的备忘录草案 | 促进人工智能的增长和创新是美国政府的高级优先项。联邦机构在监管行为或非监管行为上，必须避免不必要的妨碍人工智能创新和增长的行为。在对人工智能采取任何监管行动之前进行风险评估和成本效益分析，重点是建立灵活的框架，而不是“一刀切”的监管 |

2019年10月24日，CFTC在其主办的金融科技年会“Fintech Forward 2019”上，首次发布了以AI为主题的入门教材《金融市场中的人工智能》①，内容包括人工智能定义、分类、发展历

① 此次负责出版《金融市场中的人工智能》入门教材的部门是CFTC的金融科技研究中心LabCFTC，该部门此前还出版过关于数字货币、智能合约两本教材都广受好评。参见https://www.cftc.gov/PressRoom/SpeechesTestimony/opagiancarlo70。

史、典型案例、发展方向、潜在应用、CFTC在AI领域的作用及促进AI发展的考虑等，其中阐述的CFTC对AI发展和监管的考虑值得重点关注。

## 二、从发展的角度看金融市场中的AI

CFTC认为AI既有很大潜力促进市场发展，又有助于提高CFTC监管能力使其更好地完成自身使命[①]。

### （一）AI在金融市场具有广泛的应用和潜在价值

AI在金融市场的应用前景非常广泛。主要应用有：（1）交易（如算法交易、智能投顾）；（2）风险管理（如保证金监控、监控欺诈行为）；（3）风险评估和对冲；（4）资源优化（如计算机耗电的优化节能）；（5）监管科技（RegTech，即增强或改进合规性和监督活动，如监察、报告）；（6）合规（如身份验证、反洗钱、监管报告）；（7）账簿和记录（如自动处理语音/文本记录）；（8）数据处理和分析；（9）网络安全与韧性；（10）客户服务。

AI对金融市场发展的潜在价值很大。潜在价值主要有：（1）减少人为错误（AI系统不会疲劳、犯计算错误，或做出随意的或主观的判断）；（2）经济性和速度（自动化减少了事务处理时间和不必要的手动过程）；（3）利用群体智慧（AI系统能够从大量数据中识别趋势）；（4）提高生产力和效率（AI系统可以

① CFTC的使命是建立健全有效监管机制，培育诚信、有韧性、有活力的衍生品市场。

利用计算能力来提高生产力，使人有时间专注于更高层次的任务）；（5）改善人类体验（在许多工作和个人环境中，AI都有潜力改善人类体验）；（6）促进市场增强的技术发展（AI将使新的商业模式远远超出现有能力）；（7）包容（AI可能克服人类的偏见，使金融体系更加包容）；（8）改善开户（AI可以优化客户引导和设置账户）；（9）加强合规（AI系统可以增强身份识别、了解客户和反洗钱）；（10）改进风险管理（AI既有助于个体参与者识别和管理风险，又有助于监控和缓释更广泛的系统性风险）；（11）促进市场完整性（AI可以帮助发现和减少欺诈、操纵和其他非法活动）。

### （二）探索AI在期货市场中的应用

期货市场是金融市场的重要组成部分。作为一家将前瞻性思考定为其核心价值观之一的衍生品市场监管机构，CFTC非常重视AI等新技术对市场及其自身的影响和潜在价值①，积极鼓励科技创新群体进行技术创新②，探索AI等新技术在期货市场中的应用。简述几个潜在的应用如下：

一是通过开发机器可访问的监管规则（Robo Rulebook）等

---

① CFTC主要通过LabCFTC部门开展金融科技研究工作：一方面研究制定与金融科技创新相配套的监管制度，鼓励和支持增强市场活力、韧性和竞争力的科技创新举措。另一方面充分发现和运用新兴技术手段，全力支持CFTC提升监管效率和监管有效性。参见https://www.cftc.gov/PressRoom/SpeechesTestimony/opagiancarlo67。

② CFTC于2018年4月发布了关于金融科技竞赛的征求意见书。链接为：https://www.cftc.gov/sites/default/files/2018-04/2018-08673a.pdf。公众强烈支持CFTC发起金融科技竞赛活动，并反馈了有关技术潜在应用等信息。

应用促进市场参与者合规。美国监管规则体系的复杂性长期受到批评。随着时间推移，监管法规日趋复杂。对于受监管对象而言，这带来了巨大的合规性挑战。CFTC认为新技术的应用可能会提供有意义的解决方案，使监管框架更易于访问，减轻被监管者理解规则的负担并增强市场整体合规性。开发机器可访问的监管规则是其中一种潜在的应用，方便市场参与者的AI系统读取规则并按规则进行合规报告（见图1）。

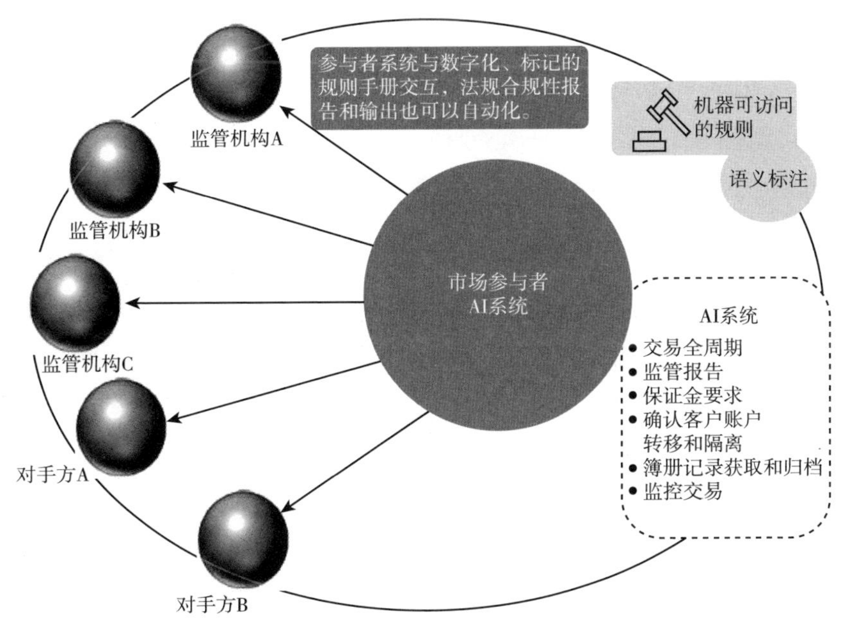


图1 市场参与者利用AI系统合规运行

二是监察数据的获取和分析。现代金融市场是瞬息万变的复杂网络，涵盖众多各具不同功能的参与者（见图2）。有效的市场监察可以支撑市场稳健运行。作为衍生品市场监管机构，CFTC可以利用AI来“阅读”复杂的市场并区分明显的活动；使用数据开发市场模型并识别风险；应用模型进行持续的市场和风险监控；帮助发现市场操纵，滥用交易和欺诈行为[①]。

图2　CFTC探索利用AI系统监控日益复杂的市场

三是监控系统性风险。《多德—弗兰克法案》通过以来，CFTC最重要的工作之一是分析、处理和研究市场的大量数据，增强监控衍生品市场系统性风险的能力。CFTC需要进一步加强对市场风险或系统性风险以及衍生品市场结构和参与者之间联系的研究[②]。AI的一个优点是能够识别大量数据的相关性（见图3），有助于监测系统性风险。

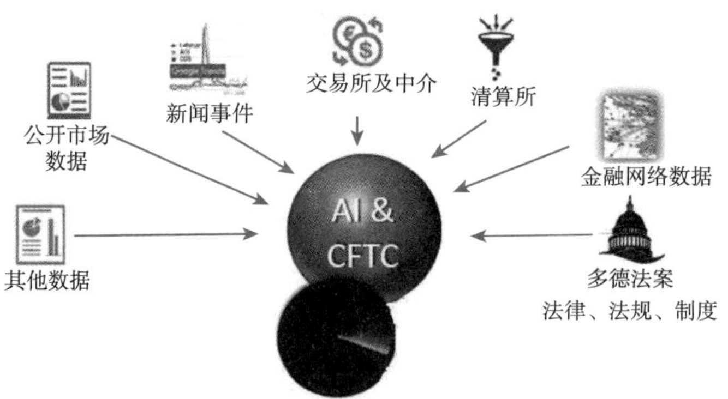


图3　CFTC探索利用AI系统监测系统性风险

① CFTC执法部门在利用机器学习技术开发相关程序。参见：https：//www.cftc.gov/PressRoom/SpeechesTestimony/opagiancarlo59。

② https：//www.cftc.gov/PressRoom/SpeechesTestimony/opagiancarlo70。

### （三）负责任的人工智能将有很大潜力促进市场发展

CFTC强调负责任地应用AI，其关键考虑为：一是AI系统依赖于良好的设计和持续的监测。二是建立有效的AI系统，必须仔细考虑选择算法、数据源和完善系统模型。三是适当的监督和管理对于AI的成功是至关重要的。四是AI系统协助和增强人的决策能力，但不能取代人的决策。五是为了长期健康发展，AI系统必须可靠、有韧性、值得信赖。

### （四）持续推动AI进一步发展

CFTC承诺持续与市场参与者和其他利益相关者开展交流和合作，促进AI的进一步发展。入门教材提及对AI系统进一步发展的回应主要包括：一是发展标准（如系统性能、可交互性、测试、安全、数据访问权限等）；二是系统监管（如法律责任、数据政策等）；三是安全和韧性（如评估系统运行有效性、防范攻击等）。此外，CFTC正在推动立法授权，加强与创新者的合作[①]；强调公平竞争，广泛征求市场意见，正在推动科技竞赛活动。

## 三、从监管的角度看金融市场的AI

### （一）AI等新技术需要以原则导向监管为主的模式[②]

2019年11月，CFTC主席Heath Tarbert指出：创新的金融

① 引言部分已述，正在推动的一项立法将授权CFTC使其能够更好地与金融科技开发商进行项目合作，增进其对金融技术的了解。

② https：//cftc.gov/PressRoom/PressReleases/8081-19。

技术正在改变衍生品市场的运作方式，CFTC在确立新技术、新产品如何发展方面可以发挥重要作用。在金融科技产品领域，应该采取以原则导向监管①为主的监管模式。

如今，创新技术及市场快速发展，采取原则导向监管方法来监管金融科技产品可能还需要一段发展和观察期。在完全理解相关产品结果和潜在风险之后，监管部门可能需要采用更具针对性的规则，或者将原则和规则更平衡地结合起来。在许多情况下，与规则导向相比，原则导向监管可以提供针对全球技术时代金融服务的更有效的监管。

### （二）AI的主要风险和挑战

AI带来了机遇，但也带来了一定的风险，主要风险有：（1）操作风险（AI系统没有按预期有效运行的风险）；（2）经济风险（AI系统可能造成的冲击工人就业或其他不良的经济影响）；（3）信任风险（AI系统与包括个人信息在内的大量数据进行交互可能引起的公众信任问题）；（4）责任风险（如果AI系统或数据出错，谁该负责等问题）；（5）安全风险（AI系统可能受到攻击等风险）。

需要通过监管等手段应对这些挑战，才能有助于AI的持续发展，并有助于其价值得到充分实现。

---

① 原则导向监管，指不拘泥于细节性的规则，更多地采用高层级、广泛性原则来为受监管的企业和产品设定标准。然后，由企业负责寻找满足这些标准的最有效方法。这种监管方法为科技行业提供了更大的灵活性。实际操作中，很少有纯粹的原则导向或规则导向监管。每个原则导向监管制度中都有一些规则要求，每个规则导向监管制度又都有一些原则要素。两者的适当组合取决于许多因素，如监管目标、市场成熟度、市场参与者的特征等。

## （三）涉及AI技术的相关监管考虑及要求

教材内容没有提及关于人工智能的具体监管规则，CFTC明确阐述了其定位是监管衍生品市场，而不是特定技术。

考虑到AI的使用可能涉及受监管活动或监管要求，CFTC阐述了现有监管框架的有关要求：（1）使用AI的CFTC注册人，或与使用AI的公司合作的CFTC注册人，仍有责任遵守所有适用的合规性要求①；（2）如果AI系统参与受监管的活动，则必须代表CFTC注册人并在其指导下开展此类工作；（3）CFTC注册人使用AI系统应符合所有适用的法规和标准。

考虑到AI进一步发展，CFTC认为金融市场参与者在使用AI时，应确保达到：（1）AI系统按预期工作；（2）AI系统是安全的，不会产生或加剧系统性风险；（3）AI系统服务于所有相关利益相关者的需求，并公平运作；（4）AI系统根据需要适当保护隐私。

## （四）持续探讨有关监管问题

AI等相关技术仍然在快速发展之中，对市场监管的影响必然需要持续探索研究，CFTC持续关注的相关监管问题主要有：一是AI等新技术对市场质量、市场结构、商业模式、交易机制等的影响；二是系统、数据等安全保障措施；三是不断增加的AI应用对现有监管框架的冲击；四是如何制定新产品、新技术的发展标准。

---

① LabCFTC在对外沟通中，承诺及时提供有意义的反馈，同时也建议使用AI的公司咨询有资质的律师。

## 四、结论及启示

在美国持续推动关于维持其在人工智能领域领导地位的战略的背景下，作为美国金融监管机构之一的CFTC近期发布了以人工智能为主题的入门教材，首次比较系统地披露了CFTC目前关于人工智能的认识和思考，对我国期货监管相关工作也具有一定的启示意义。

### （一）结论

CFTC通过《金融市场中的人工智能》这一教育工具向公众概述了人工智能在金融市场中的应用，尤其是关于衍生品市场中的潜在应用，阐述了CFTC对人工智能和创新的承诺和思考。CFTC以促进其监管市场发展和促进更好地完成自身使命为主要目标，明确采取以原则导向监管为主的监管模式，积极探索人工智能等新兴技术的应用，承诺促进负责任的人工智能技术发展，阐述了现有监管框架有关要求及市场参与者使用AI系统应达到安全、公平、保护隐私等比较明确的监管思路，并承诺持续与创新者等利益相关者沟通合作。

### （二）启示

一是从国家竞争力高度看待人工智能等科技发展。美国在联邦政府层面和期货行业监管层面都高度重视人工智能技术的发展和应用。我国政府也发布了《新一代人工智能发展规划》等关于人工智能技术的发展战略。我国期货监管在推动相关工作中可以借鉴美国期货监管对金融科技的探索经验，结合我国实际情况，积极配合国家创新发展战略，在监管范围内促进人工智能技术快速健康发展。

二是畅通与创新者沟通渠道，积极鼓励创新。创新型企业等研发群体是推动科技创新的主要力量之一，我国当前正在持续改善营商环境，监管机构应在坚持公平竞争等原则的基础上，畅通与创新者的沟通渠道，使创新者尽可能在开发技术的早期阶段了解有关监管信息，提前减少可能出现的违规风险。

三是积极运用人工智能技术，提高科技监管水平。CFTC明确了人工智能等技术应用对其保持监管领先地位的重要性，已经开展了设立专门科技监管研究机构、内部培训与开发、推动立法授权加强合作开发、广泛与创新群体沟通等工作。我国金融监管机构可以借鉴CFTC经验，进一步加强前沿领域的调研工作，通过对外采购、合作开发、自主研发等方法，积极探索将人工智能等新技术应用于监管业务，以更好地实现监管目标。

（李　方　翟羽佳）

# 金融机构数字化转型路径及启示

当前，我国正在加快建设“数字中国”，数字化发展已写入“十四五”规划和二〇三五年远景目标。2020年，我国数字经济规模占GDP比重为38.6%，产业数字化占数字经济比重为80.9%。适应这一趋势，银行、保险、证券期货等金融机构纷纷从技术应用、产品服务、风险管控、生态融合等方面进行数字化转型，通过优化组织运营、实现降低成本和提质增效，更好服务实体经济。基于此，我们深入研究和对比主要金融机构数字化转型的具体路径，以期为期货行业数字化转型工作提供参考。

## 一、金融机构数字化转型的界定及范畴

数字化的本义是将文字、图片、语音、视频等数据或信息转化成数字形式，易于计算机进行处理。随着现代信息技术的发展，数字化的范畴和含义在不断扩大，更多地指利用数字技术将真实世界的人和物与其数字空间的表达紧密地连接起来，催生新的商业模式和发展动能。具体而言，数字化转型是指各类组织机构深化应用云计算、大数据、物联网、人工智能、区块链等新一代信息技术，激发数据要素创新驱动潜能，赋能

业务优化升级和创新转型，创造传递并获取新价值的过程。其中，数据是数字化转型的关键驱动要素，业务创新转型是数字化转型的核心路径，价值体系优化、创新与重构是数字化转型的根本任务。

借鉴上述定义，金融机构数字化转型可以界定为：金融机构运用新一代信息技术，充分挖掘数据要素潜力，加强金融产品服务供给和创新，提升防范金融风险能力，增强场景融合、扩大生态边界，使金融服务嵌入实体经济，促进产业链、供应链、价值链升级。具体来讲，金融机构数字化转型至少包括以下四个方面内容：一是技术应用要实现本机构全业务流程数字化，并具备与外部组织共享、交换、传递数据、技术等要素的能力；二是金融产品服务以客户为中心，开发支持与客户交互的智能产品，并提升并行、协同、自优化的研发设计能力；三是风险管控始终贯穿数字化转型各个环节，加强对外部合作方的风险管控能力，利用大数据等技术实现全面风险管理；四是构建生态融合能力，保持技术、数据与业务开放，布局优势产业或高频场景，提升商业生态的数字化水平。

## 二、金融机构数字化转型的主要路径分析

金融机构进行数字化转型的主要路径包括技术应用、产品服务、风险管控、生态融合四个方面，具体而言：

### （一）技术应用

#### 1. 银行金融机构

一是优化组织机构、制订发展规划。大型商业银行重整

其信息技术部门、数据中心、软件开发中心等业务与研究职能，或在总行层面成立金融科技办公室，部分银行新增设立金融科技子公司或研究院。大多数银行制订的战略规划均有涉及数字化转型或金融科技的相关内容，部分银行制订或正在制订自身的金融科技发展规划。特别是以微众银行等为代表的互联网银行，不仅仅将自身定位于金融机构，更是“把科技能力转化为核心产品和服务”的科技企业，并在商业银行中首获国家高新技术企业认证，发明专利申请量居全球银行业前列（见表1）。

表1　部分银行机构数字化转型技术应用维度情况

| 名称 | 优化组织机构 | 数字化战略、规划 | 开放平台 |
| --- | --- | --- | --- |
| 工商银行 | 总行金融科技部<br>设立工银科技公司<br>组建金融科技研究院 | 《中国工商银行金融科技发展规划（2019—2023年）》 | 智慧银行生态系统（ECOS） |
| 邮储银行 | 总行金融科技创新部、管理信息部 | 大数据五年（2020—2024年）发展规划 | “邮储大脑”AI平台<br>U链福费廷业务系统 |
| 招商银行 | 总行金融科技办公室 | 业务数字化经营<br>金融科技银行 | 客服云、舆情云、视觉云 |
| 平安银行 | — | 数字银行、生态银行、平台银行 | 智慧资金系统平台<br>开发运维“星链平台” |
| 郑州银行 | — | 产品场景化、线上化、智能化 | “五朵云”平台 |
| 江苏银行 | 金融科技创新委员会 | 最具互联网大数据基因的银行 | — |
| 微众银行 | — | 国内首家互联网银行 | 联邦学习平台FATE<br>区块链平台FISCO BCOS |

资料来源：郑商所研究所、上市公司年报、官方网站。

注：“—”表示没有相关内容，下同。

二是坚持系统平台与软件应用“双轮驱动”。系统平台方面，打造“云+开放平台”的分布式技术架构，利用数据中台将后台资源整合包装后，以微服务、API等形式转化为前台可重用的服务能力，并集成部署如大数据、区块链等金融科技开放平台，进而能够提供个性化、精准化、智能化、实时化的服务。软件应用方面，依托各自手机银行，部署语音搜索、计算机视觉、推荐系统、知识图谱等新技术赋能业务流程，实现基于大数据和人工智能的客户营销和风险管理、基于生物特征识别的安全认证、基于语音识别的自动化客服以及基于图像识别的文本要素提取等数字化功能。

三是技术架构趋向轻型、开源、自主。信息技术系统的研发运维体系采用快速迭代、循序渐进、弹性灵活的敏捷模式，利用基于自动化和DevOps[①]的方式促进软件开发与运维的协作。此外，在推进数字化转型过程中，大多数商业银行选择坚持系统架构开源开放，坚持核心算法与硬件国产化，积极参与并服务好重大工程，如央行数字人民币项目的开发测试。

**2. 保险金融机构**

一是优化组织机构、控股技术公司。从各大保险公司组织架构来看，除中国平安设立科技子公司外，大多数保险公司的信息技术研发职能分配在各子公司的信息技术或金融科技部门，部分公司正在集团层面建设研发中心，多数保险公司设有电子商务子公司、互联网金融服务子公司。更多地，保险公

① Development 和 Operations 的组合词，软件工程中开发部门和运维部门密切合作的过程、方法与系统的统称。

司通过股权投资成为科技公司的主要股东，服务自身的数字化战略，如人保控股的爱保科技、人寿控股的万达信息等。特别是，互联网保险公司也成为保险业的重要一员，如众安保险由蚂蚁科技、腾讯、中国平安共同投资成立，专注于保险技术应用与生态圈建设。

大型保险公司的战略规划提出各自金融科技赋能或数字化转型（战略）相关内容，但总体相对银行业较少（见表2）。

表2　部分保险机构数字化转型技术应用维度情况

| 名称 | 优化组织机构 | 数字化战略、规划 | 保险科技应用或平台 |
| --- | --- | --- | --- |
| 中国人寿 | 筹备科技应用创新孵化中心、研发分中心<br>参股万达信息 | “科技国寿”战略<br>“众智、敏捷、迭代”科技运作模式 | 医保智能审核、长护险、医保控费平台等 |
| 中国人保 | 成立人保金服<br>控股爱保科技 | “建立数字化支撑的发展基础”7项战略举措之一<br>“保险+科技+生态”战略 | 智能双录、回访、质检、外呼、定损和AI疫情排查机器人 |
| 中国平安 | 成立平安科技、平安金服、平安医保科技<br>参股金融壹账通、平安好医生、汽车之家 | “金融+科技”“金融+生态”战略 | 商业科技云服务平台、互联网医疗健康服务平台、汽车互联网服务平台 |
| 中国太保 | 设有首席科技官筹备太保金融科技公司 | 转型2.0战略的“客户体验最佳、业务质量最优、风控能力最强”转型目标 | “视频医生”、智慧医保平台启动建设技术中台、数据中台、AI中台和API中台四大中台 |
| 众安保险 | — | 国内首家互联网保险公司，“保险+科技”双引擎战略 | 基于云的保险数字化系统“无界山2.0”<br>立项区块链《智能合约实施规范》国家标准 |

资料来源：郑商所研究所、上市公司年报、官方网站。

二是聚焦新技术应用与系统性能提升。保险公司金融科技应用方面主要围绕保险主业，包括保险行业的语义语音识别、基于知识图谱的营销推荐系统、用于车辆定损的图像识别、基于大数据的反欺诈识别、动态精算模型、区块链数据存证、基于物联网的移动办公等。核心系统架构方面则突出连接增多、快速响应等性能提升，以及网络安全平台、风险管理信息大数据平台建设，多数保险公司并未强调提供云或开放接口的概念。

**3. 证券期货机构**

组织结构有针对性部署，数字化转型提法渐多。绝大多数公司的信息技术研发职能分配在信息技术部门，部分公司设立金融科技部或技术创新部，也有部分公司针对企业数字化设立数字化运营部或数字金融服务中心等部门。多数证券期货公司的战略规划提出各自金融科技赋能或数字化转型（战略）相关内容，但总体相对银行保险业较少。目前，中国大陆地区未放开发放互联网证券公司或期货公司的牌照，但是部分公司涉及财经门户网站、社交平台或金融数据服务等业务，从这些业务引流提升公司数字化能力（见表3）。

表3　部分证券期货机构数字化转型技术应用维度情况

| 名称 | 优化组织机构 | 数字化战略、规划 | 技术应用或平台 |
| --- | --- | --- | --- |
| 中信证券 | 财富管理委员会下设金融科技部 | — | 探索搭建数字化运营服务体系 |
| 华泰证券 | 总部下设数字化运营部 | 共建数字金融生态圈 | “涨乐财富通”APP |
| 东方财富 | — | 互联网金融服务平台综合运营商 | 财经门户、金融交易、金融数据、互动社区、互联网广告 |
| 南华期货 | 总部下设云计算及大数据部、互联网业务部 | — | 私有云平台 |

续表

| 名称 | 优化组织机构 | 数字化战略、规划 | 技术应用或平台 |
|---|---|---|---|
| 永安期货 | 总部下设数字金融服务中心 | “数字永安”建设规划 | 搭建数字化基础设施<br>整合平台资源 |
| 瑞达期货 | — | — | 建成智慧瑞达大数据中心<br>建设金融数字化营销管理平台 |

资料来源：郑商所研究所、上市公司年报、官方网站。

国内证券期货交易所关于“数字化”的最新提法主要有：“全面推进数字化战略”（深交所，2020）、“信息集成化战略、技术强所战略”（上期所，2020）、“加快推进数字化转型”（郑商所，2020）、“探索数字化转型”（大商所，2020）。从组织结构来看，各交易所信息技术研发职能分配在信息技术部门或技术子公司，深交所、上期所、大商所专设技术规划部（办公室），负责信息技术的规划与实施。

境外证券期货业监管组织或机构如IOSCO、ESMA、CFTC[①]等都认为金融数字化将带来巨大变革，主要围绕零售分销、资产数字化、监管数据合作等方面，并制订相关工作计划。境外交易所在其企业战略中强调科技应用，如CME“产品服务的全球直达”，ICE“科技驱动、加强连接”，港交所“连接全球、拥抱科技”等等，这些提法契合数字化转型的部分内容。

证券期货公司信息技术的主要发力点还在于系统建设，如行情系统、交易系统、场外系统、风险管理系统，等等。系统

① IOSCO，国际证监会组织；ESMA，欧洲证券及市场管理局；CFTC，美国商品期货交易委员会。

架构方面，大型公司正着手建设私有云平台，少数开始对其合作伙伴或客户开放云服务。系统运维方面，部分证券公司在基于DevOps的运维创新方法上做了不少研究，设计实现相关原型系统，并在使用中完成迭代更新。金融科技应用方面，多数公司会在其各系统模块中，特别是面向投资者的系统或移动应用中使用大数据、人工智能等相关技术。

各交易所数字化工作主要围绕技术系统和数据平台建设，如新一代交易、结算、交割等业务系统升级，大数据信息平台建设，更加注重安全可靠、自主可控的要求。聚焦新技术的研究与应用，开展基于大数据和人工智能的市场监管、基于区块链的仓单质押融资、行情上云等项目，结合行业痛点探索数字化解决方案。

### （二）产品服务

#### 1. 银行金融机构

商业银行数字化转型的落脚点在于核心产品服务的数字化，依托面向不同客户群体的手机银行应用，着力推进与包括居民消费、教育、物流、金融服务、供应链等多行业、跨领域的业务场景服务，并推动实体服务网点向虚拟智慧网点的转变。商业银行提供丰富的在线数字产品服务，重点在于数据供给与产品服务送达。

对数据供给能力而言，商业银行主要从以下三个方面提升：一是线上线下协同强化客户数据渠道，依托借记卡、信用卡、手机银行等媒介与各类生产生活场景融合，推进零售与批发业务线上化，探索并构建数字化客户数据模型；二是对于内外部数据实施分级分类治理，建立大数据治理平台和工具，明确使用权限并实现内部数据共享循环；三是利用大数据平台和人工智能技术，实现复杂数据处理流程的自动化，提升数据挖掘应用能力，使人员更聚焦于发掘数据业务价值。

对产品服务送达而言，商业银行主要从以下三个方面提升：一是完善分层分类的客户精准营销，加深对区域市场、优势行业、优质客户的认知，个性化定制授信、理财、金融服务等策略方案；二是强化场景融合提升数字化经营能力，聚焦优势场景与头部互联网企业或平台共建生态圈，以多渠道增加线上数字化获客能力；三是构建敏捷的产品迭代体系，建立金融产品服务工厂，创新产品推出与更新机制，加快产品服务的上市速度，努力实现全业务线上办理。

**2. 保险金融机构**

保险公司数字产品服务的落脚点依托于门户网站、移动端应用、电话客服、微信小程序等渠道，然而更多的在于联合场景间的渗透，如医疗健康、汽车服务、生活消费、旅游出行等移动端应用，保险公司将数据搜集、模型更新、承保、核保、理赔等各个环节直接融入这类联合场景的应用中，如购物运费险、汽车后服务等。保险公司提供的数字产品服务主要体现在从咨询、投保到理赔、管理的全业务流程上线。

对全业务流程上线而言，保险公司主要从以下四个方面提升：一是客服智能化，利用自然语言处理，建立语音识别和语义解析，提升交互体验、降低交互成本；二是结合场景多渠道在线引流，构建直销渠道，实现在线销售、保单管理、理赔服务等一站式数字服务；三是利用大数据、人工智能技术对海量客户信息进行挖掘，实现精准营销；四是构建保险产品要素储备库，结合客户使用情况，敏捷、精准地响应用户服务需求，满足产品个性化、场景化需求。

**3. 证券期货机构**

证券期货公司数字产品服务的落脚点依托于其自营类移动应用端，包括面向个人投资者的交易、投教、投顾平台，以及面向机构投资者或产业客户的投研管理、综合服务平台。现阶段，头部证券公司的月活跃用户数基本能与中型商业银行大致相当（五百万级别），但是累计用户数还存在不小差距。特别是由于疫情原因，2020年以来证券期货行业与流媒体的合作增多，主要以视频直播、录像点播、文字或音频传播等方式，头部公司选择在自营应用端运营，更多的公司则通过成熟的互联网流媒体应用引流。

对业务流程上线而言，证券期货公司的应用基本能将客户侧的业务流程上线，包括开户、交易、理财产品推荐、信息数据资讯及投资顾问等功能。由于缺乏跨领域或行业的合作，证券期货公司在搜集客户信息能力方面落后于银行保险行业，但是它们注重培养社区与投资辅助相关数据的积累与挖掘，推出市场大数据、智能投顾等产品，提高用户黏度。

全球证券期货交易所数字产品服务的落脚点依托于交易软件与API接口服务、信息数据服务、风险管理系统、云服务等，主要面向证券期货公司、机构客户以及数据服务商。境外交易所软件与信息数据服务已经成为重要业务流量入口，如ICE利用其抵押技术（Mortgage Technology）平台进入抵押信贷市场，而国内两家证券交易所则为证券行业提供云服务，包括行情、服务器、负载均衡、带宽、运行维护、安全防护及行情源等基础性技术服务。

## （三）风险管控

**1. 银行金融机构**

商业银行利用新技术开展如大数据征信、智能财富管理和供应链金融等数字业务，与时俱进地提升风险管控能力，主要包括：

一是对于新业务、新产品、新渠道、新流程本身的风险进行梳理，通过数据分析模型建立动态综合风险管控体系，覆盖信用、市场、操作、流动性和声誉等全面风险管理框架。利用大数据和人工智能等新技术对各类风险识别、分类和计量，建立风险特征模型与智能预警系统，实现风险信息的快速捕捉、实时分析和及时响应。

二是加强对外部合作方的风险管控能力，对外部合作方做好准入调查、风险评估与持续管理，探索利用区块链等技术实现黑白名单的信息共享。

三是建设银行风险管控的标准体系，包括云安全标准、信息安全管理标准、数据隐私保护标准等，构建长期动态的监控体系。

**2. 保险金融机构**

保险公司在进行数字化转型中利用新技术开展风险管控，如风险动态监测、评定预警等，主要包括：

一是风险数据搜集与监测，利用物联网技术搜集农业、医疗、汽车等各场景数据，利用计算机视觉进行特征识别，确保承保标的的真实性、唯一性，防范重复理赔、非标的理赔等道德风险与信息不对称问题。

二是风险评定预警的模型更新，通过多渠道海量数据的积累与分析，在前、中、后台各业务环节建全风险管控，优化模型中风险概率等关键指标更新，准确评定标的物的风险，提升定价效率和准度。

**3. 证券期货机构**

证券期货公司正研发利用信息技术手段巩固风险控制流程和关键节点，打造以金融科技和数据驱动的风险管理工作流程，通过覆盖全业务的综合风险管理平台，实现跨业务、跨子公司的风险信息集中监测分析和可视化预警。特别是投资交易类业务的风险管理，结合投资标的特点针对性地建立相应风险管理体系，制定相应的风险限额，对持仓、集中度、敏感性及交易额度等方面进行量化限制，并在系统中实现。

国内证券期货交易所利用信息技术提升市场科技监管能力，利用大数据和人工智能技术分析挖掘关联账户，加强监管信息合作共享，每日分析市场运行情况、评估风险状况、辅助风控决策调整，利用物联网技术监控交割商品的数量、质量，对会员资金、抵押品风险等情况实时监测。

### （四）生态融合

**1. 银行金融机构**

商业银行通过向其商业生态系统开放平台技术与数据共享，实现生态系统的整体数字化提升，并从中创造新价值与增长点。主要围绕账户及支付体系数字化、数字化融资、金融科技能力输出三大方向融通整个生态链条：

一是融入各类民生消费和企业生产支付场景，提升手机银行月活跃客户数，与合作伙伴携手提供“行业+金融”的综合服务，积极参与央行数字人民币项目的开发测试，建设反洗钱监控体系。

二是创新普惠金融产品，实现信贷审批全流程数字化处理，加强普惠金融、信用风险的管控，向中小微企业、涉农市场主体融资的同时，还提供金融知识普及和商业拓展等综合性金融服务。

三是打造开放银行，搭建云平台，面向中小微企业提供API、小程序或微服务平台接口，面向同业与商业生态系统合作方提供数据信息交换接口，主动融入数字经济建设。

**2. 保险金融机构**

保险业目前探索并形成了一种“保险+”的生态圈模式，以各行各业规避风险的需求为导向，通过保险的方式切入，为相关行业或领域提供一揽子解决方案和全方位服务。目前重点行业包括农业、医疗健康、汽车服务、生活消费、旅游出行等，特别是与相关成熟的互联网产品或服务的业务协同。

具体来说，在农业生态圈，将生物特征人工智能识别技术应用到养殖险业务，试点“牛脸识别”，在理赔环节将死亡标的影像与特征数据库影像进行比对，等等。在医疗健康生态圈，赋能医疗管理机构、用户、医保局等产业链各个环节，获取医院、医生、医药核心资源，为用户提供从咨询到支付的一站式服务。在汽车服务生态圈，以精准营销、智能定损为基础，通过人工智能、车联网、物联网等新技术聚焦人与车，构建社交化平台连接车主与汽车服务提供商。在生活消费生态圈，覆盖商家保证金、账户支付安全、退换货、售后质保等消费环节，融入各大电商网站的业务流。在旅游出行生态圈，通过航班、景区、酒店等数据共享，降低客户出现航班延误、取消或意外等不确定性所承担的成本，简化在线索赔与审批程序。

**3. 证券期货机构**

证券行业结合自身业务优势构建金融生态圈，包括产业服务生态圈和机构服务生态圈，主要服务于上市公司和机构投资者。具体来说，证券业产业服务生态圈注重的是一体化、专业化、差异化，聚焦优势行业，加强业务联动，伴随客户成长构造全周期、平台化的服务模式和质量控制模式。而机构服务生态圈在于提升以客户为中心的产品设计能力、定价能力与对冲交易能力，对接机构服务体系和客户需求，丰富产品结构、创新交易模式，打通资产创设、资产定价、资产交易的全业务链条。

期货交易所率先提出生态圈建设。大商所2020年年底启动大宗商品生态圈、大宗商品交易中心和价格信息中心的“一圈两中心”建设。

尽管期货公司未见正式的生态圈提法，但是提出按客户类型分类的运营策略：对产业客户，加强与产业链企业的沟通与交流，深入产业链调研，并提供资讯信息、策略研究、投资咨询等服务；对机构客户，丰富产品和业务结构，与银行、券商、保险、基金等金融机构形成联动；对个人用户，加强线上自营移动应用端建设，提升客服、交易、产品等体验，并与互联网流媒体应用合作，提升投教、资讯、投研等影响力。

## 三、金融机构数字化转型的比较与启示

### （一）比较分析

总体而言，目前主要金融机构信息化程度较高，探索开展数字化转型较早，但是大多还主要在数字化系统建设的基础层面，“转型”的意义与目标依然笼统，表4展示了金融机构在数字化转型四个维度的比较。

表4　　金融机构数字化转型维度比较

| 维度 | 银行 | 保险 | 证券期货 |
|---|---|---|---|
| 技术应用 | ★★★ | ★★☆ | ★★☆ |
| 产品服务 | ★★★ | ★★☆ | ★★ |
| 风险管控 | ★★★ | ★★★ | ★★★ |
| 生态融合 | ★★★ | ★★★ | ★★ |

资料来源：郑商所研究所。

技术应用方面，银行、保险、证券期货等金融机构投入大量人力和资金进行技术系统升级、数据平台建设、新技术应用，整体优于其他大多数行业。产品服务方面，由于互联网公司的进入，银行保险业率先将互联网产品服务以数字形式向用户推广，并取得可观的客户基数。尤其是移动支付的发展，直接推动了其数字产品服务的普及。风险管控方面，各类金融机构均将风险管控作为金融科技落地的重要方面，然而兼顾隐私与安全依然是重大挑战。生态融合方面，生态融合是数字化转型落地的重要标志之一，金融产品服务与数字基础设施是现阶段生态融合的重要载体，尤其是通过与互联网移动应用的流量

合作，进一步将业务流程与场景应用深度融合。

证券期货机构受投资者适当性的限制，产品服务数字受众基数小、用户数据资源少，较难产生数字规模效应。此外，证券期货机构与产业客户、机构投资者的合作深度不足、方式较少，亟待发掘建设数字化转型的着力点。

### （二）几点启示

目前，部分期货交易所和大型期货经营机构已着手制订金融科技发展规划，找准金融科技主攻方向，并在交易、交割、结算、市场监察、投资者教育等业务上积极开展金融科技建设，为进一步实现数字化发展打下了坚实基础。为促进期货行业数字化转型，建议期货交易所与经营机构做好以下三个方面的工作：

一是明确数字化转型在机构发展中的作用。在金融科技规划的基础上，期货业各类机构数字化转型的战略定位首当其冲，需要在经营管理、业务模式、组织方式、数据治理等诸多方面找准数字化建设发力点。在明确定位与发展方向之后，机构内各职能板块优化业务流程，再辅以相匹配的数字化技术实现转型。

二是数字化转型应聚焦重点场景的应用落地。期货业各类机构数字化转型的重点场景应用聚焦核心业务中的难点或痛点，特别是对人和物的数字化。以新一代交易结算系统和市场监查系统为抓手，保障多层次衍生品交易及结算的连续性和完整性，提升结算效率，强化市场风险与违规行为监控。以交易软件和信息数据业务为抓手，提升客户体验与市场占有率，强化与市场参与者直接互动，为行业提供基于云的服务以及数据分析工具，探索丰富数据业务模式。以智能交割监管、数字仓单为抓手，选取试点品种探索与实体企业贸易、风控流程的深度融合，实现连接期现货市场的数字融通方式。以互联网投教基地为抓手，丰富投教形式、提高投教服务水平，促进投资者适当性管理，保护中小投资者合法权益，培育成熟的投资者队伍。

三是数字化转型应用场景应联合外部组织共同开展。根据银行保险业的经验，金融数字生态圈是开放、互惠的，期货业各类机构应在各业务层面评估市场发展趋势，探索期货数字产品服务的“新物种”。针对重点项目、主要品种强化对于产业客户、投资者连接能力，共享涵盖多品种、期现货、场内外的信息数据库，共建大宗商品（数字）生态圈。加强与信息技术企业与互联网公司合作，提升内外部数据采集、挖掘、分发能力。

（李　卓）

第五篇

# 期货市场对外开放路径

“中国开放的大门只会越开越大。”在此大背景下，如何推动期货市场向制度型开放转变，国际市场商品期货结算价授权能否成为我国市场开放的突破口，“一带一路”沿线国家及地区期货市场的发展情况又会给我们的“引进来”“走出去”带来哪些机会，都是值得切实研究探讨的问题。我们也围绕这些问题进行了初步的探讨，以期为丰富中国期货市场对外开放路径提供参考。

# 推动向制度型开放转变初探
## ——以期货市场为例

## 一、制度型开放的基本内涵和理解维度

所谓制度型开放，是相对于商品和要素流动型开放而言的，其基本含义是在推动全方位对外开放过程中，要重点推动以规则等为核心内容的制度开放。制度型开放是2018年中央经济工作会议关于对外开放的新表述，可以从以下几个维度进行理解：

第一，制度型开放的核心内容是规则开放。这里的制度主要着眼于正式制度中的规则层面，不是所有的制度范畴都要开放，这是正确理解制度型开放的重要前提。此外，制度型开放还需要思想和眼界开放，通过强化规则意识[①]，才能将全面开放推向新的阶段。

第二，制度型开放不仅包括准入制度开放，还包括准入后制度开放。市场准入制度是解决外资进入境内的门槛问题，即“大门（进得来）”。准入后制度开放是解决外资进入后的便利

① 张文扬．中央经济工作会议：流动型开放向制度型开放转变．经济观察网，2018年12月21日．

问题，即“小门（留得住）”。通过提高内外资监管制度的包容性和改善营商环境，让境外投资者在境内长期扎根和留得住。

第三，要加快国内规则与国际接轨的步伐。不可否认的是，现有国际规则体系很大程度上仍掌握在发达国家手中，发达国家在经济发展和规则制定方面仍有很多好的做法值得中国学习借鉴。因此，中国向制度型开放的一个着力点依旧是加快国内规则与国际接轨的步伐，取长补短。

第四，更重要的是在制定和完善国际规则中要发挥中国的积极作用。在新的开放背景下，中国对外开放的重点是通过加快向制度型开放转变，逐步由国际规则的接受者转变为参与者和制定者，逐步由国际规则的受益者转变为国际公共产品的重要提供者[①]，大幅提升中国在国际事务中的规则制定权和话语影响力。

## 二、中国向制度型开放转变的重大意义

### （一）实现中国经济高质量发展的必然要求

2001年加入WTO时，中国进出口总额仅为5 097.68亿美元、吸引外资不足500亿美元、对外投资存量不足299亿美元，到2018年这三项指标分别达到4.62万亿美元、1 420亿美元、1.98万亿美元，分别为2001年的9.06倍、超过2.84倍和66.22倍左右，中国已是世界第一大贸易国、第一大吸引外资国和第二大对外投资国。在此过程中，中国对外开放主要是以商品和

① 中国社会科学院世界经济与政治研究所“中国如何应对国际规则”课题组．中国应如何参与国际经济规则制定？ [J]. 中国市场，2012（50）：19-26.

要素的自由流动为主要内容，并对促进中国经济增长和GDP总量提升起到了重要作用。随着中国经济由高速增长阶段转向高质量发展阶段，经济发展的机制发生了根本转变，即从重视数量、规模扩张、要素驱动转向提升质量、结构升级和创新驱动。在此背景下，中国经济发展亟需新的动能机制和更大制度空间。相应，对外开放也应从注重量的增长转向更高层次的和更加注重质的阶段提升，向制度型开放转变就成为反映和促进中国经济高质量发展的主要因素。

### （二）提升国际竞争力和影响力的客观要求

1978年，中国GDP仅为3 678.70亿元人民币，在全球200多个国家中排名第15位，人均GDP只有384美元，排名倒数第7位；2018年，中国GDP突破90万亿元人民币，人均GDP接近1万美元。从对世界经济的贡献看，1978年中国GDP占世界的比重仅为2.32%，2018年这一比重上升到15%左右，提高了近13个百分点。然而也要看到，中国的国际竞争力和影响力与主要发达经济体还有很大差距。根据世界经济论坛发布的《2018年全球竞争力报告》，中国在全球140个国家和地区竞争力排名中位居第28位。在具体12个一级指标[①]中，中国仅有市场规模指标位居第1位，其他指标排名均在20名之外。而且，其他指标大部分属于规则制度等软实力范畴，这说明中国要提高国际竞争力和影响力，必须加快向制度型开放转变，通过引进更严格的国际标准，同时输出中国在国际规则上的话语权，

① 12个一级指标包括机构、基础设施、技术准备、宏观经济背景、卫生、教育和技能、产品市场、劳动力市场、金融系统、市场规模、商业活力与创新指标。

才能进一步弥补现行规则制度等竞争短板。

### （三）主动参与全球治理体系建设的应有之义

近年来尤其是2008年国际金融危机爆发以来，世界经济进入深度调整期，国际规则和全球治理体系面临大调整、大重塑。一方面，自2009年以来，全球人均GDP年均增速仅有1.1%，近年来受新冠肺炎疫情等影响增速进一步下滑，全球增长动能不足；另一方面，全球发展失衡，自1990年以来，发达国家普遍陷入“有增长、无发展”的困境，同时近年来贸易保护主义抬头，新兴市场和发展中国家遭受了国际金融危机和全球现行规则体系紊乱之苦。全球治理体系长期由少数发达国家主导，已不能代表广大新兴市场和发展中国家诉求，也严重滞后于全球经济格局的变化。在此背景下，中国经济已成为拉动全球经济复苏和增长的重要引擎，并在全球治理体系变革中扮演着越来越重要的角色。目前，中国已经加入几乎所有政府间国际组织和签署了400多项国际多边条约，逐步成为现行国际规则体系的参与者、建设者和贡献者。

## 三、国际规则的分类及中国参与国际规则的情况

### （一）国际规则的分类

目前，对国际规则的分类主要有公司治理型规则与成员治理型规则、正式规则与非正式规则、硬规则与软规则、普适性规则与条件性规则等。现行国际规则体系的四种分类比较如表1所示。

表1　　现行国际规则体系的四种分类比较

| 分类 | 特点 | 举例 |
|---|---|---|
| 公司治理型 | 权利大小依据其所缴份额比例的外汇，在重大决策上设置85%的绝对多数同意通过机制 | UN、IMF、世界银行、亚洲开发银行等部分国际机构 |
| 成员治理型 | 各成员（国）拥有形式上平等的权利和义务 | 世界海关组织、国际民航组织、世界旅游组织、国际标准化组织、国际劳工组织等更多国际机构 |
| 正式规则 | 公开透明，共同遵守，效率更高 | 大型组织管理，西方国家更倾向于此类规则 |
| 非正式规则 | 没有明确规定实际被认同的行为规则，更为灵活和适应环境变化，亚洲国家更普遍 | IMF总裁、世界银行行长候选人的产生国，“企业社会责任”规则等 |
| 硬规则 | 具有强制约束力和一定普遍性，适用于不考虑差异性的领域 | 世界银行优惠资金分配政策、巴塞尔委员会银行监管国际标准、WTO谈判中达成的协议、知识产权组织所管理的国际条约等 |
| 软规则 | 不做硬性规定，个性大于共性，适用于需要考虑差异性的领域 | IMF汇率监督机制和国别金融部门评估机制、每5年1次的FSAP评估、FSB同行评估及不合作国别评估、IMF的SDDS和GDDS数据建设、国际证监会《证券监管目标和原则》、国际保险监督官协会全球统一的基本规则框架等 |
| 普适性规则 | 采用统一的标准或分析框架 | 世界银行的项目安全保障政策和项目管理程序与制度、WTO一般贸易规则和原产地规则、金融行动特别工作组（FATF）制定反洗钱标准，以及国际标准化组织、世界海关组织、国际民航组织、国际海事组织、世界旅游组织等专门功能性组织的相关规则等 |
| 条件性规则 | 不具备对一致的一般性约束效果 | 世界银行的优惠资金分配制度和低收入国家债务可持续性框架、WTO框架下对于反倾销规则中区分是否为“市场经济国家”、WTO的《补贴与反补贴措施协定》、APEC的《茂物宣言》、环境保护领域的《联合国气候变化框架公约》等 |

资料来源：中国社会科学院世界经济与政治研究所“中国如何应对国际规则”课题组. 中国应如何参与国际经济规则制定？[J].中国市场，2012（50）：19–26.

注：“三方代表”原则即各成员国代表由政府、雇主组织和工人组织三方代表组成，各方均有平等独立的发言和表决权。

在上述诸多类别的国际规则中，对中国具有系统重要性影响的国际经济规则主要有三类：一是“竞争中性”原则[①]。所谓“竞争中性”，就是让不同主体在市场竞争中不因为其产权属性（比如公有企业、私有企业或社会公益部门）而获得特别优势，或遭到不公正对待。这一原则可能成为美欧约束和遏止中国国有企业发展特别是其“走出去”的主要掣肘。二是金融监管与合作的国际规则。在经济全球化和金融开放加快的背景下，金融监管与合作的国际规则关系到中国发展的长期性和战略性核心利益。三是应对气候变化及环境相关的规则，主要包括《联合国气候变化框架公约》《京都议定书》、国际航空和国际航海排放的规则、碳关税、WTO环境例外条款以及国际环境协定等。

### （二）中国参与国际规则的基本情况

一是中国已成为国际规则的重要参与者。从1919年中国加入第一个国际组织——国际红十字会迄今，中国已加入了100多个政府间国际组织，签署了近300个国际条约、400余件多边条约、2.4万件双边条约、114个涉及投资和自由贸易区的条约，中国已成为国际规则体系的重要参与者。例如，中国积极履行2009年G20匹兹堡峰会[②]达成的共识[③]，于2019年1月正式

---

① 2011年11月，OECD发布《竞争中性与国有企业：挑战和政策选择》报告，对国有企业与私有企业相比拥有的竞争优势以及消除这些优势的思路和措施进行了全面研究，提出“竞争中性”政策框架。

② G20峰会机制诞生于2008年国际金融危机最紧要的关头，是公认的全球经济治理主要平台，覆盖世界90%GDP、80%贸易和70%人口。

③ 包括增强场外衍生品市场透明度、防范系统性风险、系统推进包括建立场外衍生品交易报告库在内的金融监管改革等。

批复国内四家期货交易所成为合格中央对手方（QCCP），同时学习借鉴国际证券委员会组织（IOSCO）和巴塞尔银行监管委员会（BCBS）的国际标准，不断完善国内证券和期货市场监管标准。

二是中国在重要国际组织中的话语权逐渐提升。例如，1980年中国恢复了在IMF中的合法席位，当时的排名为第16位；随着中国经济实力增强，中国在IMF内逐步获得了单独选区的地位，从而有权选举自己的执行董事；2016年1月26日，中国正式成为IMF第三大股东，所占份额从不足4.00%上升至6.40%，排名仅次于美国和日本。又如，2016年中国成功举办G20杭州峰会，在解决2008年国际金融危机后全球经济金融治理机制失衡问题上，发挥了建设性和关键性作用。

三是中国逐渐成为国际规则公共产品的提供者。2013年中国提出“一带一路”国际合作倡议以来，已得到150多个国家、地区和国际组织的积极响应与参与。2015年亚投行正式成立以来，目前已有包括英、德、法、意等西欧14国在内的103个正式成员国。2016年G20杭州峰会上，中国首次把绿色金融议题引入会议议程并获得峰会的高度认可，同时更新了G20普惠金融指标体系，并推动制定了《G20数字普惠金融高级原则》，成为该领域的第一份国际性指引文件。这些创新举措体现了中国已逐渐成为国际规则等全球重要公共产品的提供者。

### （三）中国需要进一步提升在国际规则中的话语权

新中国成立以来特别是改革开放40多年来，中国的硬实力得到了空前提升，中国在国际规则中的话语权也有所提高。但不可否认的是，中国在现有多数国际规则的制定中没有主导性地位，尚缺乏强大的国际规则话语权。

首先，“西强东弱”的基本格局没有得到根本改变。中国是世界第二大经济体，但在世界经济中的话语权还比较有限，国际经贸规则话语权、国际金融机构和货币话语权、大宗商品定价话语权、国际金融治理和监管协调主导权、知识产权和信用评级机构话语权等基本上都是西方国家主导。

其次，中国还面临着主要领域话语权的挑战。例如对中国发展道路的质疑，不少西方国家还不认可中国特色发展道路，时不时地抛出“中国威胁论”“中国崩溃论”等谬论。此外，还有中国扩充军备威胁世界和平的挑战、中国掠夺世界资源环境的挑战等。

面对这些挑战和质疑，中国既要看到自身在国际规则话语权上的不足，又要以务实的姿态针对不同问题，制定实施追赶战略和自立自强创新举措，进一步提升在国际规则中的话语权和影响力。

## 四、中国向制度型开放转变的思考——以期货市场为例

### （一）期货市场本质上是规则主导的市场

期货市场是一种高度组织化的市场。为保障期货交易“公开、公平、公正”和稳健运行，期货交易所制定了一系列规则制度，所有交易者必须在这些规则范围内参与交易，才能保证期货市场规范、有序、高效运转，更好发挥期货市场的功能作用。期货市场规则有广义和狭义之分，广义规则包括与期货市

场相关的一切法律、法规、交易所章程等，狭义规则仅指期货交易所制定的经过国家监管部门审核批准的期货交易规则，以及以此为基础产生的各种细则、办法和规定等。

### （二）期货市场向制度型开放转变本质是规则的开放

期货市场是规则主导的市场，不言而喻，期货市场向制度型开放转变本质上是规则的开放。伴随着经济对外开放程度的提高，近年来我国期货市场对外开放进程不断加快、开放水平不断提升。在开展铜、铝、聚乙烯、铁矿石、甲醇等期货品种保税交割试点的基础上，期货市场“走出去”“引进来”步伐加快，通过开展股权合作、境外设立分支机构、推出创新业务等形式向境外输出中国规则，通过原油、铁矿石和PTA（精对苯二甲酸的英文简称）等特定品种开放引入境外交易者提升中国规则影响力。未来，随着我国高水平对外开放的深化，期货市场向制度型开放转变的广度和深度将进一步加大，将在更大程度上提升、彰显中国期货市场在国际期货市场中的话语权和影响力。

### （三）期货市场向制度型开放转变应坚持的原则

一是包容性原则。坚持包容开放是开展国际合作的基本前提，也是中国期货市场向制度型开放转变的应有姿态。中国期货市场既要正视自身存在的不足和短板，又要洞察境外期货市场发展的前沿动态，以更加包容开放的姿态吸收借鉴国际市场最佳实践。

二是公开透明原则。首先，要打开中国期货市场对外开放的大门，为更多国家和地区了解中国期货市场规则提供一个全方位信息公开的窗口。其次，要坚持信息透明原则，让更多国家和地区更加充分地认识中国期货市场规则，才能逐渐提升中国规则的国际影响力和话语权。

三是权责对称原则。权责对称是公认的国际法原则[①]。欧美发达经济体是当前全球大宗商品定价体系的主导者和最主要受益者，广大新兴市场和发展中经济体却难以发挥与自身实力相匹配的影响力。在中国期货市场向制度型开放转变过程中，要坚持责任、权利与地位匹配的权责对称原则[②]。

四是动态性原则。要用动态发展的眼光看待中国期货市场向制度型开放转变这一问题。推动期货市场向制度型开放转变，既要着眼于中国期货市场发展实际和现行规则需求状况，又要合理研判未来中国期货市场发展趋势和对规则的需求容量，综合衡量推动向制度型开放转变的利弊。

### （四）中国期货市场向制度型开放转变的着力点

#### 1. 系统梳理现行期货规则，做好由商品和要素流动型开放向制度型开放转变的准备工作

一是区分内核规则和衍生规则。内核规则是支撑期货市场稳步发展的基石，衍生规则是在内核规则基础上衍生出来的配套规则。一般认为，期货市场的内核规则主要包括保证金制度、当日无负债结算制度、涨跌停板制度、持仓限额制度、大

---

① 何帆，冯维江，徐进．全球治理机制面临的挑战及中国的对策 [J]. 世界经济与政治，2013（4）：19–39.

② 以能力差异为基础、有条件责任分配的权责对称原则，又称“共同但有区别的责任”原则。

户报告制度、交割制度、强行平仓制度、风险准备金制度和信息披露制度，内核规则之外的可归为衍生规则。在期货市场向制度型开放转变过程中，首先要着眼于内核规则，确保内核规则的稳定性，形成稳定的市场预期；其次是促进衍生规则不断优化完善，最终形成科学、规范、系统、完善、运行高效的规则体系。

二是区分内生规则和外来规则。内生规则是伴随着中国期货市场产生发展而出现的具有本土特色的规则，外来规则是中国期货市场学习境外市场规则并将之运用到中国期货市场的规则。经过30多年的快速发展，中国期货市场内生规则主要包括“一户一码”制度、“穿透式”监管①、保证金安全存管制度、投资者适当性制度、期货公司风险监测制度等，内生规则之外的可归为外来规则。在期货市场向制度型开放转变过程中，既要结合中国期货市场发展实际，坚持和完善内生规则，又要秉持包容开放的姿态，学习借鉴外来先进规则和国际最佳实践，满足品种、工具和业务多样化发展的需要。

三是区分适宜规则和滞后规则。随着经济发展和技术进步速度加快，国际期货市场日新月异，中国期货市场也要与时俱进，适宜的规则要坚持好、运用好、维护好、打磨好和发展好，滞后的规则要及时更新甚至淘汰掉。目前，随着期货市场对外开放加快，普遍认为我国期货市场法律体系不完善，立法进程缓慢，法律层级较低，并且缺乏对场外市场、境外交易

① 马婧好．证监会将进一步加强期货市场穿透式监管［N］．上海证券报，2018-07-10.

所、境外经纪机构的相关规定，这与国际期货市场的惯例做法不相吻合，远远不能满足现代期货市场市场化、法治化和国际化发展的要求。因此，类似建设滞后的规则要及时更新完善，才能跟上国际期货市场发展步伐。

**2. 调整和优化国内期货市场有关规则，积极推动国内期货规则与国际通行规则接轨**

从我国期货市场现有规则看，还存在着以下规则亟须调整和优化，进而实现国内期货规则与国际通行规则接轨。

一是提高期货立法层级，加快期货和衍生品法立法进程，填补法律短板。参照欧美等发达经济体期货市场法治建设情况，从法律层面对我国期货市场的改革开放做好顶层设计，明确期货市场基础法律关系、民事权利义务和法律责任；加大对正常套保套利和合理投机的保护力度，严厉打击操纵和内幕交易等扰乱期货市场秩序的违法行为；明确对场外市场的监管和对场外业务创新的法律支持；对市场准入、投资者保护和对外开放等期货市场国际化焦点问题做出符合国际惯例的规定。

二是修改现有法律条文以更好地适应期货市场的发展。认真对照和系统梳理期货市场现有相关法律条文，对不合时宜的条款及时调整完善。例如，在国际化品种市场准入和适当性制度上，境外客户参与境内期货交易的流程比较繁琐，在开户上要求境外投资者提交的材料较多，知识测试题目难度较高，影响了投资者的积极性。再如，目前交割仓库已基本具备承担连带责任的条件，而2003年《最高人民法院关于审理期货纠纷案件若干问题的规定》中关于期货交易所承担交割仓库连带责任的规定，尚未及时修改调整。

三是促进境内外期货交易所规则之间的对接和兼容。制定和实施交易规则是期货交易所的重要职责，推动向制度型开放转变重要的是期货交易所规则的对接。例如中美两国期货交易所规则结构，大体上都可划分为章程和业务运行规则两大部分，但美国期货交易所的规则内容更为细致、规定更为明确、操作性更强，而中国则相对简单，但原则性更强，灵活性和操作性存在明显劣势。因此，境内期货交易所在确保期货规则科学、规范和稳定的前提下，主动做好同境外期货交易所通行规则的对接，提高不同市场之间的兼容性，方便交易者理解、接受、掌握、查阅和使用。

**3. 提高开放的质量，逐步提升大宗商品定价影响力**

一是推动更多品种对外开放，提升价格规则影响力。产品是期货市场的基础，产品的国际化程度越高，相应期货价格规则的影响力就越大，加大更多品种对外开放有利于提升期货价格规则的影响力。在已上市品种上，不断优化适当性管理制度，吸引更多机构投资参与交易。持续扩大特定品种范围，简化报批流程，支持更多特定商品期货品种对外开放，扩大合作谅解备忘录的签署范围，使更多国家和地区客户能够参与境内特定品种交易。在新上市品种上，研究探索直接实现交易和交割国际化。坚持开放常态化，在开放中解决遇到的新问题，保持足够的容忍度和包容性。

二是加快建设国际大宗商品中国本土的定价中心。随着中国在全球经济格局中的重要性不断提高，期货市场建设国际大宗商品定价中心面临着重要机遇期。一方面，要抓住我国工业化中后期大宗商品贸易大规模进出的机会，顺应现货企业国际化经营步伐加快的需要[①]，加快建立中国本土的大宗商品国际定价中心。另一方面，要利用好当前全球化进入低潮、国际规则秩序调整以及亚太地区和非洲定价中心尚未确立的窗口期[②]，尽快在此形成大宗商品区域定价中心，与欧美市场形成互补，不断提升中国期货市场规则影响力。

三是用好共建“一带一路”和人民币国际化战略机遇。共建“一带一路”和人民币国际化为我国期货市场向制度型开放转变提供了有利条件。首先，“一带一路”沿线大宗商品资源丰富，与中国贸易往来密切[③]，并且沿线商品期货市场具备一定基础，与我国期货市场开展合作的潜力较大。其次，定价货币是定价权的核心，以人民币作为全球大宗商品定价的币种，有利于更好地控制大宗商品资源。随着人民币国际化的深入推进和人民币影响力的不断提高，人民币国际化可以为我国期货市场加快建设国际大宗商品中国本土的定价中心提供战略支撑。

**4. 加强向制度型开放转变的人才队伍建设，充分做好期货市场国际化的人才储备工作**

推动期货市场向制度型开放转变，提升我国期货市场规则话语权和影响力，离不开国际化人才的培养和储备。可结合我国期货市场国际化整体发展规划，制订期货市场国际化人才培养计划，针对不同类型人才开展专项培训，重点提高国际化人

---

①② 姜洋. 商品期货市场助力“一带一路”建设［J］. 中国金融，2019（3）.

③ 2017 年，中国与 73 个“一带一路”沿线国家和地区（一带一路官网国别口径 + 中国香港、中国澳门地区）货物贸易额达 1.73 万亿美元，占中国货物贸易总额的 42.1%。

才的外语能力和专业素养。可面向“一带一路”沿线国家和地区发起成立期货市场培训基金，针对不同商品期货品种设立培训专家库，针对期货市场国际化过程中的具体问题开展分类培训。此外，针对我国期货市场国际化发展的实际需求，加大对国际化人才的引进力度。

**5. 牢牢守住向制度型开放转变过程中不发生损害国家安全的底线，防范和化解潜在风险**

针对大宗商品涉及面广、金融属性强和影响力大的特点，有效应对期货市场风险跨境传递和金融市场风险共振①等可能，防止难以预测的系统性风险。在推动向制度型开放转变过程中，需要做好与有关国家和地区期货市场监管机构的沟通协调，在涉及调查客户身份资质、资金来源和异常交易行为时，相互给予配合和支持。通过加强跨境监管合作，提高跨境监管效率，积极传递中国期货市场规则标准和理念。

（韩学广）

① 李伟．打好防范化解重大风险攻坚战：思路与对策．国务院发展研究中心“经济转型期的风险防范与应对”课题组．2018-01-12.

# 国际市场商品期货结算价授权案例分析

商品期货结算价授权是指一家交易所将其某个商品期货合约的结算价单向授权给第三方交易所，允许第三方交易所挂牌上市使用上述授权结算价进行现金交割结算的期货或其他衍生品的业务合作模式[①]。商品期货结算价授权因其实施相对简单，在国际交易所商品期货合作中较为广泛，有助于交易所丰富产品体系、优化产品结构、提升市场运行质量，在我国当前资本项目尚未完全放开背景下具备可操作性。本文通过对境外交易所间典型的商品期货结算价授权案例分析，总结其授权及产品运行经验，希望为我国期货交易所探索商品期货结算价授权合作提供借鉴。

## 一、研究方法

本文将欧美发达交易所、非欧美发展中交易所分别归类为强、弱研究对象，按照强强、强弱、弱强、弱弱的实力组合关系，选取在不同实力组合下商品期货结算价授权的典型案

① 目前，芝加哥商业交易所（CME）开展了为数最多且最具代表性的商品期货结算价授权实践，其具备全球基准定价地位的原油、小麦、大豆等多个品种均存在海外授权实践。

例，对主市场[①]与卫星市场的历史背景、关联产品设置、流动性、市场份额、定价关系等进行分析。在定价关系分析中，检验不同组合下的主市场、卫星市场和现货市场之间的价格冲击是否存在引导关系，并探究哪一方在价格发现过程中起主导作用，即通过脉冲响应函数和方差分析方法，研究市场间的价格回报冲击效应，并基于Hasbrouck的信息份额模型（I–S）与Gonzalo–Granger的永久短暂模型（P–T）分析不同市场对于价格发现的贡献程度。

强强实力组合下，交易所间对“大宗商品之王”——原油期货的争夺相当激烈，而其他商品却鲜有涉及。然而，无论是纽约商业交易所[②]（NYMEX）的西德克萨斯轻质（WTI）原油还是洲际交易所（ICE）的布伦特原油，主市场和卫星市场却没有“授权合作”，而是卫星市场单方面使用主市场结算价格为自身关联产品进行清算，且已形成主市场、卫星市场并存发展的局面。尽管原油案例并非结算价授权合作，但卫星市场使用主市场价格作为结算依据的业务形式与结算价授权的业务实现形式相同。

弱强实力组合下开展结算价授权的案例较少，目前仅有马来西亚衍生品交易所（BMD）将其马来西亚林吉特计价的毛棕榈油期货结算价授权给芝加哥商业交易所（CME）上市相关的互换、期货产品。但是，综合实力较强的国际交易所却一直觊觎自身不具备或不成熟的、在综合实力较弱交易所上市且发展

① 本文将把自身产品结算价授权出去的交易所定义为主市场，把获得授权、上市以授权结算价为结算依据产品的交易所定义为卫星市场。

② NYMEX 于 2007 年被 CME 收购。

迅速、具备全球定价潜力的产品，不断尝试从实力较弱交易所获得授权，上市关联产品。例如，境外交易所一直对挂牌我国境内上市的商品期货品种有浓厚兴趣。对弱强组合下的结算价授权案例进行分析研究，对于我国期货交易所探索向综合实力较强的交易所授权结算价具有参考意义。

强弱实力组合下的商品结算价授权案例最多，例如CME将WTI期货结算价授权给印度多种商品交易所（MCX）、将芝加哥软红冬麦期货结算价授权给南非约翰内斯堡交易所、莫斯科交易所，将玉米期货结算价授权给阿根廷罗萨里奥交易所、布宜诺斯艾利斯交易所，将大豆期货结算价授权给巴西交易所（B3）等。此类授权合作中，强、弱交易所实力和市场发展程度差距悬殊，且授权品种均是美国为全球主要产地、期货价格已经具备全球定价地位的产品，弱交易所尚不具备撼动强交易所定价地位的能力。

此外，从目前可得的资料看，弱弱实力组合下尚无商品期货结算价授权合作案例（见表1）。

表1　　商品期货结算价授权案例选择

| 主市场、卫星市场实力对比 | 案例标的产品 | 主市场 | 卫星市场 | 主市场产品上市时间 | 卫星市场产品上市时间 |
|---|---|---|---|---|---|
| 强：强 | WTI原油 | NYMEX | ICE | 1983年 | 2006年2月 |
| | 布伦特原油 | ICE | NYMEX | 1988年 | 2007年7月 |
| 弱：强 | 毛棕榈油 | BMD | CME | 1980年 | 期货：2010年5月<br>互换：2013年6月 |
| 强：弱 | WTI原油 | NYMEX | MCX | 1983年 | 2005年6月 |

资料来源：相关交易所官方网站。

## 二、案例分析

### （一）强强组合下的WTI原油案例

#### 1. 历史背景

WTI原油期货于1983年在NYMEX上市交易并成为当时交投最为活跃的原油期货合约。1999年，美国商品期货交易委员会（CFTC）签发“无异议函（No Action Letter）”，允许ICE会员在美国境内通过电子化渠道直接交易ICE欧洲交易所的产品，却未将ICE欧洲交易所认定为接受美国期货交易监管的交易所。这意味着美国客户交易ICE欧洲交易所的产品将适用较为宽松的欧洲监管限制，不适用较为严格的美国监管限制。

2006年2月3日，ICE单方面上市基于NYMEX-WTI原油期货结算价的标准电子WTI期货合约，直接同当时仅在交易池进行公开喊价的NYMEX主市场WTI原油期货进行竞争[①]。ICE卫星市场的WTI合约设计与NYMEX主市场的WTI合约设计如出一辙（见表2）。ICE声称其标准电子WTI合约将满足美国及全球交易者全天候交易的需求，这也是历史上第一次以美国为主产地的原油期货合约在美国本土之外上市交易。

---

① 2005年，ICE因未获得NYMEX就WTI的授权，单方面使用WTI价格为ICE场外能源衍生品结算，而遭到NYMEX的侵权诉讼。2005年10月，美国纽约南区法庭判定，ICE使用WTI结算价可促进市场良性竞争及提升WTI价格质量，驳回了NYMEX的诉讼。

表2　　主市场与卫星市场WTI原油期货合约对比

| | NYMEX主市场 | ICE卫星市场 |
|---|---|---|
| 交易时间 | 芝加哥时间<br>公开喊价：每个交易日6小时45分<br>电子盘：每个交易日23小时 | 伦敦时间<br>每个交易日22小时 |
| 合约单位 | 1 000桶 | 1 000桶 |
| 计价货币 | 美元 | 美元 |
| 最小变动价位 | 0.01美元/桶 | 0.01美元/桶 |
| 最后交易日 | 交割月前一个月25日之前的第3个交易日 | 交割月前一个月25日之前的第4个交易日 |
| 最终结算价 | 到期日14：00—14：30之间的成交量加权平均价进行结算 | 使用NYMEX相同月份的WTI原油期货的倒数第二个结算价 |
| 交割方式 | 实物 | 现金 |

NYMEX为应对来自ICE卫星市场的竞争，一方面恳请美国监管机构对ICE欧洲交易所采取监管措施[①]，另一方面认识到公开喊价交易对于交易者参与范围的局限性，于2006年9月5日上市交易与WTI公开喊价期货合约相同的实物交割的标准电子[②]期货合约。

**2. 成交量及市场份额变动分析**

（1）成交量

2006年至2017年年末，NYMEX主市场的WTI原油期货年度总成交量实现了跨数量级的增长，从2006年的6 956万张

① CFTC于2008年出台了“关闭伦敦漏洞法案”并同欧洲监管机构和ICE达成监管共识。

② 基于当时NYMEX与CME的合作协议，此标准电子WTI期货合约于CME Globex平台上市交易。

跃升至2017年的3.1亿张，累计增长370%。而ICE卫星市场自2006年上市WTI期货至2017年年末，年度成交量从2 862万张升至5 354万张，仅增长87%。

此外，如图1所示，除2007—2010年国际金融危机期间外，WTI原油期货成交量的增长率基本与原油期货价格波动一致，价格波动率高时成交量增长快，价格波动率低时成交量增长缓慢或出现负增长。

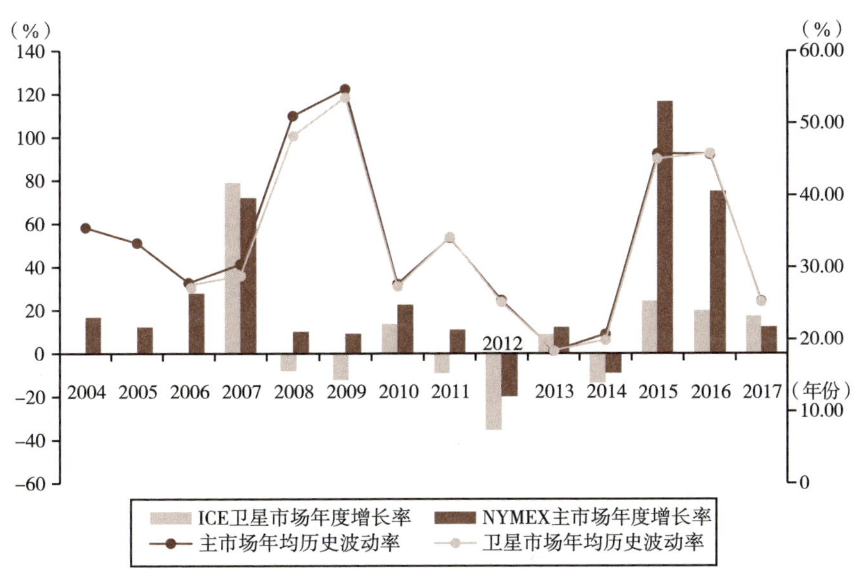


图1　WTI原油期货主市场[①]、卫星市场成交量年增长率和价格年均历史波动率

资料来源：彭博数据库。

除原油对经济发展举足轻重的因素外，WTI原油期货实现成交量增长的原因还包括但不限于下列因素：一是WTI原油期货一直以来就是美国原油市场的基准，NYMEX被CME并

① 图1中计算成交量年增长率时，主市场的公开喊价与电子合约合并计算。

购之后交易所对品种的深耕优化以及合并形成的规模效应，促进了WTI原油期货的蓬勃发展；二是美国于2015年12月解除本土原油出口禁令，进一步推动了美国WTI原油成为全球原油定价基准，助推WTI原油期货进一步发展。而主市场相较于卫星市场更为强劲的发展，一定程度上凸显出主市场的原产地优势。

（2）市场份额

ICE卫星市场上市WTI原油期货后，由于欧洲监管较为宽松、电子化交易更为便捷以及ICE布伦特原油期货客户可在同一市场开展WTI/布伦特套利交易等原因，ICE-WTI市场份额在上市5个月内（2006年2—7月）迅速攀升至40%（见图2）。有分析认为，ICE-WTI一经推出便取得了成功，一方面是ICE抓准了欧美期货市场监管的差异，选择在监管较为宽松的欧洲上市产品；另一方面也是电子化交易向传统公开喊价交易开始宣告胜利。

NYMEX标准电子WTI期货于2006年9月上市后，稳步夺回WTI市场份额。2007年2月，即ICE–WTI合约上市一周年之际，ICE卫星市场的WTI市场份额被压缩至32%。随后直至2017年年底，ICE卫星市场份额逐步遭到NYMEX主市场的挤压，从32%一路降至14%。这同样反映了NYMEX作为主市场对于外部市场竞争具有强大的抵御能力。

**3. 定价关系分析**

我们利用彭博数据库和WIND数据库目前可得的2011年12月21日至2018年8月31日NYMEX、ICE市场以美元计价的WTI原油期货合约收盘价和WTI原油现货价格，检验主市

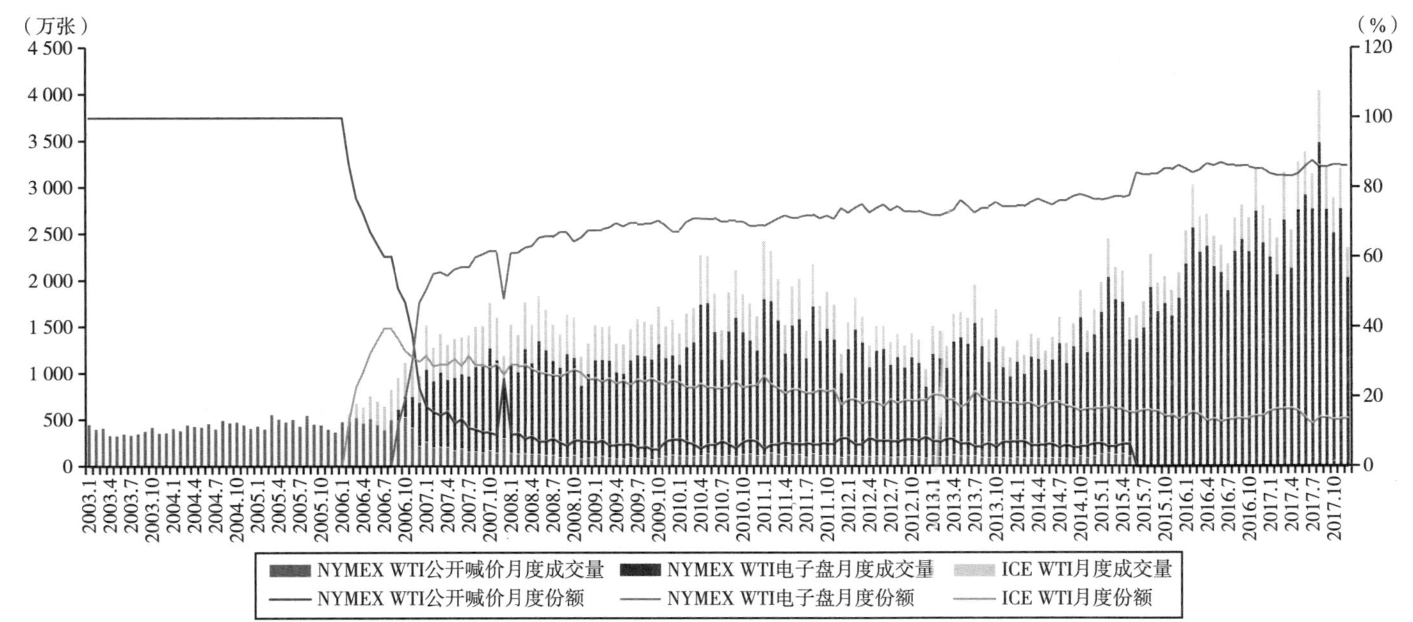


图2　WTI原油期货主市场与卫星市场月度累计成交量与市场份额变动①

资料来源：彭博数据库。

① 本统计不包含2006年2月时已经上市的NYMEX电子迷你WTI期货合约。2011年前的电子迷你WTI期货成交数据无法从彭博数据库获得。据Tse和Martinez的论文《原油期货市场竞争》称，NYMEX电子迷你WTI期货合约的成交量一直较小，且市场份额在10%以下。

场、现货市场和卫星市场之间的WTI原油期货价格是否存在价格引导关系，并探究哪一方在WTI原油价格发现过程中起主导作用。

（1）价格变动冲击影响

脉冲分析结果表明，NYMEX主市场的WTI原油期货价格变动冲击单向引导ICE卫星市场和现货市场价格变动。价格变动对市场冲击效应的方差分解分析结果表明（见表3），NYMEX主市场的价格变动中，有99%的变动来自于主市场自身的价格冲击，而仅有1%的变动来自于卫星市场和现货市场的价格冲击；ICE卫星市场的价格变动中，有65%的变动来自于主市场NYMEX的价格冲击，而受自身市场的价格冲击影响程度只有35%；现货市场受自身市场和NYMEX市场影响较大，分别为39%和59%，受ICE卫星市场影响较小，为2%。

表3　　WTI原油价格变动对双方期货市场的冲击分析

| | NYMEX主市场价格变动 | ICE卫星市场价格变动 | 现货市场价格变动 |
|---|---|---|---|
| 自身价格冲击解释度 | 99% | 35% | 39% |
| 受主市场冲击解释度 | — | 65% | 59% |
| 受卫星市场冲击解释度 | 1% | — | 2% |
| 受现货市场冲击解释度 | | 0% | — |

（2）价格发现贡献度

表4列出了不同模型下主市场、卫星市场、现货市场对于发现真实WTI原油价格贡献程度的研究结果，NYMEX主市场占据主导地位，P-T模型为90.36%，I-S模型为57.40%；ICE卫星市场的价格发现贡献度低于NYMEX主市场，P-T模型为

5.14%，I-S模型为22.94%；现货市场对价格发现的贡献度较弱，P-T模型为4.50%，I-S模型为19.66%。上述统计结果表明，NYMEX主市场在发挥期货定价功能上占据主导地位。

表4　　三个市场价格发现的实证分析结果

| 信息份额模型 | NYMEX主市场 | ICE卫星市场 | 现货市场 |
| --- | --- | --- | --- |
| P-T模型 | 90.36% | 5.14% | 4.50% |
| I-S模型 | 57.40% | 22.94% | 19.66% |

注：I-S模型下各个市场价格发现贡献程度为不同市场组合下的简单算术平均值。

### （二）强强组合下的布伦特原油案例

#### 1. 历史背景

1988年6月，伦敦国际石油交易所（IPE）[①]推出了公开喊价的布伦特原油期货合约，配合IPE已有的场外互换、远期和即期现货市场等交易方式，有分析认为IPE布伦特原油产品系列为市场提供了高度灵活的风险管理工具，并迅速成长为原油市场的另一大定价基准。由于布伦特原油产地为北大西洋北海地区，因此非洲、中东和欧洲地区原油贸易更倾向于采用布伦特原油期货价格作为定价参考。据普氏统计，2013年约有70%的全球原油长期贸易直接或间接地参照布伦特原油期货定价[②]。2005年，为顺应期货交易电子化趋势，ICE推出了布伦特原油标准电子合约交易，并结束公开喊价交易模式。

① IPE在2001年6月被ICE收购，成为ICE欧洲交易所。

② 信息来源：普氏官网相关资料 https：//www.platts.com/im.platts.content/productsservices/conferenceandevents/2013/pc366/presentations/mike_davis_ice_future_enterprises.pdf。

为反击ICE单方面上市未经NYMEX授权的WTI期货合约，2007年8月NYMEX也推出了未经ICE授权的基于ICE布伦特原油期货结算价的布伦特原油期货合约，并在CME全球电子交易平台（Globex）上进行交易。NYMEX布伦特原油期货几乎复制了ICE主市场的合约设计（见表5），但在交割方式上存在不同。ICE主市场的布伦特原油期货交割方式更为灵活，既可以通过期转现进行实物交割，也可以按照最终结算价进行现金交割。

表5　　主市场与卫星市场布伦特原油期货合约对比

| | ICE主市场 | NYMEX卫星市场 |
|---|---|---|
| 交易时间 | 每个交易日22小时 | 每个交易日23小时 |
| 合约单位 | 1 000桶 | 1 000桶 |
| 计价货币 | 美元 | 美元 |
| 最小变动价位 | 0.01美元/桶 | 0.01美元/桶 |
| 最后交易日 | 交割月前2个月的最后一个交易日 | 交割月前2个月的最后一个交易日 |
| 最终结算价 | 最后交易日布伦特原油指数价格 | 最后交易日布伦特原油指数价格 |
| 交割方式 | 通过期转现实物交割或现金交割 | 现金 |

资料来源：相关交易所官方网站。

**2. 成交量及市场份额变动分析**

（1）成交量增长率和价格历史波动率

如图3所示，NYMEX卫星市场成交量年度增长率与布伦特原油价格历史波动率在2011—2013年出现了此消彼长的现象。布伦特原油期货在主市场和卫星市场成交量均实现显著增长的原因主要是：一是从期货角度来看，ICE主市场在布伦特原油期货上市初期采取了力度较大的优惠措施，持续较高的展期收益以及深度的流动性引起市场资金的高度关注；二是从现货角度来看，不同于美国WTI原油的出口限制，欧洲石油市场完全开放、自由竞争，石油现货产业链中的生产商、贸易商、加工商等积极利用布伦特期货进行套期保值，形成了以欧洲为原油贸易起始点的原油价格均以布伦特原油期货作为价格基准的局面。

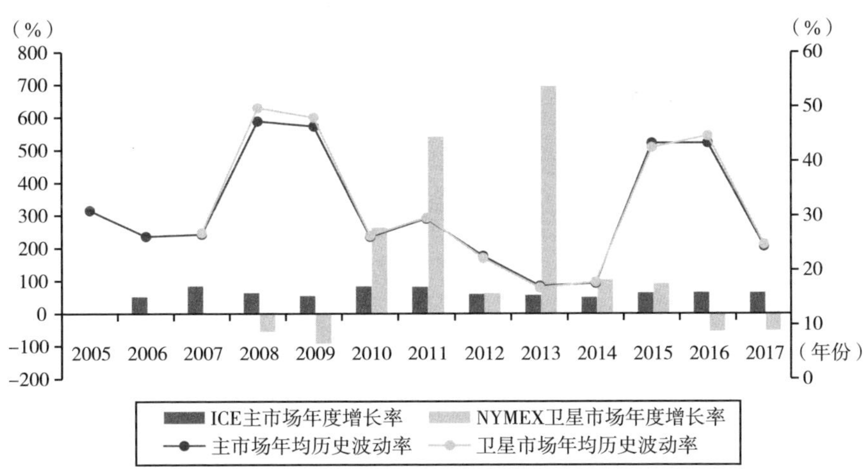


图3　布伦特原油期货主市场、卫星市场成交量年增长率和价格年均历史波动率

资料来源：彭博数据库。

如图4所示，由于WTI原油品质高于布伦特原油，因此在相当长的年份内，WTI相较于布伦特升水在1~2美元。但从2011年开始，因美国对原油出口的严格控制，导致库欣的原油库存一直处在高位，加之库欣到墨西哥湾岸区的在建石油运输管道被搁置，在很大程度上打压了WTI原油价格，致使WTI/布伦特原油价差出现逆转，价差从2011年年初贴水4美元/桶扩大到2011年9月的贴水30美元/桶。WTI/布伦特原油价差的逆势带来了可观的套利机会，刺激了NYMEX卫星市场布伦特期货成交量的大幅增长。

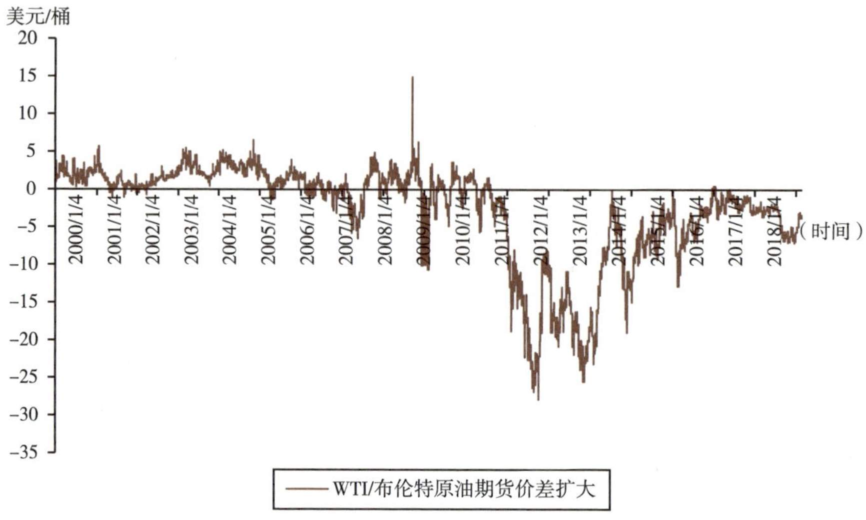


图4　WTI与布伦特原油主市场期货价差

资料来源：彭博数据库。

（2）市场份额

对比ICE主市场与NYMEX卫星市场可发现（见图5），即使在NYMEX卫星市场布伦特原油期货上市后的连续5年，ICE主市场流动性的市场份额也占据绝对优势，一直保持在99%左右。直到WTI与布伦特价差开始持续扩大、波动不断增强，才带动NYMEX卫星市场流动性逐步增加，并于2015年达到最高的16%，目前稳定在9%上下。这同样说明ICE在保持布伦特原油市场主导地位上具备强大的抵御能力，也同样反映了主市场的原产地优势。

**3. 定价关系变动分析**

我们利用彭博数据库和WIND数据库目前可得的2007年7月30日至2018年10月31日ICE、NYMEX市场以美元计价的布伦特原油期货合约收盘价和北海布伦特地区原油现货价格，

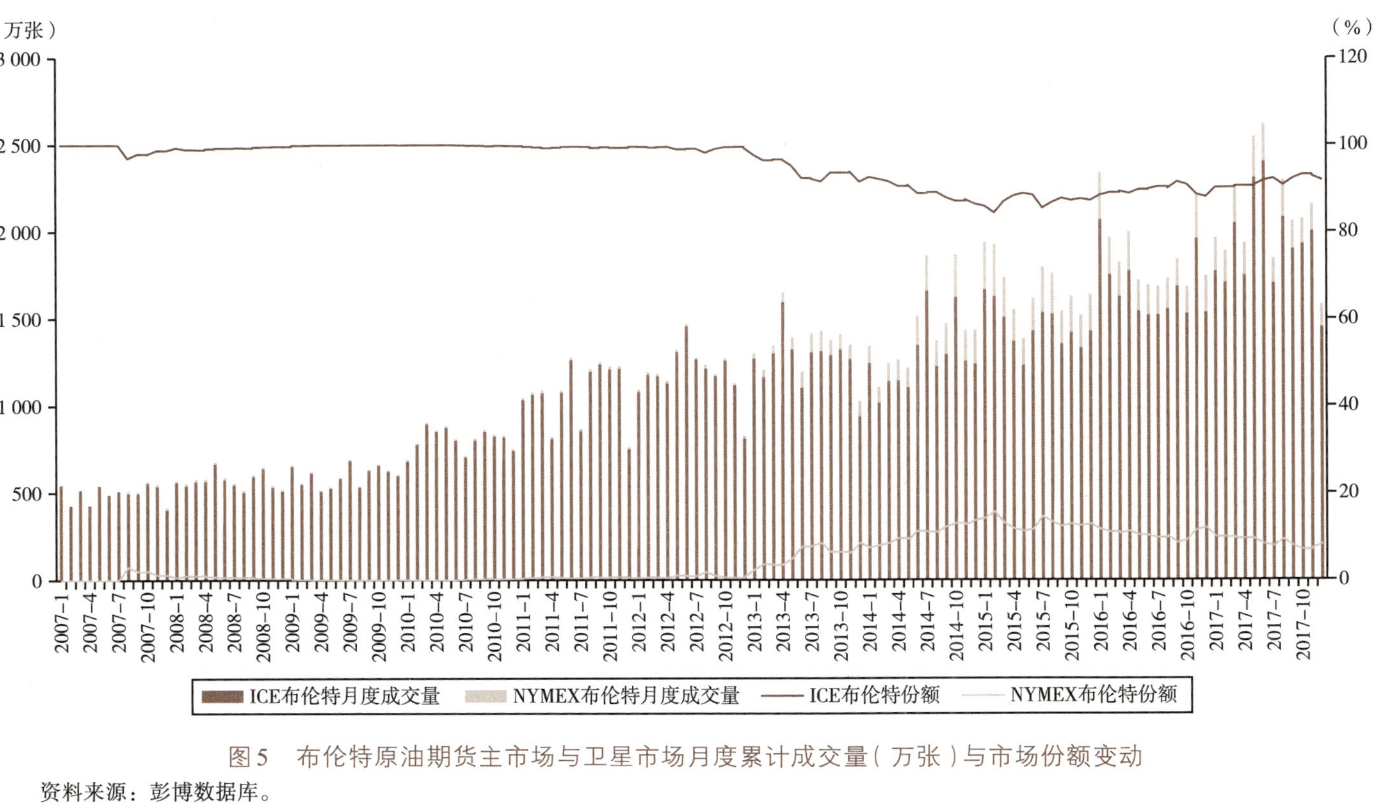


图5 布伦特原油期货主市场与卫星市场月度累计成交量（万张）与市场份额变动

资料来源：彭博数据库。

通过前述研究方法，检验主市场、现货市场和卫星市场之间的布伦特原油期货价格是否存在价格引导关系，并探究哪一方在价格发现过程中起主导作用。

（1）价格变动冲击影响

脉冲分析结果表明，ICE主市场的布伦特原油期货价格变动冲击单向引导NYMEX卫星市场的价格变动。价格变动对市场冲击效应的方差分解分析结果表明（见表6），ICE主市场的价格变动中，有96%的变动来自于主市场自身的价格冲击，仅有4%的变动来自于现货市场的价格冲击，而不受NYMEX卫星市场的影响；NYMEX卫星市场的价格变动中，受自身市场价格变动影响较大，达到55%，受主市场价格变动冲击影响为43%，受现货影响较小，仅为2%；现货市场主要受ICE主市场的价格冲击较大，为87%，受自身市场影响为13%，而不受NYMEX卫星市场影响。

表6　布伦特原油价格变动对双方期货市场的冲击分析

| | ICE主市场价格变动 | NYMEX卫星市场价格变动 | 现货市场价格变动 |
|---|---|---|---|
| 自身价格冲击解释度 | 96% | 55% | 13% |
| 受主市场冲击解释度 | — | 43% | 87% |
| 受卫星市场冲击解释度 | 0 | — | 0 |
| 受现货市场冲击解释度 | 4% | 2% | — |

（2）价格发现贡献度

表7列出了不同模型下主市场、卫星市场、现货市场对于发现真实布伦特原油价格贡献程度的研究结果，现货市场占据主导地位，P-T模型为51.80%，I-S模型为54.17%；ICE主市场

对于价格发现的贡献度低于现货市场，P–T模型为39.96%，I–S模型为30.82%；卫星市场NYMEX对于价格发现的贡献度较低，P–T模型为8.24%，I–S模型为15.01%。

表7　　三个市场价格发现的实证分析结果

| 信息份额模型 | ICE主市场 | NYMEX卫星市场 | 现货市场 |
|---|---|---|---|
| P–T模型 | 39.96% | 8.24% | 51.80% |
| I–S模型 | 30.82% | 15.01% | 54.17% |

注：I–S模型下各个市场价格发现贡献程度为不同市场组合下的简单算术平均值。

### （三）弱强组合下的毛棕榈油案例

#### 1. 历史背景

棕榈油是全球第二大食用植物油，也是产量最大的贸易油脂。马来西亚是全球最大的棕榈油生产国和出口国之一，棕榈油产量占全球油脂产量的11%，出口量占全球油脂出口量的27%[①]。马来西亚林吉特计价的毛棕榈油期货合约于1980年10月在BMD上市交易，且自上市之日起便成为全球毛棕榈油贸易定价参考。30余年来，BMD毛棕榈油期货一直是全球油脂行业的价格风向标[②]。

BMD为在毛棕榈油期货引入国际投资者，并满足来自不同时区国际投资者全天候的交易需求，于2009年9月与CME建立战略伙伴关系。依据合作协议，马来西亚交易所集团[③]将25%

① 信息摘自马来西亚棕榈油管理局网站 http：//www.mpoc.org.my/Palm_Oil.aspx。

② 信息摘自 BMD 官方网站资料。

③ BMD 母公司。

的BMD股份出售给CME集团，同时将BMD毛棕榈油期货交易转移至CME全球电子交易平台（Globex）并面向全球投资者开放[①]。BMD还授权CME于2010年5月上市基于BMD毛棕榈油期货结算价的美元计价毛棕榈油期货。2013年，CME又获得授权上市了基于BMD毛棕榈油期货结算价的毛棕榈油日历互换产品[②]。

主市场与卫星市场毛棕榈油期货、互换合约对比如表8所示。

表8　主市场与卫星市场毛棕榈油期货、互换合约对比

| | BMD主市场——期货 | CME卫星市场——互换 | CME卫星市场——期货 |
|---|---|---|---|
| 交易时间 | 吉隆坡时间<br>每个交易日5小时30分 | 芝加哥时间<br>电子盘：每个交易日4小时50分<br>ClearPort（场外）：每个交易日23小时 | |
| 合约单位 | 25公吨 | 25公吨 | |
| 计价货币 | 林吉特 | 美元 | |
| 最小变动价位 | 1林吉特/公吨 | 0.25美元/公吨[③] | |
| 最后交易日 | 现货月的第15日，若非交易日则向后顺延 | 合约月份的最后交易日 | |
| 最终结算价 | 由BMD清算所按照既定规则计算并发布（规则未公开） | 自当前到期月（含）向后数第3个月的期货合约在当前到期月每日结算价的累计平均价[④]。最终结算价格按照当日15：30的美元/林吉特即期定盘汇率为换算为美元价格 | |
| 交割方式 | 实物 | 现金 | |

资料来源：相关交易所官方网站。

① BMD毛棕榈油期货交易后的清算仍由BMD清算所负责。

② CME毛棕榈油互换在场外成交，仅由CME清算所为其进行中央清算。

③ 按照2018年3月6日汇率，1林吉特≈0.25美元。

④ 以1月到期的CME毛棕榈油期货为例，其最终结算价应为1月15日之前BMD毛棕榈油3月期货合约和1月15日之后BMD毛棕榈油4月合约每日结算价的平均价格，月份转换按照BMD合约周期执行。

**2. 成交量及市场份额变动分析**

在过去10年间，BMD毛棕榈油期货成交量实现了跨越式增长，特别是2009年BMD与CME合作以来，BMD毛棕榈油期货成交量在保持连续正向增长势头，2017年日均成交量为4.82万张，较合作前的2008年的1.22万张累计增长295%。

然而，CME作为卫星市场在棕榈油产品上却并未获得理想的流动性。从目前可得的信息来看[①]，CME毛棕榈油期货成交一直较为清淡，日均成交合约12张。尽管随后CME于2013年推出毛棕榈油互换产品，允许市场参与者以更加灵活、私密的方式参与交易，CME毛棕榈油互换日均成交目前也仅约600张，市场份额在1%左右，年度增长率涨跌互现，难以与BMD主市场流动性相提并论。

BMD主市场与CME卫星市场相比，虽然其产品线简单，市场基础设施相对薄弱，但无论从日均成交量还是市场份额来看，主市场依然保持着较高的流动性和市场成熟度，卫星市场未能分割主市场的流动性。虽然投资者直接参与CME毛棕榈油合约具备种种优势，如美元计价、SPAN保证金带来的更低交易成本等，但这些优势并未有效带动卫星市场的发展。出现上述结果的原因可能包括，一方面BMD采取了巧妙的合作方式，将主市场流动性与CME卫星市场的电子平台营收捆绑在一起，使主市场具备与卫星市场相同的交易和技术服务基础设施，主市场交易增长将增加CME电子平台的利润分成，同时

① 受彭博数据库历史数据限制，CME毛棕榈油期货仅有2016年、2017年两年成交量数据，日均成交量极少（约12张），2016年度成交量为3 140张，2017年度成交量为2 994手，因此CME毛棕榈油期货交易情况不做进一步对比分析。

BMD将毛棕榈油期货的清算业务掌握在自己手中，保持了重要的独立性；另一方面马来西亚作为全球毛棕榈油重要生产和贸易国，已经在授权合作前的20年建立并发展了相对应的毛棕榈油期货市场，品牌效应的逐年积累建立了相对牢固的客户黏性（见表9）。

表9　主市场、卫星市场毛棕榈油产品成交情况　成交量单位：张

| 日期 | BMD期货日均成交量 | BMD年度增长率 | CME互换日均成交量 | CME互换年度增长率 | CME互换占比BMD期货 |
|---|---|---|---|---|---|
| 2004 | 5 557 | -4.40% | — | — | — |
| 2005 | 4 690 | -15.60% | — | — | — |
| 2006 | 8 990 | 91.68% | — | — | — |
| 2007 | 11 299 | 25.68% | — | — | — |
| 2008 | 12 213 | 8.09% | — | — | — |
| 2009 | 16 317 | 33.60% | — | — | — |
| 2010 | 16 390 | 0.45% | — | — | — |
| 2011 | 24 069 | 46.85% | — | — | — |
| 2012 | 30 415 | 26.37% | — | — | — |
| 2013 | 32 243 | 6.01% | 320 | — | 0.99% |
| 2014 | 40 989 | 27.13% | 301 | -5.94% | 0.73% |
| 2015 | 44 383 | 8.28% | 314 | 4.32% | 0.71% |
| 2016 | 46 238 | 4.18% | 616 | 96.18% | 1.33% |
| 2017 | 48 215 | 4.28% | 606 | -1.62% | 1.26% |

资料来源：彭博数据库。

### 3. 定价关系分析

由于CME毛棕榈油期货成交不活跃，故选取毛棕榈油互换合约结算价作为卫星市场样本数据，主市场样本数据选取BMD毛棕榈油期货合约结算价和马来西亚毛棕榈油现货价格，

我们利用彭博数据库目前可得的2014年2月4日至2018年10月10日时段内的价格数据，通过前述研究方法，检验BMD主市场、现货市场和卫星市场之间的毛棕榈油价格是否存在价格引导关系，并探究哪一方在毛棕榈油价格发现过程中起主导作用。

（1）价格变动冲击影响

脉冲分析结果表明，BMD主市场的毛棕榈油期货价格变动冲击单向引导CME卫星市场和现货市场价格变动。价格变动对双方市场冲击效应的方差分解分析结果表明，主市场BMD受其自身市场冲击的影响最大，达到99.5%，几乎不受卫星市场和现货市场的影响；CME卫星市场受其自身市场和BMD主市场的影响，其中，受自身市场冲击的影响较大，为83.52%，受主市场冲击的影响较小，为15.7%，不受现货市场影响；现货市场受自身市场和BMD主市场影响较大，分别为66.21%和33.63%，几乎不受CME卫星市场影响（见表10）。

表10　　　　毛棕榈油价格冲击响应结果

<table>
<tr><th></th><th>主市场</th><th>卫星市场</th><th>现货市场</th></tr>
<tr><td>产品</td><td>BMD期货</td><td>CME互换</td><td>BMD现货</td></tr>
<tr><td>自身价格冲击解释度</td><td>99.5%</td><td>84%</td><td>66%</td></tr>
<tr><td>受主市场冲击解释度</td><td>—</td><td>16%</td><td>34%</td></tr>
<tr><td>受卫星市场冲击解释度</td><td rowspan="2">0.5%</td><td>—</td><td>0</td></tr>
<tr><td>受现货市场冲击解释度</td><td>0</td><td>—</td></tr>
</table>

（2）价格发现功能

表11列出了三个市场对于毛棕榈油价格发现贡献程度的研究结果，BMD主市场在毛棕榈油价格发现的贡献中占据主导地位，P-T模型为83.58%，I-S模型为78.07%；现货市场对于

价格发现的贡献度低于BMD主市场，P-T模型为12.15%，I-S模型为14.85%；CME卫星市场对价格发现的贡献度较弱，P-T模型为4.27%，I-S模型为7.08%。

表11　　三个市场价格发现的实证分析结果

| 信息份额模型 | BMD主市场 | CME卫星市场 | BMD现货 |
| --- | --- | --- | --- |
| P-T模型 | 83.58% | 4.27% | 12.15% |
| I-S模型 | 78.07% | 7.08% | 14.85% |

注：I-S模型下各个市场价格发现贡献程度为不同市场组合下的简单算术平均值。

## （四）强弱组合下的WTI原油案例

### 1. 背景及成交量、市场份额分析

2005年6月，印度多种商品交易所（MCX）获得NYMEX的授权，上市了基于WTI原油期货结算价的原油期货，随后又于2015年和2018年分别推出了基于NYMEX结算价的迷你期货和期权产品。以MCX原油期货合约为研究对象，该合约以印度卢比计价，合约单位为100桶，相当于NYMEX合约的1/10，仅挂牌6个合约月份的合约，最小变动价位与NYMEX基本一致，现金结算（见表12）。

表12　　主市场、卫星市场WTI期货合约对比

| | NYMEX主市场 | MCX卫星市场 |
| --- | --- | --- |
| 交易时间 | 每个交易日23小时 | 每交易日约13小时30分 |
| 合约单位 | 1 000桶 | 100桶 |
| 计价货币 | 美元 | 卢比 |
| 最小变动价位 | 0.01美元/桶 | 1卢比/桶① |

① 以2018年11月19日印度卢比对美元汇率，1印度卢比约等于0.01美元。

续表

| | NYMEX主市场 | MCX卫星市场 |
|---|---|---|
| 合约月份 | 当年及未来8年的每个月份，在此基础上于当年12月合约到期时在当前合约个数后额外增挂2个月份 | 6个月份 |
| 涨跌停板 | 以6美金/12美金/18美金/24美金/无限制依次递增，每次递增有2分钟交易暂停 | 基础板为4%，触及为6%且不暂停交易，再次触及后为9%且暂停交易15分钟；若当日国际市场波动超过9%，则以3%依次递增，并立即报告监管机构 |
| 最终结算价 | 到期日14：00—14：30之间的成交量加权平均价进行结算 | MCX合约到期当日的NYMEX近月合约的结算价，以当时卢比/美元汇率折算 |
| 交割方式 | 实物 | 现金 |

资料来源：相关交易所官网。

成交量方面，如表13所示，自MCX的WTI期货合约获得NYMEX结算价授权后，成交量在2009年前一直保持较快的增长，自2005—2009年累计增长697%。2010年开始，MCX的年度成交量涨跌互现，尽管后期推出了迷你合约，其年度总成交量也基本维持在430万张的平均水平。NYMEX主市场方面，2006—2017年年末，WTI原油期货市场年度总成交量实现了跨数量级的增长，从2006年的7 097万张跃升至2017年的3.1亿张，累计增长约370%。市场份额方面，仅以成交合约数量计算，MCX卫星市场成交量占NYMEX主市场的份额最高为4.11%，出现在2012年，2017年则为1.16%。

表13　主市场、卫星市场WTI期货合约成交情况　单位：张

| 年度 | 主市场 | 卫星市场标准期货成交量 | 卫星市场迷你期货成交量 | 卫星市场总成交量 | 卫星市场份额（%） |
|---|---|---|---|---|---|
| 2005 | 60 051 425 | 515 781 | — | 515 781 | 0.86 |

续表

| 年度 | 主市场 | 卫星市场标准期货成交量 | 卫星市场迷你期货成交量 | 卫星市场总成交量 | 卫星市场份额（%） |
| --- | --- | --- | --- | --- | --- |
| 2006 | 70 973 081 | 446 654 | — | 446 654 | 0.63 |
| 2007 | 122 022 160 | 1 393 881 | — | 1 393 881 | 1.14 |
| 2008 | 134 674 364 | 2 050 700 | — | 2 050 700 | 1.52 |
| 2009 | 137 428 494 | 4 109 282 | — | 4 109 282 | 2.99 |
| 2010 | 168 652 141 | 4 153 705 | — | 4 153 705 | 2.46 |
| 2011 | 175 036 216 | 5 475 366 | — | 5 475 366 | 3.13 |
| 2012 | 140 531 588 | 5 779 023 | — | 5 779 023 | 4.11 |
| 2013 | 147 690 593 | 3 955 817 | — | 3 955 817 | 2.68 |
| 2014 | 145 147 334 | 2 073 188 | — | 2 073 188 | 1.43 |
| 2015 | 202 202 392 | 4 778 840 | 462 966 | 4 825 137 | 2.39 |
| 2016 | 276 768 438 | 5 325 642 | 674 020 | 5 393 044 | 1.95 |
| 2017 | 310 052 767 | 3 535 763 | 542 760 | 3 590 039 | 1.16 |

资料来源：彭博数据库。

**2. 定价关系分析**

我们利用彭博数据库目前可得的2015年1月6日至2018年10月31日NYMEX、MCX市场的WTI原油期货合约收盘价和WTI原油现货价格，通过前述研究方法，检验主市场、现货市场和卫星市场之间的WTI原油期货价格是否存在价格引导关系，并探究哪一方在WTI原油期货价格发现过程中起主导作用。

（1）价格变动冲击影响

脉冲分析结果表明，NYMEX主市场的WTI原油期货价格变动冲击单向引导MCX卫星市场的价格变动。价格变动对市场冲击效应的方差分解分析结果表明（见表14），NYMEX主市场的价格变动中，有99%的变动来自于主市场自身的价格冲击，而仅有1%的变动来自于卫星市场和现货市场的价格冲击；MCX卫星市场的价格变动中，有41%的变动来自于主市场NYMEX的价格冲击，而受自身市场的价格冲击影响程度为58%；现货市场受自身市场和NYMEX市场影响较大，分别为35%和45%，受MCX卫星市场影响较小，为20%。

表14　　WTI原油价格变动对双方期货市场的冲击分析

| | 主市场价格变动 | 卫星市场价格变动 | 现货市场价格变动 |
|---|---|---|---|
| 交易所/现货市场 | NYMEX | MCX | 现货市场 |
| 自身价格冲击解释度 | 99% | 58% | 35% |
| 受主市场冲击解释度 | — | 41% | 45% |
| 受卫星市场冲击解释度 | 1% | — | 20% |
| 受现货市场冲击解释度 | | 1% | — |

（2）价格发现贡献度

表15列出了不同模型下主市场、卫星市场、现货市场对于发现真实WTI原油价格贡献程度的研究结果，NYMEX主市场占据主导地位，P–T模型为78.32%，I–S模型为85.26%；MCX卫星市场的价格发现贡献度远低于NYMEX主市场，P–T模型为5.45%，I–S模型为5.62%；现货市场对价格发现的贡献度P–T模型为16.23%，I–S模型为9.12%。上述统计结果表明，NYMEX主市场在发挥期货定价功能上占据主导地位。

表15　　三个市场价格发现的实证分析结果

| 信息份额模型 | NYMEX | MCX | 现货市场 |
|---|---|---|---|
| P–T模型 | 78.32% | 5.45% | 16.23% |
| I–S模型 | 85.26% | 5.62% | 9.12% |

注：I–S模型下各个市场价格发现贡献程度为不同市场组合下的简单算术平均值。

## 三、经验与启示

### （一）主市场作为原产地具有与现货贸易格局相匹配的资源禀赋，在流动性和定价影响力等方面占据优势

主市场一般为结算价授权标的商品的原产地，具备与现货贸易格局匹配的资源禀赋，其市场地位获得市场的深刻认识与认可，形成的稳固客户粘性在中短期内难以改变。无论在“强弱”组合还是在“强强”组合中，主市场流动性水平和市场份额均强于卫星市场，即便卫星市场在市场开发与服务等方面可能具备优势，也难以大幅抢占或引流主市场流动性，最终将形成主市场与卫星市场共存、协同发展的局面。定价影响力方面，主市场无论短期还是长期均占据主导地位，卫星市场在现货基本面与贸易结构不出现重大变化的条件下，难以撼动主市场的定价话语权。

### （二）结算价授权合作有助于推动标的品种国际化发展

在双方期货市场之间存在投资者准入障碍时，期货交易所通过开展结算价授权合作，可以另辟蹊径，打通与境外市场的联通渠道，纵观境外市场实践，主市场在合作中取得了长足发展，实现交易量和品牌知名度的双增长，提升了国际客户参与意愿，扩大了定价国际影响力。对于挂牌关联产品的卫星市场，结算价授权合作将为当地客户在交易时区、组合保证金、提升资金效率等方面提供便利。

### （三）境内市场具备探索商品结算价授权基础

证监会易会满主席在资本市场建立三十周年座谈会上指出，“坚决落实国家关于金融对外开放的进度安排，加快推进市场、产品和机构全方位开放”。当前，我国商品期货市场经过三十年发展，成交规模在全球商品衍生品市场中已经占据领先位置，特定品种对外开放过程中也积累了较为丰富的跨境监管经验，为进一步扩大开放打下了基础。在当前我国资本项目尚未完全放开背景下，结算价授权因操作简单、风险可控而具有优势，建议作为相关品种国际化的试验田、切入点与突破口，先行先试，为期货市场加快形成高水平对外开放新格局积蓄力量。

（买　毅　李　瑞　戚　虎）

附件：WTI原油期货结算价授权定价关系实证研究

**附件**

# WTI原油期货结算价授权定价关系实证研究

2006年2月3日，洲际交易所（ICE）单方面上市基于纽约商业交易所（NYMEX）WTI原油期货结算价的标准电子WTI期货合约，直接同当时仅在交易池进行公开喊价的NYMEX主市场WTI原油期货进行竞争。在该结算价授权案例中，NYMEX为本土市场，ICE为卫星市场。为检验本土期货市场、现货市场和卫星市场之间的WTI原油期货价格是否存在价格引导关系，并探究哪一方在WTI原油期货价格发现过程中起主导作用，在此采用脉冲响应函数和方差分析方法，研究市场间的价格回报冲击效应，并基于Hasbrouck的信息份额模型（I–S）与Gonzalo–Granger的永久短暂模型（P–T）分析市场间的价格发现机制。

## 一、样本数据

样本数据为NYMEX、ICE市场以美元计价的WTI原油期货合约收盘价和美国西德克萨斯的轻质原油现货价格，数据来源于彭博数据库和WIND数据库，选取时间跨度为2011年12月21日至2018年8月31日，价格回报数据以所选取数据的对数形式构成。

## 二、实证分析

### （一）ADF单位根检验

首先对NYMEX市场WTI原油期货价格（nywti）、ICE市场

WTI原油期货价格（icwti）和西德克萨斯原油现货价格（swti）三个序列进行平稳性检验，利用ADF单位根检验来判断这三个序列是否平稳，检验结果如附表1所示。

附表1　　　　ADF单位根检验的结果

| 变量 | ADF值 | 1%临界值 | 5%临界值 | 10%临界值 | 是否平稳 |
|---|---|---|---|---|---|
| nywti | −1.46 | −3.43 | −2.86 | −2.57 | 不平稳 |
| *D*（*nywti*） | −43.51 | −3.43 | −2.86 | −2.57 | 平稳 |
| icwti | −1.42 | −3.43 | −2.86 | −2.57 | 不平稳 |
| *D*（*icwti*） | −45.36 | −3.43 | −2.86 | −2.57 | 平稳 |
| swti | −1.68 | −3.43 | −2.86 | −2.57 | 不平稳 |
| *D*（*swti*） | −43.84 | −3.43 | −2.86 | −2.57 | 平稳 |

附表1中可以看出，nywti、icwti、swit三个序列本身的ADF统计量的绝对值均小于10%显著性水平下的临界值绝对值，不具有平稳性，即这三个序列存在单位根，是非平稳序列，而通过差分运算发现nywti、icwti、swti的一阶差分都是平稳序列，因此可以利用Granger因果关系检验来判断变量之间的价格引导关系。

**（二）Granger因果关系检验**

Granger因果关系检验用于分析变量之间相互传导的趋势相关性，根据附表2的Granger因果关系检验结果，在5%的显著性水平下，nywti均是icwti和swti的Granger原因，icwti也是swti的Granger原因，即NYMEX市场的WTI原油期货价格变动单向引导卫星市场价格变动，NYMEX市场和ICE市场的WTI原油期货价格变动均单向引导现货市场价格变动。三个市场之间存在着格兰杰因果关系，下面将进一步建立模型研究三个市场之间的关系，并通过脉冲响应函数和方差分解分析揭示三个市场间的价格回报冲击效应。

附表2　　Granger因果关系检验

| 原假设 | F-统计量 | Prob. |
|---|---|---|
| nywti不是icwti的Granger原因 | 3.43 | 0.02 |
| icwti不是nywti的Granger原因 | 0.75 | 0.61 |
| nywti不是swti的Granger原因 | 3.54 | 0.03 |
| swti不是nywti的Granger原因 | 0.78 | 0.38 |
| icwti不是swti的Granger原因 | 2.16 | 0.04 |
| swti不是icwti的Granger原因 | 0.07 | 0.79 |

### （三）脉冲响应函数分析

脉冲响应是指在VAR模型中保持其他变量在t及其之前时刻不变，其中一个变量在t时刻的一个脉冲变化对另一个变量后期的影响。脉冲响应主要用来展示在其他变量不变的情况下，其中一个变量的变化对其他变量的后期影响，从而分析变量之间的影响程度随时间的变化规律。

附图1为NYMEX市场、ICE市场和现货市场的脉冲响应函数。从图中可以看出，对于本土市场NYMEX的冲击，三个市场均存在一定的反应响应，但持续时间不长，在第2天基本

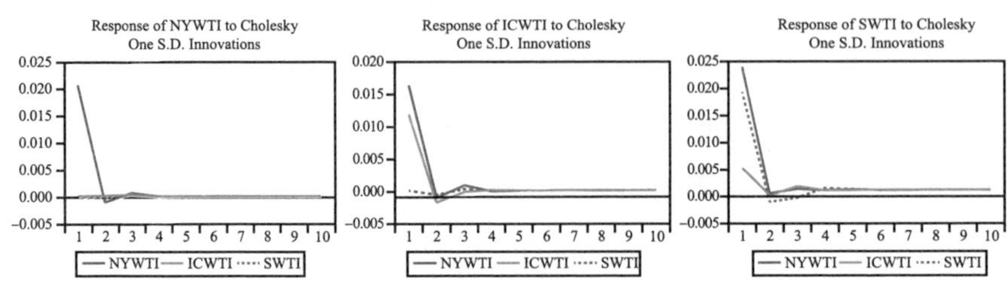


附图1　脉冲响应函数

趋于消失；对于卫星市场ICE的冲击，其自身市场和现货市场存在一定程度的反应响应，在第2天后基本趋于消失，NYMEX市场基本不受影响；对于现货市场的冲击，自身市场存在一定程度的反应响应，在第2天后基本消失，NYMEX市场和ICE市场基本不受影响。

### （四）方差分解分析

脉冲响应函数描述了一个内生变量冲击给其他内生变量带来的影响，方差分解则是通过分析每一个结构冲击对内生变量变化的贡献度，进一步评价不同结构冲击的重要性，即该方法能够给出内生变量相互之间的影响程度，本文中即描述了某个市场受自身和另外两个市场价格回报冲击的影响程度。

附图2为NYMEX市场、ICE市场和现货市场的方差分解结果。从图中可以看出，本土市场NYMEX受其自身市场冲击的影响最大，达到99%，而其基本不受卫星市场ICE和现货市场冲击的影响；卫星市场ICE受自身市场和本土市场NYMEX的冲击影响，其中，自身市场对其冲击较小，为35%，本土市场NYMEX对其冲击较大，影响程度为65%，ICE市场未受现货市场影响；现货市场受自身市场和NYMEX市场影响较大，分别为39%和59%，受卫星市场ICE影响较小，仅为2%。

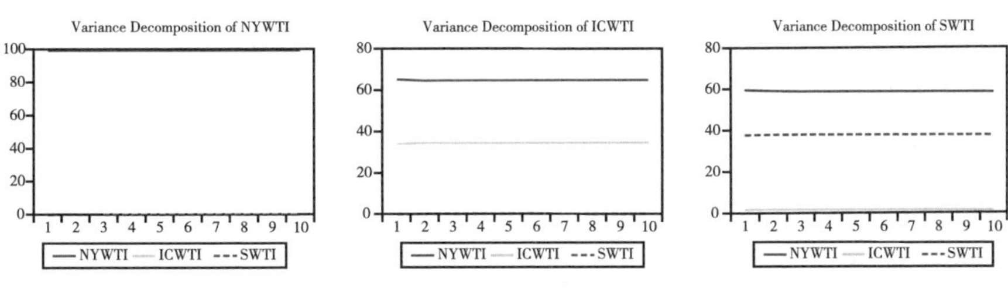


附图2　方差分解分析结果

### （五）价格发现分析

公共因子模型是目前定量分析期现货市场价格发现贡献度的主要方法。当前文献中，被广泛认同的公共因子模型主要有两个：Hasbrouck（1995）提出的信息份额模型（I–S模型）以及Gonzalo and Granger（1995）提出的永久—短暂模型（P–T模型）。这两个模型均以VECM模型作为分析的基础，认为同一标的金融资产在多个市场受到同一公共因子的影响。两个模型将新信息冲击分别分解到期货市场和现货市场，可将期货价格和现货价格分解为两个部分：一是二者不含有公共趋势项，只反映各个市场的特有变化；二是二者含有共同趋势项。本文也采用这两种模型来比较分析本土市场期现货和卫星市场的价格发现功能。

永久短暂模型（P–T）。Gonzalo和Granger将市场价格的波动分为永久和短暂两部分，通过误差修正系数来刻画每个市场的贡献，从而建立永久短暂模型。

信息份额模型（I–S）。Hasbrouck提出用新信息对公共因子的冲击方差来表示价格发现，其信息份额模型核心是各个市场对方差的相对贡献度。在计算贡献度时，由于事前无法知道各个序列是否存在相关性，故要分情况考虑各序列是否相关。当序列之间相关，即残差序列存在相关性时，采用Cholesky分解，将信息的方差—协方差矩阵分解，以此来消除序列相关性。由于Cholesky分解的结果与变量的顺序有关，这就意味着对变量顺序进行调整可求出每个市场信息份额的上下限。本文采用上限和下限的均值作为对市场信息份额的估计，计算出的均值越大，说明此市场对价格发现的贡献比例越高，价格发现功能越强。

1. Johansen协整检验

价格发现分析建立在向量误差修正模型（VECM）的基础上，为了检验变量之间是否存在长期的均衡关系，需要对上述nywti、icwti、swti时间序列进行协整检验。

利用Johansen（1988）提出的极大似然估计方法（MLE）对三个变量之间的协整关系进行检验，实质上，协整反映出变量之间是否存在长期均衡关系，结果见附表3。

附表3　Johansen协整检验结果

| 协整方程个数 | Trace统计量 | 10%临界值 | 5%临界值 | 1%临界值 |
|---|---|---|---|---|
| 没有* | 66.42 | 32.00 | 34.91 | 41.07 |
| 至多1个 | 20.29 | 17.85 | 19.96 | 24.60 |
| 至多2个 | 2.25 | 7.52 | 9.24 | 12.97 |

附表3中协整检验结果说明，三个对数价格序列在10%的显著性水平下存在两个协整向量。根据Stock和Watson的研究，这就说明只有一个共同的随机过程驱动着三个价格序列的变化，三个价格序列间存在一个长期的均衡趋势。

2. 价格发现估计

附表4列出了三个市场价格发现模型的研究结果，第四行的括号中列出了I-S模型的各个市场信息份额的上限和下限。从三个市场的信息份额占比来看，NYMEX市场在WTI原油期货合约的共因子价格发现中占据主导地位，P-T模型为90.36%，I-S模型为57.40%；ICE卫星市场对于价格发现的贡献度远低于NYMEX主市场，P-T模型为5.14%，I-S模型为

22.94%；本土现货市场对价格发现的贡献度较弱，P-T模型为4.5%，I-S模型为19.66%。

附表4　　三个市场价格发现的实证分析结果

| 信息份额模型 | nywti | icwti | swti |
| --- | --- | --- | --- |
| P-T模型 | 90.36% | 5.14% | 4.50% |
| I-S模型（不相关时） | 99.34% | 0.31% | 0.35% |
| I-S模型（相关时） | 57.40%（31.29%，99.64%） | 22.94%（0.12%，61.88%） | 19.66%（0.16%，55.28%） |

## 三、结论

综上所述，得出结论如下：

NYMEX市场、ICE市场和现货市场之间存在着格兰杰因果关系，NYMEX市场的WTI原油期货价格变动单向引导ICE市场价格变动，NYMEX市场和ICE市场的WTI原油期货价格变动均单向引导现货市场价格变动。

对于本土市场NYMEX的冲击，三个市场均存在一定的反应响应，但持续时间不长，在第2天基本趋于消失；对于卫星市场ICE的冲击，其自身市场和现货市场存在一定程度的反应响应，在第2天后基本趋于消失，NYMEX市场基本不受影响；对于现货市场的冲击，自身市场存在一定程度的反应响应，在第2天后基本消失，NYMEX市场和ICE市场基本不受影响。

本土市场NYMEX受其自身市场冲击的影响最大，达到99%，基本不受卫星市场ICE和现货市场冲击的影响；卫星市场ICE受其自身市场和本土市场NYMEX的冲击影响，其中，受自身市场冲击的影响较小，为35%，受本土市场NYMEX冲击的影响较大，为65%，不受现货市场影响；现货市场受自身市场和NYMEX市场影响较大，分别为39%和59%，受卫星市场ICE影响较小，仅为2%。

NYMEX市场在WTI原油期货的共因子价格发现中占据主导地位，P-T模型为90.36%，I-S模型为57.40%；ICE卫星市场对于价格发现的贡献度远低于NYMEX主市场，P-T模型为5.14%，I-S模型为22.94%；本土现货市场对价格发现的贡献度较弱，P-T模型为4.5%，I-S模型为19.66%。

# “一带一路”沿线国家及地区期货市场发展情况

“一带一路”倡议为期货市场发展提供了新机遇，为沿线交易所合作提供了新平台。本文通过梳理总结“一带一路”沿线国家及地区期货市场上市品种、市场规模等发展情况，特别是沿线各交易所优势期货品种的交易情况，总结其发展特点：发展程度不一，层次分异明显；区域间发展不均衡，区域内发展差别大；以证券交易所为主，期货交易所为辅；上市品种丰富，地域特色突出；优势品种突出，可考虑开展合作。

## 一、“一带一路”沿线国家及地区期货市场概况

“一带一路”是一个开放的国际区域经济合作范畴，没有明确的地域范围。根据社会及学界的习惯认识，本文将其范围设定为“一带一路”沿线的83个国家及地区，包括：中国港台地区，中亚5国，蒙俄，西亚、中东19国，东南亚11国，南亚8国，东非11国，中东欧20国，西欧3国，南欧2国。

根据“一带一路”沿线国家和地区的期货市场发展程度，市场主要可分为三类（见表1）：一是既有期货交易所又有证券交易所，或者仅有期货（证券）交易所，但兼营证券（期货）业

务的综合市场；二是仅有期货（证券）交易所，但未兼营证券（期货）业务的单一市场；三是既无期货交易所，又无证券交易所的空白市场。

表1　　“一带一路”沿线国家及地区交易所发展情况

| 市场类型 | 国家及地区 |
| --- | --- |
| 综合市场（30个） | 中国香港、中国台湾、哈萨克斯坦、俄罗斯、越南、马来西亚、泰国、印度尼西亚、新加坡、柬埔寨、乌克兰、白俄罗斯、印度、巴基斯坦、尼泊尔、阿拉伯联合酋长国、伊朗、土耳其、以色列、巴林、保加利亚、波兰、匈牙利、塞舌尔、希腊、意大利、法国、比利时、德国、荷兰 |
| 单一市场（33个） | 蒙古、菲律宾、缅甸、老挝、阿塞拜疆、摩尔多瓦、马尔代夫、不丹、沙特阿拉伯、阿曼、埃及、伊拉克、卡塔尔、科威特、约旦、黎巴嫩、叙利亚、巴勒斯坦、罗马尼亚、捷克共和国、斯洛伐克、克罗地亚、阿尔巴尼亚、塞尔维亚、马其顿、波黑、吉尔吉斯斯坦、肯尼亚、乌干达、卢旺达、坦桑尼亚、乌兹别克斯坦、索马里 |
| 空白市场（20个） | 文莱、东帝汶、格鲁吉亚、亚美尼亚、孟加拉国、斯里兰卡、阿富汗、也门、拉脱维亚、立陶宛、斯洛文尼亚、爱沙尼亚、黑山、土库曼斯坦、塔吉克斯坦、埃塞俄比亚、南苏丹、厄立特里亚国、吉布提、布隆迪 |

## 二、“一带一路”沿线国家及地区期货市场交易情况

“一带一路”沿线国家及地区交易所的期货交易品种多样，涵盖商品期货和金融期货。一些品种成交活跃，是当地交易所的优势品种，具有合作潜力，值得关注。受篇幅所限，本文仅对主要交易所及其优势品种进行介绍。

### （一）中国港台地区

#### 1. 中国香港

中国香港地区有1家证券及期货综合性交易所——香港交

易及结算所有限公司（以下简称“香港交易所”），优势品种及成交情况如表2所示。

表2　香港交易所主要期货品种年度成交量　单位：万手

| 类别 | 排名 | 期货品种 | 2014年 | 2015年 | 2016年 | 均值 |
|---|---|---|---|---|---|---|
| 商品期货 | 1 | 伦敦铜期货小型合约 | 0.43 | 2.73 | 0.34 | 1.17 |
| | 2 | 伦敦锌期货小型合约 | 0.28 | 1.66 | 1.24 | 1.06 |
| | 3 | 伦敦镍期货小型合约 | — | 0.02 | 1.16 | 0.59 |
| 金融期货 | 1 | H股指数期货 | 2 201.26 | 3 333.97 | 3 295.44 | 2 943.56 |
| | 2 | 恒生指数期货 | 1 708.45 | 2 121.27 | 3 229.99 | 2 353.24 |
| | 3 | 小型恒生指数期货 | 696.26 | 1 003.66 | 1 248.49 | 982.80 |

资料来源：彭博数据库。

注：—表示无法获取相关数据，下同。

**2. 中国台湾**

中国台湾地区有1家期货交易所——台湾期货交易所，优势品种及成交情况如表3所示。

表3　台湾期货交易所主要期货品种年度成交量　单位：万手

| 类别 | 排名 | 期货品种 | 2014年 | 2015年 | 2016年 | 均值 |
|---|---|---|---|---|---|---|
| 商品期货 | 1 | 新台币计价黄金期货 | 4.50 | 5.78 | 10.17 | 6.82 |
| | 2 | 黄金期货 | 0.0001 | 0.0002 | 1.01 | 0.34 |
| 金融期货 | 1 | 台股期货 | 2 388.48 | 3 217.36 | 3 313.89 | 2 973.24 |
| | 2 | 小型台指期货 | 1 315.94 | 2 093.53 | 2 373.10 | 1 927.52 |
| | 3 | 电子期货 | 119.25 | 119.07 | 84.82 | 107.71 |

资料来源：彭博数据库。

## （二）亚洲

**1. 中亚5国**

中亚5国共有2家期货交易所，均位于哈萨克斯坦；有1家证券及期货综合性交易所和1家期货交易所，分别是哈萨克斯坦证券交易所和欧亚交易系统商品交易所。

**2. 蒙、俄**

俄罗斯有1家证券及期货综合性交易所——莫斯科交易所，优势品种及成交情况如表4所示。

表4　莫斯科交易所主要期货品种年度成交量　单位：万手

| 类别 | 排名 | 期货品种 | 2014年 | 2015年 | 2016年 | 均值 |
|---|---|---|---|---|---|---|
| 商品期货 | 1 | 布伦特原油期货 | 709.83 | 11 127.13 | 44 189.70 | 18 675.55 |
| | 2 | 黄金期货 | 1 154.48 | 1 079.61 | 2 281.58 | 1 505.22 |
| | 3 | 精炼银期货 | 127.31 | 77.67 | 390.82 | 198.60 |
| 金融期货 | 1 | 美元兑卢布期货 | — | 89 988.44 | 85 975.32 | 87 981.88 |
| | 2 | RTS指数期货 | 24 411.64 | 18 343.11 | 20 490.40 | 21 081.72 |
| | 3 | Sberbank股票期货 | 19 046.07 | 21 169.23 | 17 124.65 | 19 113.32 |

资料来源：彭博数据库。

**3. 西亚、中东19国**

西亚、中东19国共有6家期货交易所。其中阿拉伯联合酋长国有2家期货交易所（阿拉伯联合酋长国迪拜商品交易所、迪拜黄金和商品交易所），土耳其、以色列、巴林各有1家证券及期货综合性交易所（伊斯坦布尔交易所、特拉维夫证券交易所、巴林金融交易所），伊朗有1家期货交易所（伊朗商业交易所）。

**4. 东南亚11国**

东南亚11国共有8家期货交易所。其中印度尼西亚有2家（印度尼西亚商品与衍生品交易所、雅加达期货交易所），泰国、越南和柬埔寨各有1家（泰国期货交易所、越南商品交易所、柬埔寨商业交易所），新加坡有2家（1家期货交易所——ICE新加坡期货交易所和1家证券及期货综合性交易所——新加坡交易所），马来西亚有1家证券及期货综合性交易所（马来西亚衍生品交易所）。

其中，泰国期货交易所、新加坡交易所、马来西亚衍生品交易所的优势品种及成交情况分别如表5至表7所示。

表5　泰国期货交易所主要期货品种年度成交量　单位：万手

| 类别 | 排名 | 期货品种 | 2014年 | 2015年 | 2016年 | 均值 |
|---|---|---|---|---|---|---|
| 商品期货 | 1 | 10铢黄金期货 | 129.64 | 132.40 | 271.64 | 177.89 |
| | 2 | 黄金期货 | 23.57 | 13.12 | 18.16 | 18.28 |
| | 3 | RSS3D橡胶期货 | — | — | 0.02 | 0.02 |
| 金融期货 | 1 | SET50指数期货 | 1 421.91 | 2 645.07 | 3 212.94 | 2 426.64 |
| | 2 | 泰铢兑美元期货 | 30.97 | 26.85 | 20.11 | 25.98 |

资料来源：彭博数据库。

表6　新加坡交易所主要期货品种年度成交量　单位：万手

| 类别 | 排名 | 期货品种 | 2014年 | 2015年 | 2016年 | 均值 |
|---|---|---|---|---|---|---|
| 商品期货 | 1 | TSI铁矿石CFR中国指数期货 | 1.05 | 6.33 | 402.31 | 136.56 |
| | 2 | SICOM 20号标准橡胶期货 | 45.45 | 56.55 | 128.23 | 76.74 |
| | 3 | SICOM 3号烟胶片期货 | 3.54 | 5.70 | 5.84 | 5.02 |
| 金融期货 | 1 | 富时中国A50指数期货 | 4 134.69 | 9 525.91 | 6 902.93 | 6 854.51 |
| | 2 | 日经225指数期货 | 2 655.44 | 2 540.16 | 2 418.31 | 2 537.97 |
| | 3 | Nifty50指数期货 | 1 766.78 | 2 066.12 | 2 087.61 | 1 973.50 |

资料来源：彭博数据库。

表7　马来西亚衍生品交易所主要期货品种年度成交量　　单位：万手

| 类别 | 排名 | 期货品种 | 2014年 | 2015年 | 2016年 | 均值 |
|---|---|---|---|---|---|---|
| 商品期货 | 1 | 毛棕榈油期货 | 1 008.33 | 1 091.83 | 1 137.45 | 1 079.20 |
| | 2 | 黄金期货 | 11.05 | 4.00 | 0.90 | 5.32 |
| | 3 | 美元计价RBD棕榈油期货 | 0.0454 | 0.0060 | — | 0.0257 |
| 金融期货 | 1 | 富时马来西亚吉隆坡综合指数期货 | 208.52 | 291.71 | 263.77 | 254.67 |
| | 2 | 3月期Klibor利率期货 | 1.27 | 0.13 | 0.0040 | 0.47 |
| | 3 | 5年期马来西亚国债期货 | — | 0.37 | — | 0.37 |

资料来源：彭博数据库。

**5. 南亚8国**

南亚8国有7家期货交易所。其中印度有3家期货交易所（印度多种商品交易所、印度国家商品和衍生品交易所、印度国家多种商品交易所）和1家证券及期货综合性交易所（印度国家证券交易所），尼泊尔有2家期货交易所（尼泊尔商业交易所、尼泊尔衍生品和商品交易所），巴基斯坦有1家期货交易所（巴基斯坦商业交易所）。

其中，印度多种商品交易所、印度国家商品和衍生品交易所的优势品种及成交情况分别如表8和表9所示。

表8　印度多种商品交易所主要期货品种年度成交量　　单位：万手

| 类别 | 排名 | 期货品种 | 2014年 | 2015年 | 2016年 | 均值 |
|---|---|---|---|---|---|---|
| 商品期货 | 1 | 小型原油期货 | — | 4 409.41 | 6 377.49 | 5 393.45 |
| | 2 | 原油期货 | 1 971.01 | 4 598.91 | 5 057.88 | 3 875.94 |
| | 3 | 微型银期货 | 1 820.26 | 1 655.40 | 1 422.00 | 1 632.55 |

资料来源：彭博数据库。

注：印度多种商品交易所无金融期货品种。

表9　　印度国家商品和衍生品交易所主要期货品种年度成交量　　单位：万手

| 类别 | 排名 | 期货品种 | 2014年 | 2015年 | 2016年 | 均值 |
|---|---|---|---|---|---|---|
| 商品期货 | 1 | 瓜尔豆胶期货 | 200.27 | 402.81 | 455.53 | 352.87 |
| | 2 | 大豆期货 | 347.31 | 269.69 | 219.31 | 278.77 |
| | 3 | 鹰嘴豆期货 | 317.02 | 413.37 | 52.59 | 260.99 |

资料来源：印度国家商品和衍生品交易所网站。

注：印度国家商品和衍生品交易所无金融期货品种。

## （三）欧洲

### 1. 中东欧20国

中东欧20国有8家期货交易所。其中乌克兰、白俄罗斯均有1家期货交易所和1家证券及期货综合性交易所（乌克兰商业交易所、乌克兰交易所；白俄罗斯环球商品交易所、白俄罗斯外汇证券交易所），德国、波兰、匈牙利各有1家证券及期货综合性交易所（德意志交易所集团、华沙证券交易所、布达佩斯证券交易所），保加利亚有1家期货交易所（索菲亚商品交易所）。

德意志交易所集团旗下包含了多家子公司，其中交易所包括法兰克福证券交易所、欧洲能源交易所、欧洲期货交易所。欧洲能源交易所和欧洲期货交易所为期货交易所。其中，欧洲能源交易所的期货品种主要是电力期货、天然气期货和煤炭期货等。

欧洲期货交易所主要期货品种及成交情况如表10所示。

表10　　欧洲期货交易所主要期货品种年度成交量　　单位：万手

| 类别 | 排名 | 期货品种 | 2014年 | 2015年 | 2016年 | 均值 |
|---|---|---|---|---|---|---|
| 商品期货 | 1 | 黄金期货 | 0.0232 | 0.0141 | 0.0053 | 0.0142 |
| | 2 | 白银期货 | 0.0042 | — | — | 0.0042 |
| 金融期货 | 1 | Euro Stoxx 50期货 | 29 337.72 | 34 111.06 | 37 355.58 | 33 601.45 |
| | 2 | 长期欧元债券期货 | 17 895.52 | 17 733.11 | 18 671.19 | 18 099.94 |
| | 3 | 中期欧元债券期货 | 11 340.55 | 11 905.23 | 13 082.89 | 12 109.56 |

资料来源：彭博数据库。

### 2. 西欧3国

西欧荷兰、法国、比利时3国有1家证券及期货综合性交易所——泛欧交易所（Euronext），市场横跨荷兰、比利时、葡萄牙和法国。优势品种及成交情况如表11所示。

表11　　泛欧交易所主要期货品种年度成交量　　单位：万手

| 类别 | 排名 | 期货品种 | 2014年 | 2015年 | 2016年 | 均值 |
|---|---|---|---|---|---|---|
| 商品期货 | 1 | 磨粉小麦期货 | 844.61 | 907.55 | 900.65 | 884.27 |
| | 2 | 油菜籽期货 | 177.30 | 214.57 | 256.77 | 216.21 |
| | 3 | 玉米期货 | 56.59 | 67.09 | 52.21 | 58.63 |
| 金融期货 | 1 | 法国CAC40指数期货 | 3 659.72 | 3 569.80 | 3 378.47 | 3 536.00 |
| | 2 | 阿姆斯特丹指数期货 | 946.43 | 1 066.42 | 991.87 | 1 001.57 |
| | 3 | 葡萄牙PSI20指数期货 | 26.39 | 27.20 | 19.73 | 24.44 |

资料来源：彭博数据库。

### 3. 南欧2国

南欧2国共有2家交易所，希腊和意大利各有1家证券及期货综合性交易所（雅典交易所集团、意大利证券交易所）。

### （四）东非11国

东非11国中，仅塞舌尔有1家证券及期货综合性交易所——塞舌尔证券交易所。其主要期货品种为天然气期货、美国原油期货、高级铜期货、黄金期货、塞舌尔卢比兑美元期货、欧洲40指数期货等。

## 三、“一带一路”沿线优势期货品种情况

“一带一路”沿线国家和地区交易所上市交易的品种中，有一些商品、金融期货品种成交量较大（见表12、表13），市场影响也较大，可以成为未来合作的潜在品种。

表12　“一带一路”沿线优势商品期货品种前10位　单位：万手

| 排名 | 类别 | 交易所 | 品种 | 2014—2016年成交量均值 |
|---|---|---|---|---|
| 1 | 能源 | 莫斯科交易所 | 布伦特原油期货 | 18 675.55 |
| 2 | 能源 | 印度多种商品交易所 | 小型原油期货 | 5 393.45 |
| 3 | 能源 | 印度多种商品交易所 | 原油期货 | 3 875.94 |
| 4 | 贵金属 | 印度多种商品交易所 | 微型白银期货 | 1 632.55 |
| 5 | 贵金属 | 莫斯科交易所 | 黄金期货 | 1 505.22 |
| 6 | 能源 | 印度多种商品交易所 | 天然气期货 | 1 410.23 |
| 7 | 农产品 | 马来西亚衍生品交易所 | 毛棕榈油期货 | 1 079.20 |
| 8 | 有色金属 | 印度多种商品交易所 | 铜期货 | 932.37 |
| 9 | 农产品 | 泛欧交易所 | 磨粉小麦期货 | 884.27 |
| 10 | 贵金属 | 印度多种商品交易所 | 小型白银期货 | 856.67 |

资料来源：彭博数据库。

表13 “一带一路”沿线优势金融期货品种前10位 单位：万手

| 排名 | 类别 | 交易所 | 品种 | 2014—2016年成交量均值 |
|---|---|---|---|---|
| 1 | 外汇 | 莫斯科交易所 | 美元兑卢布期货 | 87 981.88 |
| 2 | 股指 | 欧洲期货交易所 | Euro Stoxx 50期货 | 33 601.45 |
| 3 | 股指 | 莫斯科交易所 | RTS指数期货 | 21 081.72 |
| 4 | 股票 | 莫斯科交易所 | Sberbank股票期货 | 19 113.32 |
| 5 | 利率 | 欧洲期货交易所 | 长期欧元债券期货 | 18 099.94 |
| 6 | 利率 | 欧洲期货交易所 | 中期欧元债券期货 | 12 109.56 |
| 7 | 股指 | 新加坡交易所 | 富时中国A50指数期货 | 8 214.42 |
| 8 | 利率 | 欧洲期货交易所 | 短期欧元债券期货 | 7 177.94 |
| 9 | 股票 | 莫斯科交易所 | Gazprom CLS股票期货 | 5 689.91 |
| 10 | 外汇 | 莫斯科交易所 | 欧元兑美元期货 | 4 034.33 |

资料来源：彭博数据库。

## 四、总结

“一带一路”沿线交易所及交易情况表现出以下特点：

### （一）发展程度不一，层次分异明显

“一带一路”沿线共有83个国家及地区，交易所数量多达83家，但发展程度不一。其中，30个国家或地区属于综合市场，而这其中既有市场规模大、具有国际影响的大交易所，如印度国家证券交易所、欧洲期货交易所、莫斯科交易所等，又有市场规模小，仅在本国或地区有一定影响的小交易所，如尼泊尔商业交易所、布达佩斯证券交易所等；33个国家属于单一市场，其交易所仅开展证券业务，如蒙古证券交易所、菲律宾证券交易所、吉尔吉斯斯坦证券交易所等；另有20个国家属于

空白市场，尚未设立交易所。

### （二）区域间发展不均衡，区域内发展差别大

从区域间发展情况看，不同区域的交易所（证券、期货及综合性）数量差别较大。例如，西亚、中东19国共有19家交易所，中东欧20国共有19家交易所，而东非11国仅有6家交易所，中亚5国仅有4家交易所。

从区域内发展情况看，不同国家的交易所数量差异明显。例如，东南亚11国中印度尼西亚有3家交易所，泰国有2家交易所，而文莱和东帝汶则没有交易所。

### （三）以证券交易所为主，期货交易所为辅

"一带一路"沿线的83家交易所中，证券交易所有45家，占54.22%；证券及期货综合性交易所18家，占21.69%；期货交易所20家，占24.09%。开展有期货业务的交易所共有38家，占45.78%。

### （四）上市品种丰富，地域特色突出

"一带一路"沿线交易所上市品种丰富，共有商品期货品种约250种，金融期货约200种。涵盖商品期货中的农产品期货、金属期货、能源期货等，金融期货中的个股期货、利率期货、外汇期货和股指期货等。

此外，品种地域特色鲜明。如印度国家商品和衍生品交易所的瓜尔豆胶期货、鹰嘴豆期货，以及阿拉伯联合酋长国迪拜商品交易所的阿曼原油期货等。

### （五）优势品种突出，可考虑开展合作

“一带一路”沿线交易所上市了一些优势品种，其中商品期货主要有小型原油期货（印度多种商品交易所）、毛棕榈油期货（马来西亚衍生品交易所）；金融期货有美元兑卢布期货（莫斯科交易所）、Euro Stoxx 50期货（欧洲期货交易所）等。上述品种市场规模较大，发展比较成熟，是所在交易所的优势品种，可以考虑开展相关合作。

（白　玉　卢晨烨）

# 后 记

党的十八大以来，期货市场的创新发展驶入快车道。与此同时，从服务实体经济到推动自身高质量发展，从顺应技术发展浪潮到应对金融市场开放，新时代前行路上一道道待解的发展难题，也需要去研究、去解答。郑州商品交易所（简称“郑商所”）党委一直以来高度重视研究工作，2012年12月成立郑州商品交易所期货及衍生品研究所有限公司（简称“郑商所研究所”），2018年内部设立“研究成果奖”“研究成果提名奖”。在郑商所党委的鼓励和号召下，全所上下形成了善于总结、积极思考、热爱研究的工作氛围，涌现出一批优秀研究成果，其中既有对“有韧性的期货市场”“期现货价格关系”等问题的理论探讨，也有期货市场新机制、新业务、新技术的思考；既有对境外衍生品市场创新发展的梳理与借鉴，也有对中国期货市场对外开放诸多问题的展望与探索。

基于此，郑商所研究所今年启动了期货市场研究成果汇编系列图书的编纂，推出《期货市场创新发展研究》。该书正是郑商所上下近年来研究思考的阶段性总结，共汇集了16篇代表性文章。

在本书即将出版之际，衷心感谢郑商所丛书编纂委员会对丛书出版工作的支持与指导。感谢郑商所丛书专家委员会李强、安毅、陈邦华等专家在丛书立项和预审时给予的专业评审意见。芦发喜、杜海鹏、王楠、高永靖、李通、朱孝祯、孙振宇、李卓、李方、韩学广、买毅、白玉等文章作者通力配合，多轮不辞辛苦、精益求精的修改完善，买毅、施利敏对全书内容进行了审定，感谢以上人员为本书出版提供了大力支持。

受时间、精力和能力所限，我们的研究难免存在瑕疵，若有不当之处，敬请批评指正。我们期待，这些研究能为行业内外各位朋友的思考有一定启迪；我们更期待，这些研究可以抛砖引玉，引来更多专家与我们同心协力，用研究的力量助推行业创新发展。

**郑商所研究所**

**2021年11月**